Luise Maria Ruhdorfer:
Dr. France Kotnik und
P. Dr. Romuald Pramberger.

Dem ehrenvollen Gedenken
an Andrej Šuster-Drabosnjak
zur 250. Wiederkehr seines Geburtsjahres
und an Sylvester Wietinger
zur 70. Wiederkehr seines Todesjahres
gewidmet.

Sponsor:
LAND KÄRNTEN
Kultur

Luise Maria Ruhdorfer

Dr. France Kotnik und P. Dr. Romuald Pramberger

Bibliografische Information der Deutschen Nationalbibliothek:
Die Deutsche Nationalbibliothek verzeichnet diese Publikation in der Deutschen Nationalbibliografie; detaillierte bibliografische Daten sind im Internet über http://dnb.ddb.de abrufbar.

ISBN 978-3-96103-457-4

www.rediroma-verlag.de
24,95 Euro (D)

Ich bedanke mich ganz besonders herzlich
beim Slowenischen Volkskundeinstitut Urban Jarnik
in Klagenfurt und bei der Volkskundeabteilung
des Universalmuseums Joanneum in Graz
für die kostenlos bereitgestellten Unterlagen.

Mein ganz besonders herzlicher Dank gilt
Frau Vizebürgermeisterin Christine Sitter, MBA,
für ihre Hilfestellung bei der Benützung
der elektronischen Medien.

Ferner bedanke ich mich bei Michael Sitter
und seiner Familie mütterlicherseits für das zur
Verfügung gestellte Foto und die Informationen
zum Krippenspiel aus dem Westerzgebirge.

Inhaltsverzeichnis

1 Vorwort der Autorin

In meiner Diplomarbeit an der Alpen-Adria-Universität Klagenfurt (2002) beschäftige ich mich mit der Entstehung und Entwicklung der Passionsspiele als Volksschauspiele im deutschen, slowenischen und oberitalienischen Sprachraum. Auch im dazugehörigen Buch (2007, Hermagoras Verlag, Klagenfurt) dokumentiere ich das slowenische Passionsspiel aus der Pfarre St. Stefan bei Finkenstein aus dem Jahr 1931, das Edmund Müller einerseits vermutlich nach einer Vorlage des Johann Graber (1895) sowie andererseits nach der slowenischen Erstfassung des Andreas Schuster, vulgo Drabosenig, aus der Pfarre Köstenberg (1818) neu verfasst hat. Edmund Müller war bei der Aufführung im Jahr 1931 im Hof meines späteren Geburtshauses beim vulgo Erian in St. Stefan 17, jetzt Kirchenplatz 1 in Finkenstein, auch der Regisseur.

Im Folgebuch „Verurteilt zum Tod am Kreuz“ (2011/2012, Verlag des Kärntner Landesarchivs, Klagenfurt) behandle ich die regionale Entwicklung, die soziale Herausforderung sowie die literarische Ausformung der Kärntner slowenischen und deutschen Christi-Leiden-Spiele. Darin dokumentiere ich das Passionsspiel des Silvester Wietinger aus Metnitz aus dem Jahr 1911 und seine Ergänzung zu den Passionsliedern aus dem Jahr 1916, die Abschrift eines Passionsspieles des Josef Spiess aus Maltschach bei Feldkirchen aus dem Jahre 1920 und meine deutsche Übersetzung der Müller-Passion aus dem Jahr 1931 ebenso wie das 1. Drittel einer Abschrift der slowenischen Eisenkappler Passionskomödie aus dem Jahr 1816 in Form eines viel späteren Typoskipts. Im Buch vergleiche ich die Christi-Leiden-Spiele mit liturgischen und apokryphen Texten.

Im zweiten Folgebuch „Geboren zum Leiden und Sterben“ (2015, Verlag Re di Roma, Remscheid, Deutschland) dokumentiere ich die restlichen zwei Drittel der erwähnten Eisenkappler Passionskomödie, das slowenische Christi-Leiden-Spiel des Josef Uran aus Lind ob Velden aus dem Jahr 1889 und die Metnitzer Passionsspielchronik des Silvester Wietinger aus den Jahren 1911-1931 sowie das Christi-Geburt-Spiel des Josef Uran aus Maria Wörth aus dem Jahr 1898. Beide geistlichen Volksschauspiele des Josef Uran wurden von mir ins Standard-Slowenische übertragen und in Schriftdeutsche übersetzt. Außerdem zeichne ich in meinem dritten Buch zum Thema Kärntner geistliche Volksschauspiele die Entwicklung der Kärntner Christi-Leiden-Spiele und der Weihnachtsspiele in Kärnten und der Steiermark in Deutsch und Slowenisch nach.

In diesem vierten Buch zum umfangreichen Thema der Passions- und Krippenspiele im Alpen-Adria-Raum zitiere ich wesentliche Forschungsergebnisse aus der Dissertation des slowenischen Volkskundlers Dr. France Kotnik, die er im Jahr 1907 an der Karl-Franzens-Universität in Graz in deutscher Sprache über den Volkspoeten und -schriftsteller Andreas Schuster-Drabosenig verfasst hat und ich erkläre darin sowohl die Bedeutung dieses Ethnologen als auch der von ihm beschriebenen Volksschauspiellegende Andreas Schuster-Drabosenig. Außerdem erfasse ich in diesem Buch den Werdegang des steirischen Volkskundlers P. Dr. Romuald Pramberger. Ich übernehme aus seiner umfangreichen Handschriftensammlung in der Volkskundeabteilung des Universalmuseums Joanneum in Graz beschreibende Angaben zu folgenden geistlichen Volksschauspielen: die Hirtenspiele aus Metnitz (vor 1896) und Ingolsthal (1896) des Silvester Wietinger, das Paradeisspiel aus Obdach

(1870) von Johann Baumgartner (aus Band 15), ferner das Christi-Leiden-Spiel (1863/1870) aus dem Metnitztal und jenes von Silvester Wietinger aus Metnitz (1901, aufgeführt 1902), (aus Band 16). Die umfangreiche Dokumentation dieser Spieltexte ist nicht notwendig, weil bereits genügend Texte veröffentlicht worden sind, sodass sich jeder Leser darüber ein eigenes, vergleichendes Bild machen kann.

Des Weiteren stelle ich meinen neuesten wissenschaftlichen Forschungsergebnissen einen erweiterten Lebenslauf folgender Kärntner Volksschriftsteller/„bukovniki“ voraus: Johann Graber und Edmund Müller aus St. Stefan bei Finkenstein, Josef Spiess aus Maltschach bei Feldkirchen, Andrej Šuster-Drabosnjak aus Köstenberg, Josef Uran aus Lind ob Velden sowie Silvester Wietinger aus Metnitz. Und ich vervollständige hier die Ausführungen zur stummen Passionsprozession in Tresdorf, die Franz Golger (1935-2018) jahrzehntelang geleitet hat.

Inzwischen habe ich im Verlag Rediroma in Remscheid in Deutschland auch ein Büchlein herausgegeben (2018), in dem ich die „Kärntner Passionsspiele“ zusammenfassend darstelle.

Schließlich folgen am Ende meiner Ausführungen in diesem Buch noch ein Abkürzungs- und ein zwei-(mehr-)sprachiges Verzeichnis geographischer Namen.

Die beiden Abbildungen auf dem vorderen Cover sind Ausschnitte aus der Dissertation des Volkskundlers France Kotnik über Andreas Schuster-Drabosenig und von der Aufzeichnung des Hirtenspieles (1896) aus Ingolsthal durch P. Dr. Romuald Pramberger. (Siehe Bildmaterial zu Dr. France Kotnik und P. Dr. Romuald Pramberger.) Das Foto auf dem rückwärtigen Cover zeigt die Autorin an ihrem Geburtstag 2017.

St. Stefan bei Finkenstein, 24. September 2018

2 Nachtrag zu den Kärntner Volksschauspielen

Nachdem die Gurker Diözese nun alle noch verfügbaren Matrikeln aus den vergangenen Jahrhunderten, also die Geburts- (und Taufbücher), Trauungs- und Sterbbücher, unter http://data.matricula-online-eu/de/oesterreich/gurk/ frei zugängig gemacht hat, habe ich die Lebensläufe der Kärntner Volksschriftsteller/„bukovniki" noch einmal gründlich recherchiert, entsprechend ergänzt und ich veröffentliche sie hier in alphabetischer Reihenfolge.

2.1 Kärntner Volksschriftsteller/„bukovniki"

Johann/Ivan Graber, geboren am 8. März 1845, um 5 Uhr am Abend, in St. Stefan Nr. 33 [in der vulgo Lepuschitz-Keusche, bei Finkenstein], am Patrozinium des hl. Johannes von Gott.[1] Gestorben am 8. Juni 1912 in St. Stefan.

Mutter: Agnes Graber, Einwohnerin in der vulgo Lepuschitz-Keusche in St. Stefan Nr. 33. Großeltern mütterlicherseits: Michael Graber, vulgo Lepuschitz-Bauer in St. Stefan 23, und Ehefrau Elisabeth Koren, alle aus der hiesigen Pfarre St. Stefan gebürtig. Vater: Bartholomä Lepuschitz, Besitzer der vulgo Fleischhacker-Keusche zu St. Stefan 29. Vaterschaftserklärung abgegeben am 8. Feber 1846 vor dem Zeugen Simon Wiegele. Großeltern väterlicherseits: Philipp Lepuschitz, gewesener Besitzer in St. Stefan, und Ehefrau Maria Waluschnigg.[2]

---

[1] Pfarre St. Stefan-Finkenstein/Šteben-Bekštanj, S77_006-1, Geburtsbuch VI, 22. Jan. 1928 – 1. März 1848, Blatt 162.

[2] Vgl. Luise Maria Ruhdorfer/LMR: Die Finkensteiner Vulgonamen … Remscheid: Re di Roma Verlag, 2016.

Johann/Ivan Graber übernahm vermutlich die Drabosenig-Passionskomödie aus Köstenberg und leitete sie 1894 in St. Stefan. Dann verfasste er 1895 sein eigenes Christi-Leiden-Spiel „Igra terplenje in smert Izveličarja Jezusa Kristusa. Novo popisal i zbolšal Ivan Graber posestnik v Štebnu. 15. nov. 1895" [Spiel vom Leiden und Tod unseres Erlösers Jesus Christus. Neu niedergeschrieben und verbessert von Ivan Graber, Besitzer in St. Stefan, am 15. November 1895], das als verschollen gilt. Dieses Spiel leitete er dann in den Jahren 1905 und 1911 in St. Stefan bei Finkenstein. [3]

Edmund Müller, geboren als Georg Edmund, geboren am 19. November 1896[4], um 6 Uhr am Abend, in St. Stefan 12 [beim vulgo Urban/Kramar, bei Finkenstein], getauft am 21. November, gestorben am 21. Jänner 1944 in St. Stefan. Er heiratete am 26. September 1926 Anna, geborene Trießnig, eine vulgo Birt-Tochter aus Latschach, Pfarre auch Latschach.

Vater: Georg Müller, Besitzer der vulgo Urban/Kramar-Keusche in St. Stefan 12. Großeltern väterlicherseits: Johann Müller, vulgo Mörtl-Bauer in St. Stefan 6, und dessen Ehefrau Maria Čemernjak, auch aus St. Stefan. Mutter: Katharina Valentinitsch, aus der Pfarre Maria Gail. Großeltern mütterlicherseits: Jakob Valentinitsch, Besitzer der vulgo Paulitsch-Hube in Gratschach, und dessen Ehefrau Eva Pečar, Pfarre Maria Gail.

---

[3] Ergänzungen zu LMR: Das Passionsspiel … St. Stefan bei Finkenstein, 1931. Klagenfurt: Hermagoras Verlag, 2007, S. 21 ff., S. 41 f., S. 43 ff., S. 79, S. 145. – LMR: Verurteilt zum Tod am Kreuz. … Klagenfurt: Verlag des Kärntner Landesarchivs, 2011/12, S. 21, S. 24. – LMR: Geboren zum Leiden und Sterben. … Remscheid (D): Verlag Re Di Roma, 2015, S. 26, S. 314, S. 317, S. 319.

[4] Pfarre St. Stefan-Finkenstein/Šteben-Bekštanj, S77_010-1, Geburtsbuch X, 15. Sept. 1896 – 13. Aug. 1905, Blatt 005.

Edmunds Vater Georg Müller: geboren am 22. November 1855, um 1 Uhr in der Früh, in St. Stefan 6, getauft am selben Tag um 1 Uhr zu Mittag. Georgs Vater: Johann Müller, Besitzer der vulgo Mörtl-Hube in St. Stefan 6, Sohn des Franz Müller, gewesener Meßner-Keuschler in Gödersdorf, und dessen Ehefrau Barbara Wirtitsch. Georgs Mutter: Maria Tschemernjak, Tochter des Valentin Tschemernjak, vulgo Mirtek-Bauer und Müller zu Faak am See, und dessen Ehefrau Katharina Oschgan.[5]

Edmunds Onkel Gregor Müller wurde am 18. April 1852, um 9 Uhr in der Früh, in St. Stefan 6 [beim vulgo Mörtl] geboren und noch am selben Tag getauft.[6] Gregor Müller starb am 14. Dezember 1927 in St. Stefan. Er war also ein älterer Bruder von Edmunds Vater Georg Müller. Gregor Müller wurde Besitzer der vulgo Mörtl-Hube in St. Stefan 6 und übergab diese dann später an seinen Neffen Edmund Müller, da Edmunds Vater, Georg Müller, bereits am 11. April 1911 verstorben war.

Edmund Müller verfasste 1931 sein eigenes Christi-Leiden-Spiel „Terplenje in smrt Jezusa Kristusa“ [Das Leiden und der Tod Jesu Christi] samt Regieblatt, ebenfalls nach der Drabosenig-Vorlage, und er leitete die Aufführungen im selben Jahr in St. Stefan und anderswo.[7]

---

[5] Pfarre St. Stefan-Finkenstein/Šteben-Bekštanj, S77_007-1, Geburtsbuch VII, 4. März 1848 – 25. Sept. 1865, Blatt 081.

[6] Pfarre St. Stefan-Finkenstein/Šteben-Bekštanj, S77_007-1, Geburtsbuch VII, 4. März 1848 – 25. Sept. 1865, Blatt 046.

[7] Ergänzungen zu LMR: Das Passionsspiel … St. Stefan bei Finkenstein, 1931. Klagenfurt: Hermagoras Verlag, 2007, S. 22 ff., S 43 ff., S. 82 ff., S. 92 ff., S. 145 ff. – LMR: Verurteilt zum Tod am Kreuz. … Klagenfurt: Verlag des Kärntner Landesarchivs, 2011/12, S. 21, S. 25 f., S. 31 ff., S. 40 ff., S. 274 ff. – LMR: Geboren zum Leiden und Sterben. … Remscheid (D): Verlag Re Di Roma, 2015, S. 27 f., S. 314 f., S. 317, S. 319.

Josef Spiess, geboren als Joseph Caspar Spieß am 4. Jänner 1895 um 1 Uhr in der Nacht beim vulgo Kölbl in Maltschach 1 als ehelicher Sohn des Alois Spieß, Besitzer beim vulgo Kölbl, der vulgo Steiner- und Klimbacherhube in Maltschach, und der Maria, geborene Liebwert. Großeltern väterlicherseits: Alois Spieß, gewesener Besitzer der Eggarterhube in St. Martin, bereits verstorben, und der Theresia Rana. Großmutter mütterlicherseits: Kunigund Liebwert, gewesene Dienstmagd, aus St. Martin im Granitztal [bei St. Paul im Lavanttal] gebürtig. Josef Spiess heiratete am 21. November 1921 Elfriede Edlinger in Moosburg und schloss am 30. Dezember 1941 am Standesamt in Klagenfurt die 2. Ehe (Familienbuch 739/III). Josef Spieß ist am 25. März 1976 gestorben.[8]

Der Vater von Josef Spiess, Alois Spieß, wurde am 21. August 1854 um 11 Uhr in der Nacht als Aloys Spieß beim vulgo Eggarter in St. Martin 1 geboren.[9]

Der Großvater väterlicherseits von Josef Spiess wurde am 30. April 1827 als Aloys Spieß am gleichen Ort geboren.[10] Ein weiterer direkter Vorfahre väterlicherseits mit dem Namen Johann Spieß wurde am 4. Oktober 1798 auch dort geboren.[11]

Josef Spiess schrieb im Jahr 1920 in Maltschach ein eigenes Christi-Leiden-Spiel mit dem Titel „Vorstellung des bitteren Leidens und Sterbens Jesu Christi". Dieser Text endet mit der

---

8 Pfarre Klein St. Veit, K29_010-1, Geburtsbuch IX, 9. März 1892 – 2. April 1911, Blatt 023.

9 Pfarre Klein St. Veit, K29_008-1, Geburtsbuch VII, 18. Januar 1841 – 28. Dez. 1866, Blatt 047.

10 Pfarre Klein St. Veit, K29_007-1, Geburtsbuch VI, 3. Juli 1810 – 27. Sept. 1840, Blatt 136.

11 Pfarre Klein St. Veit, K29_006-1, Geburtsbuch V, 6. Mai 1784 – 28. April 1810, Blatt 110. Das ursprüngliche Geburtsdatum 30. November 1798 wurde später auf den 4. Oktober 1798 korrigiert.

Grablegung Christi. Diese Spiess-Passion wurde zu Ostern 1921 aufgeführt. Es ist aber nicht überliefert, an welchem Ort in der Nähe von Feldkirchen gespielt wurde. Zum Spiess-Text 1920 ist die gesamte Darstellerliste überliefert, woraus hervorgeht, dass Josef Spiess die Christus-Rolle beim Spiel im Jahr 1921 verkörperte, während jedoch der Bürgermeister von Glanhofen, Gregor Lorber, der Spielleiter war. Ignaz Lorber, vulgo Lopitsch in Stocklitz, besaß die Vorläuferhandschrift zur Spiess-Passion aus dem Jahre 1761.[12]

Andrej Šuster-Drabosnjak, auch **Andreas Schuster-Drabosenig** genannt, geboren am 6. Mai 1768 um 2 Uhr in der Früh beim vulgo Drabosenig in Oberjeserz bei Velden, heiratete am 23. September 1793 Agnes Weiß, Tochter des Martin Weiß und seiner Ehefrau Maria Herman[13].

„6. Maji / Natus est hora 2 da matut – Andreas – Petri Schuster – vulgo Superioris Draboßinigg – et Magdalena – eius coniugis – nata Karpniggin – vulgo Ulrichin ex Terlach – filius lgtmus. Baptizatus levantibus Andrea Föllitsch – vulgo Seyfernigg – Sartora infra Jeßerz – et Christina Draboßiniggin – vulgo Kuntlizin ex Sternberg – ab eodem, qui supra"[14] [6. Mai / Geboren um 2 Uhr in der Früh, Knabe Andreas. Vater Peter Schuster, vulgo Oberer Drabosenig. Mutter Magdalena, dessen Ehefrau, geborene Karpniggin, vulgo Ulrichin, Terlach. Ehelicher Sohn. Getauft von der Hebamme Andrea Föllitsch, vulgo

---

[12] Ergänzungen zu LMR: Verurteilt zum Tod am Kreuz, 2012, S. 21, S. 25, S. 29 f., S. 208 ff. – LMR: Geboren zum Leiden und Sterben, 2015, S. 21 f.
[13] Pfarre Sternberg-Strmec, S89_008-1, Trauungsbuch III, 24. Mai 1784 – 9. Mai 1886, Blatt 008.
[14] Pfarre Koestenberg-Kostanje, K32_001-1, Geburtsbuch I, 3. Juni 1743 – 9. Okt. 1770, Blatt 070. – Geburtseintrag in Lateinisch.

Seyfernigg, Schneiderin, Jeßerz. Patin Christina Drabosenig, Kentlizin, Sternberg. Getauft am 6. Mai, Pf. Josephus Studelli.]

Silvester Wietinger starb als armer verheirateter Tagelöhner am 22. Dezember 1825 in Umberg 9, beim vulgo Kamnik, an Brand, im Alter von 61 Jahren, begraben von Pfarrer Andreas Juch in Damtschach[15].

Andreas Schuster-Drabosenig schrieb das Slovenji OBAC, ein Spiel vom Verlorenen Sohn, eine Marienpassion 1811 und ein Hirtenspiel 1814. Er übersetzte 1818 eine Passion aus dem Deutschen und gab ihr den Titel „Komedija od zeliga grenkiga terplenja ino smerti Jezusa Kristusa nashiga lubiga Gospuda" [Komödie vom ganzen bitteren Leiden und Tod Jesu Christi, unseres lieben Herrn]. Diese wurde nach seinem Tod mehrere Male in Folge beim vulgo Schwan in Umberg bei Damtschach aufgeführt.[16] (Siehe S. 39 ff.)

Josef/Jožef Uran, geboren am 10. Juli 1845, zum Zeitpunkt seiner Trauung 27 Jahre alt, heiratete am 20. Mai 1872 in der Pfarrkirche St. Martin am Techelsberg Maria Bürger, geboren am 16. September 1847, 24 Jahre alt, aus Selpritsch. Damals war Josef Uran Tischler und Mesner in St. Martin am Techelsberg, das Paar wohnte in St. Martin 3.[17]

---

[15] Pfarre Damtschach, D01_012-1, Sterbbuch I, 24. Mai 1787 – 31. Dez. 1840, Blatt 100. – Dieser Andreas Schuster war damals erst 57 Jahre alt.

[16] Ergänzungen zu LMR: Das Passionsspiel … St. Stefan bei Finkenstein, 1931. Klagenfurt: Hermagoras Verlag, 2007, S. 21 ff., S. 41 f., S. 71 f., S. 76 ff., S. 80 f., S. 142 ff. – LMR: Verurteilt zum Tod am Kreuz. … Klagenfurt: Verlag des Kärntner Landesarchivs, 2011/12, S. 19 f., S. 23, S. 24. – LMR: Geboren zum Leiden und Sterben. … Remscheid (D): Verlag Re Di Roma, 2015, S. 19 f., S. 23 f., S. 305 f., S. 308, S. 311 f., S. 317, S. 319.

[17] Pfarre St. Martin am Techelsberg, S47_026-1, Trauungsbuch IV, 4. März 1867 – 11. Nov. 1888, Blatt 025.

Vater: Anton Uran, Orgelbauer und Tischlermeister in Techelsberg und Besitzer der vulgo Schneider-Keusche in Arndorf 12. Mutter: Katharina Laan, aus Serpenica im Verwaltungsgebiet von Görz gebürtig. Großeltern väterlicherseits: Andreas Bürger, gewesener Besitzer der Uschnjak-Keusche in Selpritsch, Pfarre Augsdorf, und Ehefrau Maria Quintschnig.

Josef Uran lebte dann als Tischler, Mesner und Organist in Lind ob Velden und später in Reifnitz 17. Zwei Töchter wurden in jungen Jahren am Friedhof in Keutschach begraben. Bei der Geburt seines Sohnes Josef Uran am 20. Juli 1876 in Lind ob Velden 8 ist jedoch als Mutter Ursula Pachernig, Tochter des Jakob Pachernig, Besitzer vulgo Poßranjak in Duhl, und Ehefrau Theresia Meßner, aus Rosegg, eingetragen.[18] Wann und wo Josef Uran gestorben ist, konnte nicht eruiert werden.

Für die Pfarrkirche Schiefling ist 1855 eine Orgel mit 4 Registern und Pedal bezeugt, die im November 1871 durch einen Josef Uran aus Klagenfurt repariert wurde.[19]

Josef/Jožef Uran verfasste in Lind ob Velden ein eigenes Christi-Leiden-Spiel, ohne Titel, datiert mit 17. März 1889. Wann dieses Spiel aufgeführt wurde und wer dabei Regie geführt hat, konnte bisher nicht eruiert werden.[20] Jožef Uran verfasste außerdem in Maria Wörth ein Christi-Geburt-Spiel, datiert mit 14. Dezember 1898, mit dem Titel: „Igra ali pridstava „Rojstvo Našiga Gospoda Jezusa Kristusa", na Otoku, dne 14. decembra 1898" [Spiel oder Vorstellung der Geburt unseres

[18] Pfarre Lind ob Velden/Lipa ob Vrbi, L11_003-1, Geburtsbuch III, 5. Mai 1870 – 30. Sept. 1887, Blatt 043.

[19] https://www.orgelsammlung.de/orgelsammlung/223, Gabriel Isenberg, 2004, Zugriff: 23.04.2018, 18:50 Uhr.

[20] Ergänzungen zu LMR: Geboren zum Leiden und Sterben. ... Remscheid (D): Verlag Re Di Roma, 2015, S. 25 f., 72 ff., S. 313, S. 317, S. 319.

Herrn Jesus Christus, Maria Wörth, am 14.12.1898]. Josef Uran hat 1907 und 1908 das Hirtenspiel in Lind ob Velden wiederbelebt.[21]

Silvester/Sylvester Wietinger, geboren am 31. Dezember 1865, um halb 1 Uhr am Nachmittag, in Preining 25 beim vulgo Lagler. Mutter: Luzia Dielacher, Magd, hier [in Metnitz] gebürtig, ledig. Großeltern mütterlicherseits: Johann Dielacher, bereits verstorben, gewesener Besitzer beim vulgo Kersch in Wurzen, und seine Ehefrau Elisabeth, geborene Altberger. Vater: Georg ~~Wieternig~~ Wietinger, Knecht beim vulgo Plank in Preining, hier [in Metnitz] geboren, ledig. Großeltern väterlicherseits: Margareth ~~Wieternig~~ Wietinger, Magd beim vulgo Punz in Preining, und des Matthias Grabegger, Knecht beim vulgo Marhofer in Teichel. Vaterschaftserklärung: „Georg Wieternig ist den Eintragsbürgen von Person und Namen bekannt, erklärt sich als Vater des obigen Kindes Silvester und bittet als solcher eingeschrieben zu werden. Metnitz, den 6. Dezember 1866. + Georg Wieternig, Vater. + Georg Engl, Zeuge. Mathias Lukas e.h., Zeuge. Josef Riedl e.h. Pfarrer, Namensfertiger. [Der Knabe Silvester wurde] legitimiert durch die am 7. Februar 1876 erfolgte Verehelichung seiner Eltern."[22]

Silvester Wietinger hat am 23. November 1903 Maria Grabner geheiratet. Die entsprechende Eintragung im Metnitzer Trauungsbuch lautet: „Tag: 23. November 1903. Wohnort: Teichl Nr. 31. Bräutigam: Silvester Wietinger, Zimmermann,

---

[21] Ergänzungen zu LMR: Geboren zum Leiden und Sterben. … Remscheid (D): Verlag Re Di Roma, 2015, S. 196 ff., S. 200 ff., 317 f., S. 319. Das Christi-Geburt-Spiel (S. 196 ff.) wurde ins Standard-Slowenische (S. 225 ff.) übertragen und ins Schrift-Deutsche (S. 251 ff.) übersetzt.

[22] Pfarre Metnitz, M17_013-1, Geburtsbuch XI, 2. Jan. 1853 – 27. Dez. 1870, Blatt 201.

wohnhaft beim vulgo Unteren Dörfler in Teichl Nr. 31, hier in der Ortschaft Preining geboren am 31. Dezember 1865, 39 Jahre alt, Sohn der katholischen und noch lebenden Eheleute, des Georg Wietinger, vulgo Oberer Nieperle, und der Luzia, geborene Dielacher. Braut: Maria Grabner, Wirtschafterin beim Mittleren Dörfler in Teichl Nr. 31, hier geboren am 5. April 1870, 34 Jahre alt, uneheliche Tochter der Elisabeth Grabner, Magd beim vulgo Sluga, und des Georg Schönfelder, Inwohners in Frojach in der Steiermark. Beistände: + Paul Wurzer, Mittlerer Dörfler in Teichl. + Josef Schaas, [vertreten] durch Franz Jäger. Jos. Grabner e.h., Namensfertiger. Erklärung: Dieses Brautpaar wurde am 8., 15. und 22. November 1903 zur Ehe aufgeboten und am 23. November in der hiesigen Pfarrkirche christlich katholisch getraut von Josef Riedl, Ortspfarrer. Akten: Eheaufnahme-Protokoll. Legitimiert[e Kinder]: Antonia *28.4.1896, Rosa *20.8.1898, Franz *27.3.1900.“[23]

Silvester Wietinger ist am 21. September 1948 gestorben.[24]

Silvesters Vater Georg Wietinger hat am 7. Feber 1876 Luzia Dielacher geheiratet. Hier lautet die Eintragung: „Tag: 7. Feber 1876. Wohnort: Metnitz 3. Bräutigam: Georg Wietinger, der schon verstorbenen Margareth Wietinger, Magd beim vulgo Autz zu Teichl, und des noch lebenden Mathias Grabernig, beim vulgo Mayerhofer in Teichl, beide katholisch, unehelicher Sohn, Besitzer der Schwarzhafner oder Schlafern-Realität

---

[23] Pfarre Metnitz, M17_027-1, Trauungsbuch V, 3. Feb. 1880 – 5. Nov. 1923, Blatt 093. Im entsprechenden Index ist das Trauungsdatum mit 7. Juli 1903 angegeben.

[24] Pfarre Metnitz, M17_042-1, Index zu den Sterbbüchern, 1. Jan. 1919 – 31. Dez. 2006, Blatt 031. Das Sterbbuch XI der Pfarre Metnitz (Blatt 177) verzeichnet die Verstorbenen ab dem Jahre 1919 und wurde daher aus Datenschutzgründen noch nicht veröffentlicht.

Nr. 3 im Markt Metnitz, und da wohnhaft, geboren in Metnitz am 3. April 1839, 37 Jahre alt. Braut: Luzia Dielacher, [des] schon verstorbenen katholischen Johann Dielacher, vulgo Unterer Wurzerbauer in Vellach Nr. 34 dieser Pfarre, und dessen noch lebenden katholischen Eheweibes Elisabeth, geborene Altberger, eheliche Tochter, Wirtschafterin im Markte Metnitz Nr. 3 dieser Pfarre, geboren in Metnitz am 20. Dezember 1842, 33 Jahre alt. Beistände: Johann Fuchs e.h., kathol. Rel., vulgo Kleinsauernegger in Vellach. + Valentin Schupp, kathol. Rel., Zimmermann. Josef Käfer e.h., als Namensfertiger. Josef Käfer e.h., Pfarrer. Erklärung: Vorstehendes Brautpaar wurde über vorgenommene gut bestandene Religionsprüfung beider Brautleute und über geschehene gesetzliche dreymalige Verlautbarung in dieser Pfarrkirche am 30ten Jänner, 2ten und 6ten Februar 1876 in der Filialkirche Ma. Höfl getraut, von mir, Jos. Käfer, Pfarrer. Fasz[ikel:] A[kt] Nr. 14.“[25]

Silvester Wietinger war Mitspieler beim Hirtenspiel 1895/96 und beim Christi-Leiden-Spiel 1902, verfasste ein eigenes Christi-Leiden-Spiel 1911, das auf eine Vorläuferpassion aus dem Jahr 1800 zurückgeht, und ergänzte dieses 1916 noch durch zusätzliche Lieder, war Spielleiter 1901, 1912 und 1928, jeweils in Metnitz.[26]

---

[25] Pfarre Metnitz, M17_026-1, Trauungsbuch IV, 24. Jan. 1843 – 24. Nov. 1879, Blatt 084.

[26] Ergänzungen zu LMR: Das Passionsspiel … St. Stefan bei Finkenstein, 1931. Klagenfurt: Hermagoras Verlag, 2007, S. 24, S 34, S. 56 ff., S. 138. – LMR: Verurteilt zum Tod am Kreuz. … Klagenfurt: Verlag des Kärntner Landesarchivs, 2011/12, S. 20, S. 24 ff., S. 29, S. 31, S. 36 f., S. 85 ff. – LMR: Geboren zum Leiden und Sterben. … Remscheid (D): Verlag Re Di Roma, 2015, S. 20 f., S. 143 ff., S. 308 f.

2.2 Krippenspiel aus dem Westerzgebirge

Krippenspiele wurden im gesamten Alpenraum als Stubenspiele veranstaltet.[27] Die Familie Michael Moser, vulgo Bacher in der Innernöring bei Eisentratten, jetzt Gemeinde Krems in Kärnten, hatte als evangelisches Bildungszentrum in den 1930-Jahren Kontakt zu Familien im Westerzgebirge. Die Firma Einenkel in Dittersdorf bei Lößnitz, August-Bebel-Straße 13 oder 16, hatte eine Fabrik für Weihnachtsartikel und erzeugte auch Schwibbögen. Das sind weihnachtliche Lichterbögen in Laubsägearbeit, auch mit Hintergrundmusik. Herr Einenkel war oft zu Besuch beim vulgo Bacher, und die älteste Bacher-Tochter Elsa besaß auch so einen Schwibbogen. Und irgendwie kam auch das folgende Bild in ihren Besitz.[28]

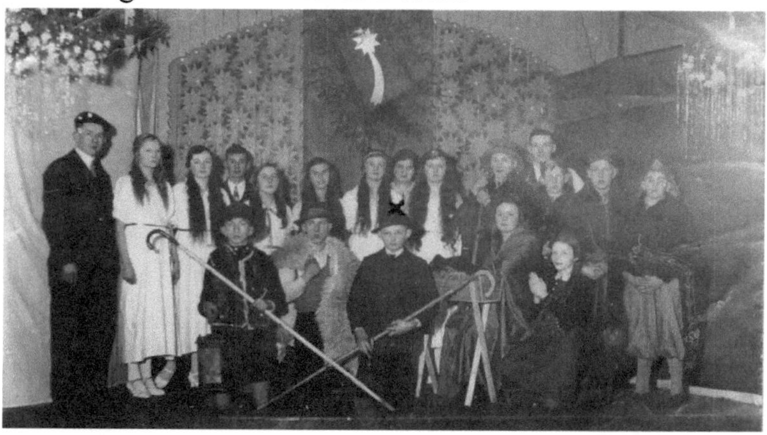

Christkindlspiel, Dittersdorf, 1935. Quelle: Michael Sitter, Finkenstein. Der angekreuzte Hirte ist Paul Fankfäuel, der Erbauer der Puppenstube.

---

[27] Ergänzung zu meinen Büchern. Vgl. dazu Kapitel 3.2.4 und 4.4.

[28] Information von Erika Moser, geb. Moser, vulgo Adambauer in Unteramlach bei Spittal/Drau, Bacher-Tochter, am 23.06.2018. – Vorfahrenreihe Michael Sitter > Mutter Christine Sitter, geb. Kleinfercher > Großmutter Elsa Kleinfercher, geb. Moser, vulgo Hanshofer in Unteramlach bei Spittal/ Drau > Urgroßvater Michael Moser, vulgo Bacher in der Innernöring.

2.3 Tresdorfer „Kreuzziachn“

Nachdem ich die erweiterten Lebensläufe der in meinen Büchern über die geistlichen Volksschauspiele vorgestellten Kärntner Volksschriftsteller/„bukovniki“ zusammengefasst habe, stelle ich hier nach den Ausführungen zum Tresdorfer „Kreuzziachn“ noch den Lebenslauf des Spielleiters vor, der diese stumme Passionsprozession jahrzehntelang geleitet hat, und ergänze so meine beiden ersten Passionsspiel-Bücher.[29]

Der Ort Tresdorf (Treßdorf/Tressdorf) liegt im Mölltal in der Gemeinde Rangersdorf. Die Gebäude befinden sich nahe am dortigen Gebirgsbach, der schon jahrzehntelang verbaut ist. Entlang dieses Baches befinden sich am Steilhang kleine gemauerte Kreuzwegstationen, die oben an einer Kreuzigungsgruppe östlich des Kirchleins zum heiligen Ulrich enden. In einigem Abstand befindet sich darüber eine neue Talsperre mit einem hohen Damm gegen Westen. Also ist es naheliegend, dass die Dorfbevölkerung vor vielen Jahrhunderten ein Gelübde abgelegt hat, die Passionsprozession jährlich aufzuführen, damit sie von Hochwasser und höchstwahrscheinlich wohl auch von Epidemien verschont bleibt.

Diese Art von stummer Passionsprozession entwickelte sich Anfang des 17. Jahrhunderts während der Gegenreformation aus den von den Kapuzinern im Süden Tirols durchgeführten „Kreuzzieher“-Prozessionen, die sich in weiterer Folge auch im Drautal und in dessen Seitentälern, dem Möll- und dem Lesach- sowie dem Gailtal verbreiteten. Obwohl die Passions-

[29] Ergänzungen zu LMR: Das Passionsspiel … St. Stefan bei Finkenstein, 1931. Klagenfurt: Hermagoras Verlag, 2007, S. 28 f. – LMR: Verurteilt zum Tod am Kreuz. … Klagenfurt: Verlag des Kärntner Landesarchivs, 2011/12, S. 16.

spiele unter Kaiserin Maria Theresia und Kaiser Joseph II. mehrmals verboten und Klöster zugesperrt wurden, blieb das Kreuzziehen in Tresdorf dennoch bis heute aktiv erhalten.

Die Tresdorfer Kostüme sind zum Teil an die Heilige Schrift angelehnt, denn Christus und Petrus tragen je ein blaues und Jakobus der Ältere sowie Johannes je ein weißes langes Gewand, die Schriftgelehrten tragen hohepriesterliche Roben, Judas, Barabbas und die beiden Schächer naturfarbene Gewänder aus grobgewebtem Leinen. Einige Soldaten tragen jedoch auffallende Uniformen, nämlich einen blauen Rock, eine rote Hose und darüber weiße Gamaschen, der Laternenträger hat jedoch eine weiße Hose an.[30] Auch der alte Kreuzweg im Ulrich-Kirchlein zeigt einige Soldaten in dieser Uniform, jedoch mit römisch hochgeschnürten Sandalen.[31] Außerdem tragen die Soldaten bunte Mützen in Helmform. Die Hauptdarsteller tragen Masken aus Lindenholz, die anderen gewöhnliche Masken, alle tragen Perücken und/oder Mützen beziehungsweise eine andere Kopfbedeckung, Simon von Zyrene einen Strohhut und einen hellbraunen Trachtenrock; Christus trägt weiße Handschuhe, eine rote Schärpe und ab der Dornenkrönung einen weißen Schulterumhang. Die Henker tragen weiße geschlosse-

---

[30] Diese Farbzusammenstellung der Uniform geht auf die Kavallerie oder Reiterei der ungarischen Husaren (leichte Reiterei) zurück. Sie blieb bis zum 1. Weltkrieg gleich. Sie umfasste hellblaue Oberkleider, rote Hosen und unter anderen Waffen auch einen Säbel. Preußische Husaren trugen weiße Hosen. Aus https://de.wikipedia.org/Husaren, Zugriff 28.06.2018, 08:40 Uhr.

[31] In der Wallfahrtskirche des heiligen Petrus zu Inzing in Tirol (ungefähr 20 km westlich von Innsbruck) trägt auch jeweils ein Soldat auf der V. und IX. Kreuzwegstation ein hellblaues Oberkleid und rote Hosen, er trägt aber weder Kniestrümpfe noch Gamaschen, auch keine hoch geschnürten Sandalen. Lokalaugenschein der Autorin am 8. April 2018.

ne Spitzkapuzengewänder mit Atmungs- und Seeschlitzen. Die Darsteller sind mit den üblichen Requisiten ausgestattet, also mit Hellebarden, mit der Schriftrolle zur Verurteilung, Judas mit dem Geldbeutel, die Soldaten mit Geißeln und der Dornenkrone, Christus mit dem großen Holzkreuz. Der Engel tritt in einem weißen Kleid auf, er hat Flügel und bringt Christus den Kelch. Alle Rollen werden von Männern dargestellt, nur der Engel nicht. Die Hauptrollen sind meist erblich, die anderen werden von Fall zu Fall vergeben, Proben finden nicht statt.

Der Text beschränkt sich auf kurze Aussagen während der Verurteilung Christi.

Die Darsteller beginnen ihren Zug am späten Nachmittag bei der Krassnigmühle, und zwar kommt am Gründonnerstag zuerst Christus mit den vier Jüngern den Berg herauf, sie umrunden dreimal die Kirche, dann kommt Judas mit den Schergen nach und verrät Christus, worauf alle in die Kirche ziehen, wo Christus am Ölberg betet und seine Jünger dreimal hintereinander aufweckt. Ein Engel reicht Christus den Kelch, dann wird Christus vor dem Kircheneingang von den Hohenpriestern verleumdet, vom Volk verschmäht und durch Pilatus verurteilt, Barabbas aber freigelassen. Schließlich wird Christus südlich der Kirche an den Marterpfahl gebunden, gegeißelt und mit Dornen gekrönt, worauf sich die Passionsprozession wieder hinunter zur Krassnigmühle begibt, nur Judas und Barabbas sind schon vorher weggelaufen.

Am Karfreitag startet das „Kreuzziachn“ um die gleiche Zeit am gleichen Ort. Vorher kommt aber Simon von Zyrene allein den Berg herauf, denn er muss ein bisschen abseits der Kirche den Weidezaun richten. Die Utensilien dazu liegen an Ort und Stelle bereit. Dann kommen der Schriftgelehrte mit der Kreuzesinschrift und die Soldaten mit dem gefangenen Christus, der das Kreuz auf seiner rechten Schulter mühsam den Berghang heraufzieht. Ihm folgen die Meute der Soldaten mit den beiden Schächern und die drei Henker. Christus fällt vor der Kirche dreimal unter dem Kreuz, Simon von Zyrene wird vom Zäunen geholt, um Christus zu helfen, das Kreuz in die Kirche zu tragen. Dort kniet Christus vor dem Altar nieder, die anderen Darsteller stehen im offenen Halbrund im Altarraum, nur Simon von Zyrene bleibt mit dem Kreuz im Mittelgang stehen. Die Vorbeterin und das Volk beten den schmerzhaften Rosenkranz, und zwei Buben klappern zwischendurch mit ihren Ratschen. Simon von Zyrene dreht inzwischen das Kreuz um. Die Gläubigen beten noch den Engel des Herrn, wonach alle Darsteller den Altar umrunden und den Kirchenraum einzeln verlassen. Simon von Zyrene hilft Christus mit dem Kreuz aus der Kirche hinaus. Draußen formiert sich der Zug wieder, und Christus zieht als Gefangener das Kreuz auf seiner rechten Schulter zurück hinunter zur Krassnigmühle. Am Karfreitag, dem 30. März 2018, gab es insgesamt 21 Darsteller, alles Männer. Nur während des Krieges wurden einige Rollen von Frauen verkörpert.[32] Das Ulrich-Kirchlein war am 30. März 2018 voll von Kindern, jungen und älteren Zuschauern.

Franz Golger, geboren am 23. Mai 1935[33], Landwirt beim vulgo Krassnig in Tresdorf 27, Gemeinde Rangersdorf, Pfarre Stall [im Mölltal], war von 1976 bis 1997 Bürgermeister von Rangersdorf, Kommandant der Freiwilligen Feuerwehr, Sänger

[32] Vgl. https://www.tresdorf.at/dorf/kreuzziachn/geschichte, Zugriff: 31.03. 2018, 18:20 Uhr, sowie https://www.meinbezirk.at/Spittal/lokales/der-karfreitag-und-der-tod-d2079182.html, Zugriff: 31.03.2018, 18:15 Uhr.

[33] Pfarre Stall [im Mölltal], S86_015-1, Index zu den Geburtsbüchern, Kopie, 23. Mai 1935 – 31. Dez. 1996, Blatt 23.

und Mitglied des Österreichischen Kameradschaftsbundes sowie jahrzehntelang Spielleiter und Christusdarsteller beim Tresdorfer „Kreuzziachn" (Kreuzziehen). Er starb am 13. März 2018.[34] Im Jahr 2001 war er noch alleiniger Spielleiter und Christusdarsteller. In den Jahren danach teilte er sich mit seinem Sohn Franz, Lehrer und Leiter der Volksschule Stall im Mölltal, die Rolle am Gründonnerstag und Karfreitag.[35]

Auch Franz Golgers gleichnamiger Vater wirkte jahrzehntelang am „Kreuzziachn" mit. Dieser wurde am 18. Feber 1911 um drei Viertel zwölf Uhr in der Nacht beim vulgo Krassnig in Tresdorf geboren und starb dort am 6. November 1978. Er war seit dem 15. Jänner 1934 mit Maria Groß, einer vulgo Koflertochter, verheiratet.[36]

Franz Golgers gleichnamiger Großvater väterlicherseits wurde am 9. Mai 1872 beim vulgo Golger in Golg geboren. Seine Eltern waren: Joseph Golger und Ehefrau Genovefa Steiner. Franz Golger (*1872) heiratete am 17. Oktober 1904 Theresia Krassnig, geboren am 5. Dezember 1873, Besitzerin der vulgo Krassnighube in Tresdorf 27. Ihre Eltern waren: Joseph Krassnig, Besitzer beim vulgo Krassnig in Tresdorf 27, und dessen Ehefrau Anna Lederer.[37] Theresia Krassnig verstarb bereits am 12. Feber 1909.[38] Nach dem Tode seiner ersten Frau heiratete Franz Golger (*1872) am 22. November 1909 Katha-

---

[34] www.tresdorf.at/dorf/partezettel, Zugriff: 01.04.2018, 17:30 Uhr.

[35] Erzählungen eines gleichaltrigen Mannes vor dem „Kreuzziachn" am Karfreitag, dem 30.03.2018.

[36] Pfarre Stall [im Mölltal], S86_010-1, Geburtsbuch VIII, 15. Sept. 1903 – 25. April 1912, Blatt 175.

[37] Pfarre Stall [im Mölltal], S86_018-1, Trauungsbuch III, 24. Jan. 1848 – 11. Feber 1907, Blatt 210.

[38] Pfarre Stall [im Mölltal], S86_025-1, SterbbuchIV, 1. Jan. 1875 – 22. Sept. 1915, Blatt 173.

rina Zenzmaier, geboren am 13. Mai 1879 beim vulgo Göllner am Schwersberge. Katharina Zenzmaier war die Mutter des Franz Golger (1911-1978). Ihre Eltern waren Joseph Zenzmaier und dessen Ehegattin Eva Pfarrmaier.[39]

Franz Golger sen. (1935-2018) hat mir beim Lokalaugenschein am Gründonnerstag, dem 12. April 2001, gesagt: „Nur das, was wir unseren Kindern vorleben, hat überhaupt eine Chance, von ihnen nachgeahmt zu werden." Und damit steht die stumme Passionsprozession von Tresdorf in krassem Gegensatz zum Predigen in der römisch-katholischen Kirche, zur sprachaufwändigen Bischofslaker Passionsprozession und zu allen heute noch oder wieder aufgeführten Passionsspielen, die durch ihren Text beeindrucken.

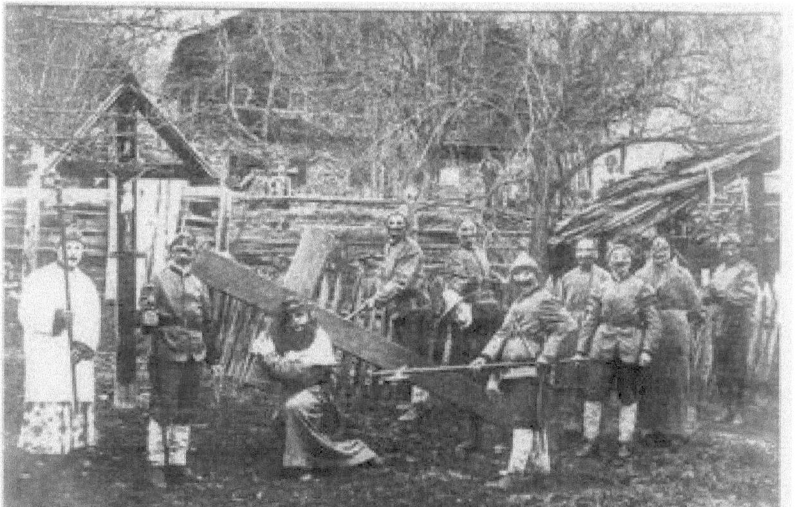

Abb. 1: „Kreuzziachn" in Treßdorf, vor 1890.

[39] Pfarre Stall [im Mölltal], S86_010-1, Trauungsbuch IV, 29. April 1907 – 30. Okt. 1933, Blatt 27.

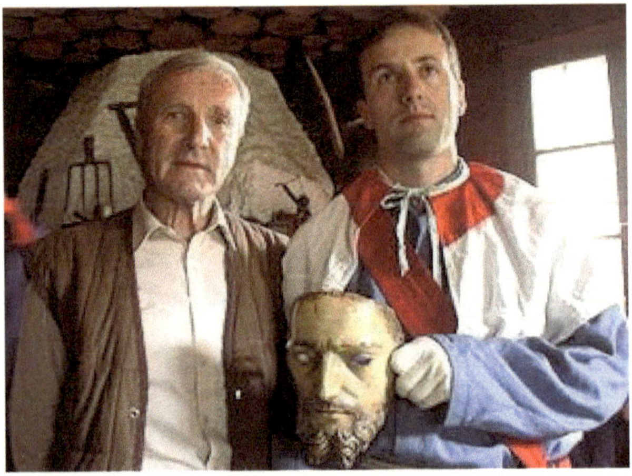

Abb. 2: Franz Golger (*1935) mit Sohn Franz und Maske.

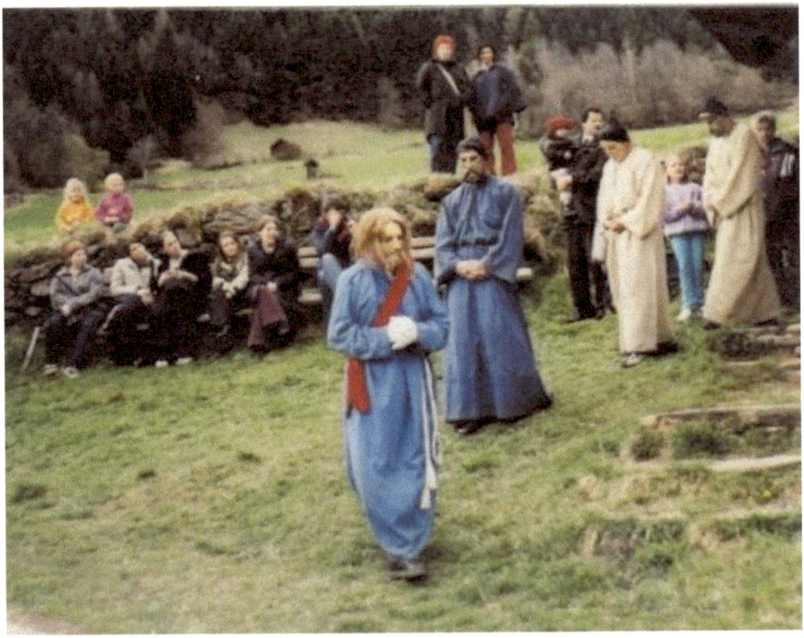

Abb. 3: Christus umrundet mit Petrus, Johannes und Jakobus die Kirche.

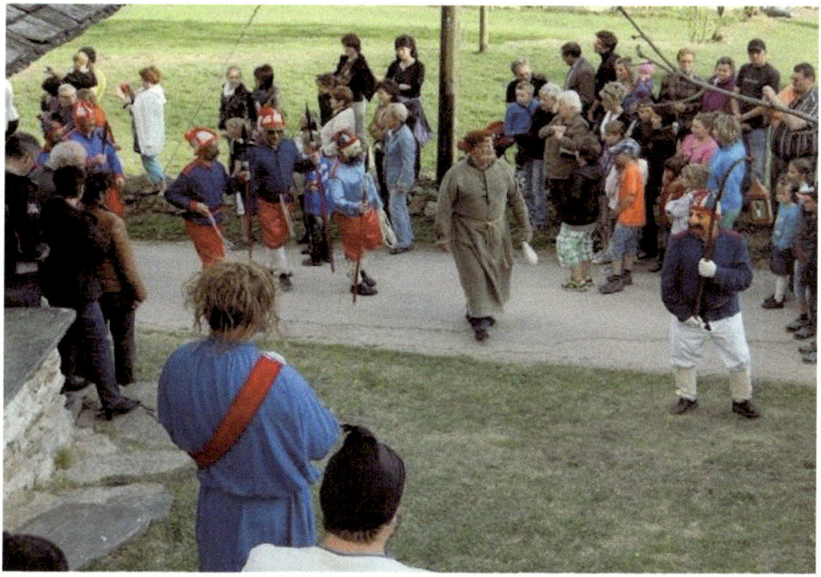

Abb. 4: Christus wird von Judas verraten.

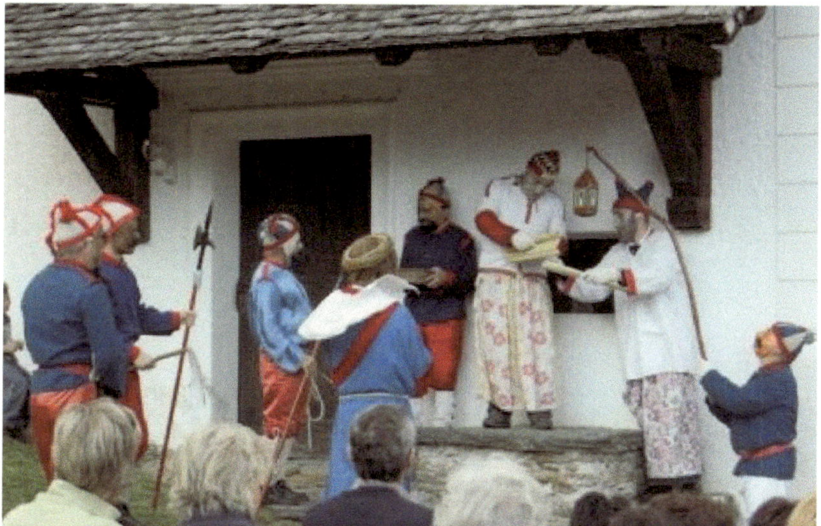

Abb. 5: Christus wird verurteilt.

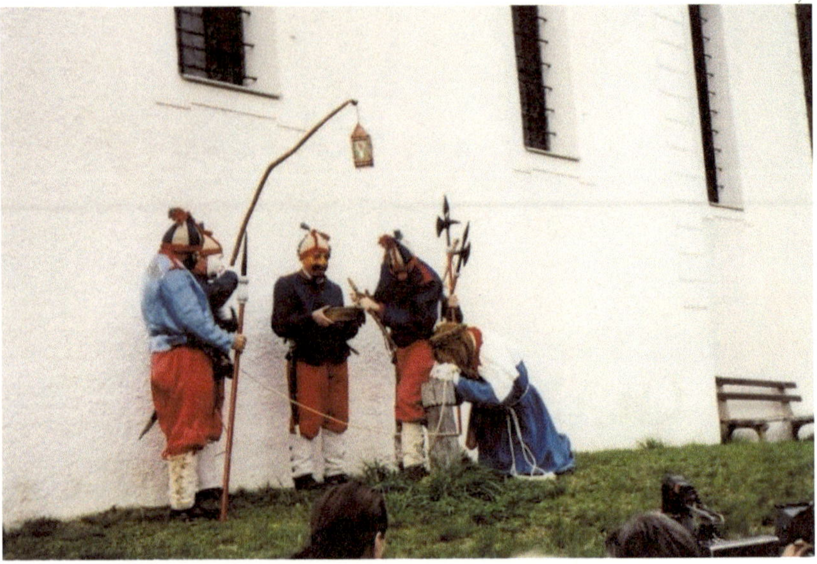

Abb. 6: Christus wird mit Dornen gekrönt.

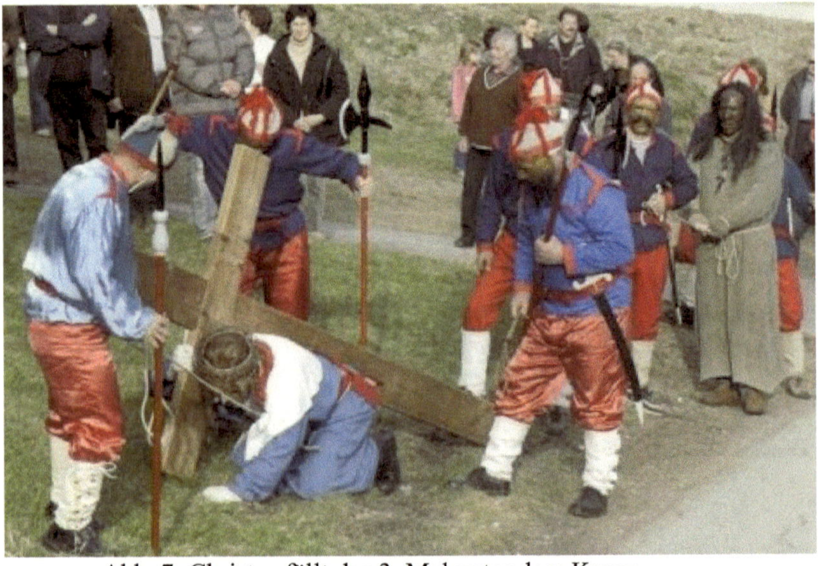

Abb. 7: Christus fällt das 3. Mal unter dem Kreuz.

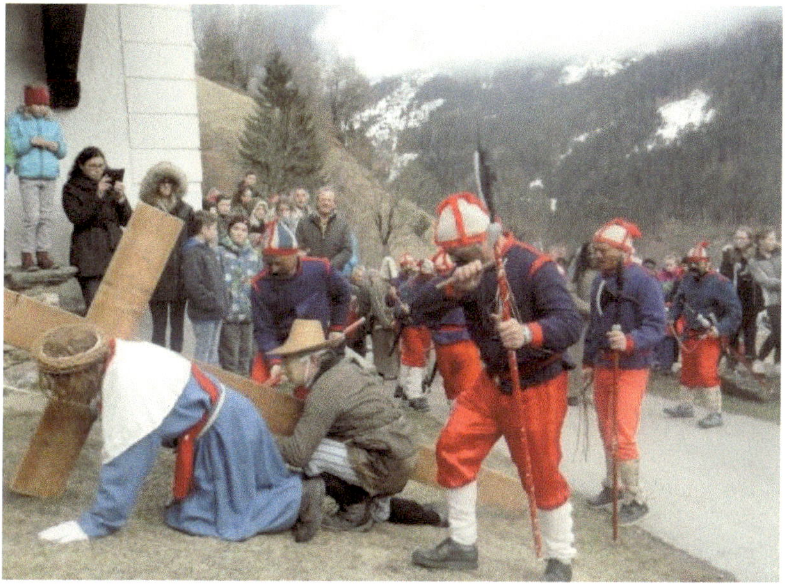

Abb. 8: Simon von Zyrene hilft Christus das Kreuz tragen.

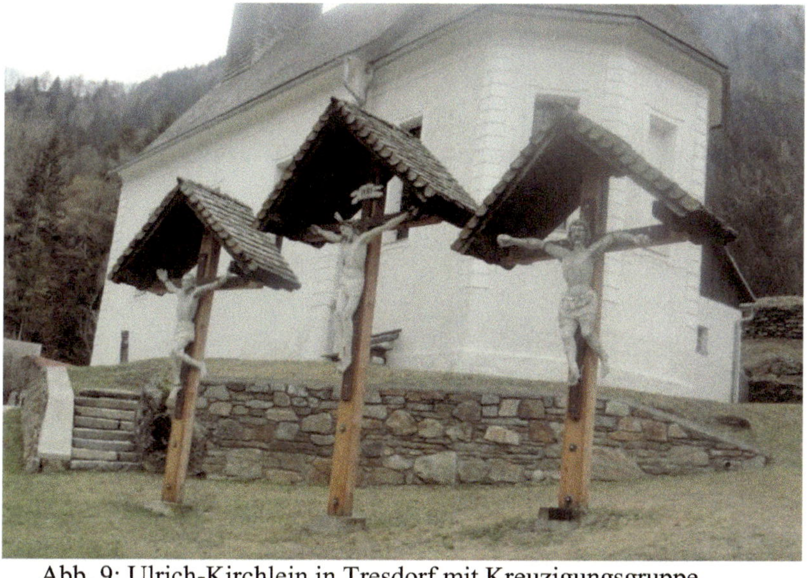

Abb. 9: Ulrich-Kirchlein in Tresdorf mit Kreuzigungsgruppe.

Literatur zum Tresdorfer „Kreuzziachn“:

Georg Graber: Volksleben in Kärnten. 2. Aufl. Graz: Leykam, 1941.
Leopold Kretzenbacher: Passionsbrauch und Christi-Leiden-Spiel in den Südost-Alpenländern. Salzburg: Otto Müller Verlag, 1952.
Niko Kuret: Duhovna drama. Ljubljana: Državna založba Slovenije, 1981. Serie: Literarni leksikoni, 13. zvezek. [Das geistliche Drama. Bundesverlag Sloweniens. Serie: Literaturlexika, 13. Band.]
Luise Maria Ruhdorfer (LMR), Lokalaugenschein am Gründonnerstag, dem 12. April 2001, und Gespräch mit Franz Golger sen. (1935-2018), sowie Besuch am Karfreitag, dem 30. März 2018.
www.tresdorf.at/dorf/kreuzziachn/geschichte, Zugriff: 31.03.2018, 18:05 Uhr, Franz Golger.
http://www.kath-kirche-kaernten.at/images/uploads/Detailprogramm-Moelltal.pdf, Zugriff: 31.03.2018, 18:00 Uhr. Roland Stadler.
https://www.meinbezirk.at/Spittal/lokales/der-karfreitag-und-der-tod-d2079182.html, Zugriff: 31.03.2018, 11:50, Verena Niedermeier.
http://ktnv1.orf/at/magazin/studio/fernsehen/stories/9131/, Zugriff: 31.03.2018, 11:55 Uhr.
http://www.nationalpark-hohetauern.at/de.articles/view//1217, Zugriff: 31.03.2018, 18:10 Uhr.

Bilderverzeichnis zum „Tresdorfer Kreuzziachn“:

Abb. 1: www.tresdorf.at/.../geschichte, „Kreuzziachn“ vor 1890, Zugriff: 31.03.2018, 18:05 Uhr. Karfreitag.
Abb. 2: http://ktnv1.orf/at/magazin/.../9131/, 31.03.2018, 11:55 Uhr.
Abb. 3: LMR, Gründonnerstag, 12.04.2001.
Abb. 4: www.nationalpark-hohetauern.at/.../1217, 31.03.2018, 18:10.
Abb. 5: www.nationalpark-hohetauern.at/.../1217, 31.03.2018, 18:10.
Abb. 6: LMR, Gründonnerstag, 12.04.2001.
Abb. 7: www.nationalpark-hohetauern.at/.../1217, 31.03.2018, 18:10.
Abb. 8: LMR, Karfreitag, 30.03.2018.
Abb. 9: LMR, Karfreitag, 30.03.2018.

3 Der Volkskundler Dr. France Kotnik

3.1 Sein Leben und Werk

France Kotnik wurde am 20. November 1882 in Dobriach, einem Ort in der Gemeinde Gutenstein, geboren. Er war Gymnasialprofessor, Schulinspektor, slowenischer Volkskundler, Literaturhistoriker und Publizist. Er starb am 6. Februar 1955 in Laibach.

France Kotnik besuchte von 1894 bis 1902 das Gymnasium in Klagenfurt, diente ein Jahr in der Armee des österreichisch-ungarischen Kaiserreiches und begab sich dann nach Graz, um dort zwischen 1903 und 1907 Slawistik zu studieren. Nach Abschluss seines Studiums kehrte er als Doktor der Philosophie nach Klagenfurt zurück und unterrichtete dort von 1908 bis 1919 als Professor am Gymnasium. Dann leitete er 1919 und 1920 das Gymnasium in Völkermarkt und bemühte sich dort auch um die Gründung einer Lehrerbildungsanstalt. Nach der Kärntner Volksabstimmung (10. Oktober 1920) war er Professor am Realgymnasium in Pettau, ab 1927 Schulinspektor in Marburg und ab 1929 Inspektor der Banschen Schulverwaltung in Laibach.

Sein Bruder Janko war Romanist und Lexikograph, 1885 in Dobriach geboren und 1975 in Laibach gestorben.

France Kotnik begann bereits als Gymnasiast im Jahr 1900 literarische und volkskundliche Artikel in der Klagenfurter Zeitung „Mir“ (Friede) zu veröffentlichen, an der Universität beschäftigte er sich wissenschaftlich mit der Kultur der Kärntner Slowenen, vor allem mit der Völkerkunde, aber auch mit der Kultur- und Literaturgeschichte, am gründlichsten erforschte er das Leben und Werk des Kärntner slowenischen Volksdichters und –schriftstellers Andreas Schuster-Drabosenig und dessen Passion sowie ihr ähnliche geistliche Volksschauspiele[40].

Seine Absicht war es, an Hand der kulturellen und literarischen Besonderheiten der Kärntner Slowenen deren Verbundenheit mit den übrigen Slowenen im Bezug auf ihren Charakter und ihre Entwicklung zu erklären. Später wandte er seine Aufmerksamkeit auch den Slowenen in der Steiermark[41] zu. Er bemühte sich auch um die Organisation der Kultur und des Bildungswesens in Kärnten.

Dr. France Kotnik bereitete die erste fachlich orientierte Ausgabe von Volksprosa vor und er begann auch als erster die slowenische Volksmedizin systematisch zu erforschen. Er stellte einen Überblick über die Volksdichter und –sänger in Kärnten und der Steiermark zusammen, verfasste eine Auflistung der handgeschriebenen Liederbücher ab dem 18. Jahrhundert sowie der Übersetzer und Abschreiber der deutschen Volksbücher aus dem 18. und 19. Jahrhundert und er stellte einen ersten slowenischen Überblick über die geistlichen Volksschauspiele und ihre Aufführungen ab dem 16. Jahrhundert dar. Er schrieb eine Geschichte der Volkskunde in Slowenien. Zur Beliebtheit der Volkskunde trug er durch seine Beiträge in allgemein verständlichen Zeitschriften bei.

---

[40] Das Mießtal gehörte ab 1920 zu Slowenien im SHS-Staat, ab 1943 zu Jugoslawien, und ist seit 1991 Teil der Region „Koroška“/Kärnten der Republik Slowenien. Vorher war es Teil des Kronlandes Kärnten in der Habsburger Donaumonarchie Österreich-Ungarn.

[41] Die Südsteiermark gehörte auch ab 1920 zu Slowenien im SHS-Staat, ab 1943 zu Jugoslawien, und ist seit 1991 Teil der Region „Štajerska“/Steiermark der Republik Slowenien. Vorher war sie Teil des Kronlandes Steiermark in der Habsburger Donaumonarchie Österreich-Ungarn.

Dr. France Kotnik verfasste folgende Volkskunde-Artikel: Donesek k zgodovini praznoverja na Koroškem (1906, Beiträge zur Geschichte des Aberglaubens in Kärnten); O slovenski kmetski hiši (1906, Über das slowenische Bauernhaus); Koroške narodopisne črtice (1908, Kärntner Volkskundeskizzen); Narodno blago s koroško-štajerske meje (1910, Volkskundestoff von der Kärntner-steirischen Grenze); Nov'ne žgati, nov'ne kopati, narodopisna črtica (1911, Neuland brennen, Neuland graben, Volkskundeskizze); Slovenska legenda o sv. Ožbaltu (1924, Die slowenische Legende vom hl. Oswald); Narodna noša v Mežiški dolini (1926, Die Nationaltracht im Mießtal); Narodna noša v Konjicah in Slovenski Bistrici (1926, Die Nationaltracht in Gonobitz und Windisch-Feistritz); O narodni noši v Savinjski dolini (1926, Über die Nationaltracht im Savinja-Tal); Narodna noša v laškem okraju (1927, Die Nationaltracht im Bischofslaker Bezirk); Narodne noše ptujske okolice (1927, Die Nationaltracht in der Umgebung von Pettau); O narodni noši v ptujski okolici (1927, Über die Nationaltracht in der Umgebung von Pettau); O naših narodnih nošah – Rogaški okraj in Posavje (1927, Über unsere Nationaltracht – im Bezirk Rohitsch und im Save-Tal); Božični običaji v ptujski okolici (1928, Weihnachtsbräuche in der Umgebung von Pettau); Pogodba za dobavo lesa, sklenjena med mozirskim tržanom in Zagrebčanom 1796 (obravnava tudi splavljanje lesa po Savinji in Savi do Beograda in dalje) (Etnolog IV, 122–4; Vertrag über die Holzbringung/-zustellung, abgeschlossen zwischen einem Bürger aus Praßberg und einem aus Agram aus dem Jahr 1796, behandelt auch das Holz-Schwemmen/-Driften auf der Savinja und der Save bis Belgrad und weiter [hinunter]); O svetem Štefanu zaščitniku konj (1928, Über den hl. Stephanus, den Patron der Pferde); Martinov násad (1929, Martini-Pflanzung); Storije I, Koroške nar. pripovedke in pravljice (Mohorjeva knjižnica 3 (1924, Geschichten, I. Teil, Kärntner Volkserzählungen und –märchen, Hermagoras-Bibliothek).

Des Weiteren veröffentlichte er zur Literatur- und Kulturgeschichte: Beiträge zur Volksliteratur Kärntens (o Drabosnjaku, Klagenfurt, 1910; über Andreas Schuster-Drabosenig); Nekaj opomb o koroškem nar. pesniku in pisatelju A. Schusterju-Drabosnjaku (Čas, 1911; Einige Anmerkungen zum Kärntner Volksdichter und –schriftsteller Andreas Schuster-Drabosenig); Ljudski poetje (Čas, 1911; Volkspoeten); Nekaj črtic o pasijonskih igrah na Koroškem (1912, Einige Skizzen über die Passionsspiele in Kärnten); Predstava Drabosnjakove pasijonske igre leta 1911; Andr. Schuster-Drabosnjak (1913, Die Vorstellung des Drabosenig-Passionsspieles im Jahr 1911); Predigra kostanjske pasijonske igre (1922, Das Vorspiel zum Köstenberger Passionsspiel); Drabosnjakov Ahasver (1922, Drabosenigs Ahasver); Drabosnjakove „Bukelce od Matjaža" (1923, Drabosenigs Büchlein über Matthias); O uprizoritvi Drabosnjakove božične igre pred 20 leti (Naš dom 1926, Über die Aufführung des Weihnachtsspieles von Drabosenig vor 20 Jahren); Izviren Drabosnjakov rokopis (1931, Drabosenig-Handschrift im Original); Pasijonska igra iz Železne Kaple (1924, Das Passionsspiel aus Eisenkappel); Nova brambovska pesem iz leta 1809 (1906, Ein neues Verteidigungsgedicht aus dem Jahr 1809); Pesme za deželski bran (1911, Gedichte zur Land(es)verteidigung); O Grund(t)nerju(1913, Über Grundtner); Pismo V. Oblaka Gr. Einspielerju (1914, Brief von V. Oblak an Gr. Einspieler); Sprotuletna Vijolic – marib. dijaški list iz leta 1846 (1919; Ganzjahres-Veilchen – Marburger Schülerzeitung aus dem Jahr 1846); Slomškov življenjepis p. Ožb. Rauscha D. J. (1922, Slomšek-Lebenslauf nach P. Oswald Rausch); Prispevki k slov. bibliografiji (1923, Beiträge zur slowenischen Bibliographie); Dvoje fevdnih priseg (1913, Zwei Lehens-[herren]eide); Mozirska tržanska prisega iz leta 1740 (1926, Praßberger Bürgereid aus dem Jahr 1740); Slov. prisega iz Hrastovca (1928, Slowenischer Eid aus Gutenhag); Letak graške Slovenije iz leta 1849 (1914, Flugblatt aus dem Grazer Slowenien aus dem Jahre 1849); Župnijska kronika v Logi vasi, (1911, Pfarrchronik aus Augsdorf); Črtice iz zgodovine kor. šolstva (1911, Skizzen aus der Geschichte des Kärntner Schulwesens); Celovška čitalnica (1913, Der Klagenfurter Lesesaal); Klagenfurt in den sechziger Jahren (1919); Ptuj v srednjem veku, Ptuj v novem veku (1926, Pettau im Mittelalter, Pettau in der Neuzeit).

Und schließlich verfasste Dr. France Kotnik noch die nachstehenden Biographien: über den Historiker Josip Apih (1911; Studium in Wien, Professor für Geschichte, Geographie, Deutsch und Slowenisch am Klagenfurter Gymnasium, 1853-1911); über den Schriftsteller Jakob Sket (1912; Studium in Graz, Professor für Slowenisch, Deutsch, Latein und Altgriechisch am Klagenfurter Gymnasium, verfasste die Erzählung „Miklova Zala“ nach einer Sage aus der Türkenzeit und dramatisierte sie, 1852-1912); über den Publizisten Andrej Einspieler (1914); Politiker und Priester, Klagenfurter Stadtrat, Herausgeber der „Stimmen aus Innerösterreich“ (1813-1888) sowie über den Landschaftsmaler Markus Pernhart (1923; 1824-1871).[42]

[42] Gesamter Lebenslauf aus https://sl.wikipedia.org/France_Kotnik, Zugriff: 24.02.2018, 23:45 Uhr. Hiesige Abkürzungen werden nicht extra erläutert.

Nachzutragen bleibt nur noch, dass Dr. France Kotnik noch zwei Brüder hatte, nämlich Simon, der zuletzt Pfarrer in Podgorje bei Windischgrätz war, und Zorko, der Lehrer wurde. Wichtig ist auch, dass sich Dr. France Kotnik zeit seines Lebens um den Hermagoras Verlag bemühte, und zwar zuerst in Klagenfurt, wo er ab 1911 Mitglied im Vorstand der Gesellschaft war und als solches die große Bedeutung der verlegten Bücher für die Volksbildung erkannte. Dann war er ab 1919 in Prävali Assistent von Direktor Josip Zeichen und schließlich war er ab 1927, als die Hermagoras Gesellschaft nach Zilli übersiedelt war, Kassier und ab 1933 selber Direktor dieses Verlages. Dr. France Kotnik erstellte das Verlagsprogramm gemeinsam mit dem Schriftsteller Fran Saleški Finžgar (1872-1962). Nachdem die deutschen Truppen Slowenien besetzt hatten, übersiedelte er nach Laibach. Die Deutschen vernichteten daraufhin viele Hermagoras-Bücher. Nach dem Zweiten Weltkrieg war Dr. France Kotnik schon zu schwach, um die Hermagoras noch einmal aufzubauen.[43]

[43] Aus http://www.revija.ognjišče.si/revija-ognjišče/.../2506-france-kotnik, Zugriff: 25.02.2018, 01:25 Uhr.

3.2 Kotniks Dissertation

France Kotnik hat seine Dissertation über den Köstenberger Volksschriftsteller oder Volkspoeten/„bukovnik“ (Büchermacher/-schreiber) Andreas Schuster, vulgo Drabosenig in Oberjeserz ob Velden, im Jahr 1907 an der Grazer Universität eingereicht und erfolgreich verteidigt. Es wird hier nicht die vollständige Doktorarbeit dokumentiert, sondern es wird in dieser wissenschaftlichen Abhandlung auf sie verwiesen beziehungsweise werden wichtige wissenschaftliche Ergebnisse für die Volkskundeforschung zu den geistlichen Volksschauspielen im Alpen-Raum zusammengefasst und kommentiert. Dabei werden die Zitate aus Drabosenigs Werken nicht im Original Köstenberger slowenischen Dialekt belassen, sondern ins Slowenische und Deutsche, und zwar jeweils in die Schriftsprache übertragen beziehungsweise übersetzt. Diese Übertragung und Übersetzung wird von der Autorin vorgenommen. Die Zitate aus deutschsprachigen Vergleichswerken werden ebenfalls ins Schriftdeutsche übertragen. Diese Vorgangsweise verfolgt den Zweck, dass die Texte von möglichst viel deutschsprachigen Lesern verstanden werden können. Dass darunter sowohl die Reimstruktur als auch die Sprachmelodie leiden, ist von vornherein klar. Auch die wissenschaftlichen Aussagen von France Kotnik werden dem heutigen Deutsch angepasst. Dazu wurde die Doktorarbeit neu durchnummeriert, wobei Kotnik meistens eine linke und eine rechte Spalte verwendet. Kotniks Literaturangaben werden kapitelweise wiedergegeben. In der Dissertation verwendet Kotnik großteils die lateinischen Buchstaben, in Zitaten aus Originalwerken jedoch die deutsche Kurrentschrift. Da sie handschriftlich verfasst wurde, bereitete deren Entzifferung manchmal erhebliche Schwiegigkeiten.

Das Original der Dissertation wird in der Studienbibliothek Dr. F. Sušnik in Gutenstein im Mießtal aufbewahrt. Es enthält keine Seitennummerierung. Eine Kopie befindet sich im Slowenischen Volkskundeinstitut Urban Jarnik[44] in Klagenfurt, welches der Autorin als Grundlage für diese wissenschaftliche Studie diente. Der Titel lautet: „Franz Kotnik: Andreas Schuster Drabosnjak. Sein Leben und Wirken." Die Arbeit wurde im Mai 1907 eingereicht.

Kotniks Dissertation in ist folgende **Kapitel** gegliedert: Vorwort, Bisherige Literatur, Schusters Leben, Schusters Wirken, Schluss mit Anhang. Das Kapitel Schusters Leben gliedert sich in die Unterkapitel Jugendjahre, Vermählung und Wirtschaft, Die mündlichen Überlieferungen und die entsprechenden biographischen Stellen in seinen Werken, Die letzten Lebensjahre und Die politischen und sozialen Zustände seiner Zeit. Das Kapitel Schusters Wirken gliedert sich in zwei Unterkapitel, nämlich in Bibliographie seiner Werke und in Besprechung derselben. Die Bibliographie unterscheidet zwischen den Gedruckten Büchern und den Handschriften sowie Abschriften. Die Besprechung derselben umfasst die Marienpassion, das Svovenji OBAC (Das slowenische ABC), die Weiber-Litanei als damals noch unbekanntes Werk, Die schöne Magelone, das Hirten- und Dreikönigs-Spiel sowie das Passionsspiel im Allgemeinen und das Köstenberger Passionsspiel im Besonderen, einen Vergleich mit dem ebenfalls slowenischen Eisenkappler Passionsspiel, Schlussfolgerungen und Schusters Bedeutung für die slowenische Literatur.

---

[44] Urban Jarnik (1784-1844), römisch-katholischer Priester, Sprachwissenschafter, Schriftsteller, Volkskunde-Historiker, lebte in Kärnten.

3.2.1 Vorwort

Im Vorwort verweist France Kotnik darauf, dass er zu Ostern 1905 ein Passionsspiel sah, das Drabosenig aus dem Deutschen ins Slowenische übersetzt hatte. Kotniks Professor Dr. Matija Murko[45] vermittelte ihm die Abschriften von Drabosenigs slowenischer Passion. Kotnik holte mündliche Informationen bei den Spielern ein, reiste in den Hauptferien 1906 nach Velden und Köstenberg, um Recherchen anzustellen und den Herrn Kleber in Auen bei Velden zu treffen, der viele satyrische Gedichte Drabosenigs auswendig aufsagen konnte. (Vgl. Kotnik, Diss., S. 1.)

> Um über Schusters Lebenszeit ins Klare zu kommen, reiste ich auch in seine Heimatpfarre, nach St. Georgen am Sternberg, wo mir der Ortspfarrer Ferdinand Lavrinc in gütiger Zuvorkommenheit die Einsicht in die Tauf-, Trauungs- und Sterberegister ermöglichte. Ich fand dort nur das Trauungsdatum und die Daten über Schusters Kinder. Bei dieser Gelegenheit besuchte ich auch das Geburtshaus unseres Poeten, welches etwa 20 Minuten von der Pfarrkirche entfernt, gegen Osten gelegen, jetzt ein schlichtes sogenanntes „oberdeutsches" Bauernhaus darstellt. Der jetzige Besitzer desselben, Heinrich Socher, dessen Frau sowie die Mutter derselben erzählten mir Vieles vom „alten Drabosnjak" [Drabosenig]. Zufällig war dort ein Knabe vom „Unteren Drabosnjak", einem Bauerngehöft, das gleich unter dem Geburtshaus des Kärntnerpoeten liegt, anwesend, welcher mir mit Freuden erzählte, seine Eltern besäßen

[45] Dr. Matija Murko, 1861-1952, Literaturhistoriker, Ethnologe, Slawist, Germanist, studierte Germanistik und Slawistik, lebte in Pettau/Ptuj in Slowenien, in Wien, Moskau und Prag.

> ein Büchlein, das gedruckt sei und scherzhafte Verse Schusters [Weiber-Litanei] enthalte. Er brachte mir dasselbe. Es ist bis jetzt in der slowenischen Literatur unbekannt. ...
> Im Sternberger Pfarrarchiv fand ich z. B. seine [Schuster] Verehelichung, seine Kinder und einige seiner Verwandten. Ich konnte wohl mittels des Trauungsdatums (1792 war Schuster 24 Jahre alt) sein Geburtsjahr 1768 ermitteln, aber nicht den Tag und den Ort seiner Geburt. Bei einem Datum steht jedoch die Anmerkung, dass Schusters Vater früher zur Köstenberger Pfarre gehörte.
> (France Kotnik, Diss., S. 2.)

Kotnik berichtet weiter, dass am Dreikönigstag 1907 von den Köstenbergern das slowenische Hirtenspiel aufgeführt wurde. Dieses Spiel sah Kotnik schon früher durch Vermittlung des Herrn Anton Ekar in Klagenfurt in einer Abschrift, die 1906 der kaiserlich-königlichen Bezirkshauptmannschaft in Villach zur Zensur vorgelegt worden war. Die Behörde verbot dessen Aufführung wegen derber Ausdrücke. Kotnik bekam von einigen Männern Nachricht über Schusters Lebensverhältnisse und über das Spiel. Besonders interessant sind für ihn die Ausführungen des im Jahr 1830 geborenen Cavznik in Oberjeserz bei Velden, der ihm versicherte, den „alten Drabosnjak" noch persönlich gekannt zu haben. Kotnik fertigte aus den Pfarrmatrikeln von Köstenberg und Sternberg Auszüge an. (Vgl. Kotnik, Diss., S. 2 und S. 3, linke Spalte/li.)

> Meine Schuster-Biographie fußt daher auf diesen Daten, den Mitteilungen der Gewährsmänner und auf je-

nen Stellen seiner „Reime“ und Bücher, in denen er von sich selbst spricht. (France Kotnik, Diss., S. 3, li.)

Literatur zum Vorwort: Hofrat Jagič übersandte 3 Abschriften von Drabosenigs slowenischem Passionsspiel nach Graz, die nach dem Tod des Slavisten Oblak an die Bibliothek der Wiener Slawistik kamen. – Janko Maierhofers Feuilleton im „Mir“ (Friede, 1906) über Schusters „Svovenji OBAC“ (das slowenische ABC). – Nachforschungen bei den Gewährsmännern von Pfarrer Stefan Singer. – Gespräche mit den oben erwähnten Personen. – Pfarrmatrikeln.

3.2.2 Bisherige Literatur

Im Kapitel Bisherige Literatur führt Kotnik an, dass über Andreas Schuster-Drabosenig bis 1905 nur wenig bekannt war.

Als erster berichtete Prof. Johann Scheinigg über den schlichten Mann aus dem Volk, der der Verfasser der „Marijin pasijon“ (Marienpassion) ist. Artikel im „Kres“ (Sonnwendfeuer) V, 1885, „Knjiga pisana v koroškem narečju od leta 1811“ (Buch, geschrieben im Kärntner Dialekt von 1811), S. 424-426.

Die zweite Nachricht brachte Filip Haderlap, gewesener Redakteur des „Mir“ und Herausgeber der „Koroške bukvice“ (Kärntner Büchlein). Vollkommen unkritischer Bericht über 3 Seiten aus „Drabosnjakov A-B-C“ (Drabosenigs ABC) auf den Seiten 57-61, 115-118, 197-201. (Vgl. Kotnik, Diss., S. 3, rechte Spalte/re.)

> To pesem je zložil Andrej Šuštar, po domače Drabosnjak, kmet v Lipi pri Vrbi, že za časa francoskih vojsk. V prepisih se je ohranila med koroškimi Slovenci. Natisnemo jo, da naši bralci vidijo, kako so naši očetje v tistih časih presojali svet. Pisana pa je še s starim pravopisom. Mi smo ga nadomestili z gajico in še nekaj drugih malih reči spremenili. Jedro pa je ostalo nedotaknjeno. ...
> Saj veste, kako so z menoj naredili, / Mi škodo na glavo navalili. …
> Drabosnjaku so tiskane knjige iz Vernberga pobrali in mu nadaljno izdajanje prepovedali. Torej je imel veliko škode.
> (Filip Haderlap, Drabosnjakov A-B-C, Einleitung, S. 57 und Fußnote auf S. 117. Aus Kotnik, Diss., S. 3, re.)
> Dieses Gedicht verfasste Andreas Schuster, vulgo Drabosenig, Bauer in Lind bei Velden, schon zur Zeit der

Franzosenkriege. Die Kärntner Slowenen bewahrten es in Abschriften. Wir drucken es, damit unsere Leser sehen, wie unsere Vorväter damals die Welt betrachteten. Es ist noch in der alten Schrift [ch ʃh sh] gedruckt. Wir haben diese durch die Gajica [č š ž] ersetzt und noch einige kleinere Veränderungen vorgenommen. Sein Kern blieb jedoch unangetastet. ...
Ihr wisst doch wohl, was man mit mir gemacht hat, / wieviel Schaden man mir aufgebürdet hat.
Drabosenig wurden die gedruckten Bücher aus Wernberg abgenommen und ihm das weitere Herausgeben verboten. Daher erlitt er einen großen Schaden. (Übersetzung von der Autorin Luise Maria Ruhdorfer./Übs. LMR.)

Der dritte Berichterstatter ist Anton Trstenjak in seinem Buch „Slovensko gledališče." V Ljubljani (Das slowenische Theater, Laibach), 1892, der das Schlusskapitel auf den S. 194-197 den slowenischen Passionsspielen in Kärnten widmete. Sein Bericht stützt sich auf die Mitteilungen der Herren †Anton Oblak, gewesener Pfarrer in Köstenberg, der Professoren Johann Scheinigg und Dr. Jakob Sket und des Leiters der Hermagoras Buchdruckerei Vekoslav Legat sowie des Professors †Josef Lendovšek in Villach, der ihm 4 Abschriften des Köstenberger slowenischen Passionsspieles übersandte, wovon drei gleich waren wie jene, die die Wiener Slawistik aufbewahrt, und ihm viel Wissenswertes berichtete. (Vgl. Kotnik, Diss., S. 3, re, und S. 4, li.)

Okoli leta 1810 je živel na Koroškem kmet, ki nam je prevedel kot prvi pasijonsko igro v slovenski jezik in je poleg tega spisal še druge stvari. To je bil Andrej Dra-

bosnjak, doma v Šentjurju na Strmcu nad Vrbskim jezerom. Žal da o tem virlem kmetu nimamo zadosti podatkov. Kadar je Andrej Drabosnjak oral, je imel na vsakem koncu njive knjigo, v katero je zapisoval svoje „rajme", katere je izumil pri vsaki brazdi. Pravi se, da je Andrej Drabosnjak imel svojo tiskarnico, v kateri je sam knjige tiskal; toda ne vem zakaj, vlada mu je konfiscirala črke.
(Anton Trstenjak, Slovensko gledališče, 1892, S. 194 f. Aus Kotnik, Diss., S. 4.)
Um das Jahr 1810 lebte in Kärnten ein Bauer, der uns als erster ein Passionsspiel in die slowenische Sprache übersetzt und darüber hinaus noch andere Sachen geschrieben hat. Das war Andreas Drabosenig, zu Hause in St. Georgen am Sternberg, über dem Wörther See. Es ist schade, dass wir von diesem quirligen Bauern nicht genug Daten haben. Wenn Andreas Drabosenig gepflügt hat, hatte er an jedem Ende des Ackers ein Buch, in das er seine Reime hineingeschrieben hat, die er sich während jeder Furche ausgedacht hat. Man sagt, dass er eine eigene kleine Druckerei besaß, in der er seine Bücher selber druckte; ich weiß jedoch nicht, warum ihm der Staat die Lettern konfiszierte. (Übs. LMR.)

Andrej Drabosnjak je bil jako priden pisatelj. Glavno delo mu je „Komedija od celega grenkega trpljenja in smrti Jezusa Kristusa, našega ljubega Gospoda. Popisano od Andreja Drabosnjaka, enega kmeta v Karantaniji, iz nemškega v koroški jezik v rajme napravljeno v letu 1818." Andrej Drabosnjak je nadalje spisal: „Trpljenje device Marije" (Marijin pasijon) leta 1811 („Kres", 1885), ki pa ni v rimah in tudi ne v dialogu. Potem je od njega: „Bogati mož", „Pastirci ali Rojstvo

Kristusovo“ in „Izgubljeni sin“. Vse te igre predstavljajo danes kostanjski igralci. Poleg teh iger je spisal Andrej Drabosnjak mnogo smešnic, med katerimi so jako zanimive njegove litanije. S tem sem popisal vse književno delovanje slovenskega kmeta Andreja Drabosnjaka.
(Anton Trstenjak, Slovensko gledališče, 1892, S. 195. Aus Kotnik, Diss., S. 4. Kotnik trdi, da „Bogati mož“ ni od Drabosnjaka.)
Andreas Drabosenig war ein extrem fleißiger Schriftsteller. Sein Hauptwerk ist „Die Komödie vom ganzen bitteren Leiden und Tod Jesu Christi, unseres geliebten Herrn. Niedergeschrieben durch Andreas Drabosenig, einem Bauern in Karantanien/Kärnten, aus der deutschen Sprache in das Kärntner Slowenische in Reime gebracht im Jahr 1818.“ Andreas Drabosenig schrieb des Weiteren: „Das Leiden der Jungfrau Maria“ (Marienpassion) im Jahr 1811 („Kres“, 1885), das jedoch weder in Reimen noch in Dialogen verfasst ist. Dann stammt von ihm: „Der reiche Prasser“, „Hirtenspiel oder Die Geburt Christi“ und „Der verlorene Sohn“. Alle diese Spiele werden heutzutage [1907] von den Köstenberger Spielern aufgeführt. Neben diesen Spielen schrieb Andreas Drabosenig viele witzige Texte, Spottverse, unter denen seine Litanei am interessantesten ist. Damit verzeichnete ich das gesamte literarische Werk des slowenischen Bauern Andreas Drabosenig. (Übs. LMR. Laut Kotniks Ausführungen stammt „Der reiche Prasser“ jedoch nicht von Andreas Schuster-Drabosenig.)

Die weiteren Ausführungen Trstenjaks behandeln die Aufführungen des Passionsspiels von Drabosenig und die Art der Aufführung. (Vgl. Kotnik, Diss., S. 4, re.)

Dann gibt es eine Skizze über Schusters Leben, ohne jede Kritik, im „Mir“ (1906, Nr. 1, Feuilleton, S. 4 f. und S. 13) vom Pfarrer Johann Maierhofer in Poggersdorf bei Grafenstein, der einige Zeit Pfarrprovisor in Köstenberg war. Er beschreibt den Ort näher, wo Schuster um 1820 im greisen Alter gestorben sein soll. (Vgl. Kotnik, Diss., S. 4, re.)

> Čuditi pa se res moramo, kako je mogel čisto preprost kmet, ki je bil daleč od mesta v tihi samoti, v zapuščenem gozdu, v tistih časih toliko pisati in spisovati knjige. Kako je pač prišel na misel, iskati si tiskarne, založnika? Prestavil je namreč po nemškem izvirniku „Marijin pasijon“ ter ga dal tiskati pri Leonu v Celovcu. Ta knjiga, katera se še sedaj nahaja tu in tam, se kaj rada bere po hišah v postnem času. Poznam staro ženico, ki jo zna skoraj celo na pamet. Tudi Kristusovo trpljenje s predigro „Betlehem“ in „Dobri pastir“ je prestavil Drabosnjak v slovenski jezik. Igrali so jo Kostanjčani obetavno z velikim uspehom in po različnih krajih. Zadnje leto so jo uprizarjali tudi v Lipi.
> (Janko Maierhofer, „Mir“ (1906, Nr. 1, Feuilleton, S. 4 f. und S. 13. Aus Kotnik, Diss., S. 5.)
> Man muss sich wirklich wundern, wie ein ganz einfacher Bauer, der weit entfernt von der Stadt in der stillen Einsamkeit, in einem verlassenen Wald lebte, in jenen Zeiten so viel schreiben und Bücher verfassen konnte. Wie kam der bloß auf die Idee, sich eine Druckerei, einen Verleger zu suchen? Er verfasste nämlich nach einer deutschen Vorlage die „Marienpassion“ und ließ sie bei Leon in Klagenfurt drucken. Dieses Buch, das sich jetzt noch hier und da befindet, liest man in den Häusern in der Fastenzeit. Ich kenne eine alte Frau, die es fast zur Gänze auswendig kennt. Auch Christi Leiden mit dem Vorspiel „Bethlehem“ und

„Der gute Hirte“ hat Drabosenig in die slowenische Sprache übersetzt. Es wurde von den Köstenbergern vielversprechend mit großem Erfolg und an verschiedenen Orten gespielt. Im letzten Jahr [1906] hat man es auch in Lind [ob Velden] aufgeführt. (Übs. LMR.)

Hierauf beschreibt Maierhofer mit kurzen Worten das von ihm beim alten Rumplej in der Poggersdorfer Pfarre aufgefundene Büchlein „Svovenji OBAC“ (Slovenski abc/Das slowenische ABC), das Kotnik abgeschrieben hatte, um es bearbeiten zu können. (Vgl. Kotnik, Diss., S. 5, re.)

Pa tudi tako se je ohranilo med preprostim ljudstvom veliko pesmic. Naperjene so na različne osebe, stanove in razvade. Navadno so šaljivke, ostre in pikre. Največ jih ve na pamet stari možak, po domače Kleber v Logu ob Vrbskem jezeru. Hvalevredno delo bi bilo, če bi jih kdo zapisal pri priložnosti ter jih tako otel za prihodnost v pouk in zabavo starim in mladim, kakor tudi v spomin koroškega pesnika, „starega Drabosnjaka“.
(Janko Maierhofer, „Mir“ (1906, Nr. 1, Feuilleton, S. 4 f. und S. 13. Aus Kotnik, Diss., S. 5, re.)
Aber auch so wurden von der einfachen Bevölkerung viele Gedichte bewahrt. Sie orientieren sich an verschiedenen Personen, Institutionen und Gewohnheiten. Für gewöhnlich handelt es sich um scharfe und bissige Spottverse. Die meisten kennt der alte Mann, vulgo Kleber in Auen [bei Schiefling] am Wörther See, auswendig. Es wäre eine lobenswerte Aufgabe, wenn sie jemand bei Gelegenheit niederschreiben würde, um sie auf diese Weise auch in Zukunft als Anleitung und Unterhaltung für Alte und Junge sowie als Erinnerung an den Kärntner Dichter, den alten Drabosenig, zu retten. (Übs. LMR.)

France Kotnik stellte sich in seiner Dissertation (1907) die Aufgabe, die angeführten Berichte nach ihrem Wahrheitsgehalt kritisch zu überprüfen. (Vgl. Kotnik, Diss., S. 5, re.)

Literatur zur Bisherigen Literatur: Prof. Johann Scheinigg, Artikel im „Kres“ V., 1885. – Filip Haderlap in „Mir“ und „Koroške bukvice“. – Anton Trstenjak: „Slovensko gledališče“. V Ljubljani, 1892. – Mitteilungen von †Anton Oblak, Prof. Johann Scheinigg, Dr. Jakob Sket, Vekoslav Legat und Prof. Josef Lendovšek.

3.2.3 Schusters Leben

Das Kapitel Schusters Leben gliedert sich in 5 Abschnitte: Jugendjahre, Vermählung und Wirtschaft, Die mündlichen Überlieferungen über sein Leben und die entsprechenden biographischen Stellen in seinen Werken, Die letzten Lebensjahre und Die politischen und sozialen Zustände seiner Zeit.

Im Unterkapitel **Jugendjahre** skizziert France Kotnik die ersten Lebensjahre des späteren Volkspoeten Andreas Schuster-Drabosenig. Er berichtet über dessen Geburtseintrag, dessen Geschwister, dessen Schulbildung und das Bauernhaus beim vulgo „Oberen Drabosenig" in Oberjeserz ob Velden.

Am Waldrand zwischen den Ortschaften St. Georgen am Sternberg und Drabosenig liegen die beiden Bauernhöfe vulgo „Unterer" und „Oberer Drabosenig". Dort wurde am 6. Mai 1768 Andreas geboren. (Siehe Geburts- und Taufeintrag beim Lebenslauf auf S. 15 f.) Damals gehörten beide Huben noch zu Köstenberg. Dann gibt Kotnik den Hinweis auf das Ableben des Großvaters von Andreas, Simon Schuster. (Vgl. Kotnik, Diss., S. 6.)

> „1768 Martii 21. Sepultus est viduus Simon Schuster, vulgo Draboßinig super., extra Jeßerz, atat. sua circiter 73 annor., requisitis sacramentis rite provisus …"[46]
> Am 21. März 1768 wurde der Witwer Simon Schuster, vulgo Oberer Drabosenig, aus Jeserz, im Alter von ungefähr 73 Jahren, versehen mit den Sterbesakramenten, von Pfarrer Josephus Stubelli begraben. (Übs. LMR.)

---

[46] Pfarre Koestenberg-Kostanje, K32_001-2, Sterbbuch, 5. Januar 1747 – 20. Oktober 1770, Blatt 038.

Dann erfahren wir die Namen der Schwestern von Andreas Schuster-Drabosenig. Maria wurde am 9. August 1757, Luzia am 9. Dezember 1759 und Christina am 30. März 1761 geboren. Die Brüder Mathäus wurden am 15. September 1763 und Kaspar am 1. Dezember 1765 geboren. Sein Bruder Mathäus starb allerding schon am 15. September 1767. Andreas war also das sechste und jüngste Kind seiner Eltern. Über die Geschwister von Andreas wusste Kotnik nicht ausführlich zu berichten. Er fand zwar im Sternberger Taufbuch am 29. Nov. 1776 die Geburt eines Knaben vom Vater Kaspar Schuster, Bauer in Trabenigg 1, welcher aber wegen seines kindlichen Alters nicht der Bruder des Volkspoeten sein konnte.

Dann berichtet Kotnik über die theresianisch-josephinische Schulreform in Kärnten und er führt weiter aus, dass er nicht herausfinden konnte, wann die Volksschule Velden errichtet worden ist. Er stellt aber fest, dass beim Tod Maria Theresias [29.11.1780] auch in Kärnten die (deutsche) Volksschule begründet war und dass Joseph II. [*1741, 1765-1790] die Schulpflicht für alle Knaben vom 6. bis zum 12. Lebensjahr einführte. Kotnik folgert, dass Andreas Schuster auch vortrefflich Deutsch beherrschte, weil er sonst Cochems Werk nicht hätte ins Slowenische übersetzen können. Und er erzählt, dass es zur Jugendzeit von Andreas üblich war, dass die slowenischen Bauern ihre Buben als Viehüter zu den deutschen Nachbarn schickten, damit sie auch diese Sprache erlernten. Aber das hätte wohl zum Übersetzen von geistlichen Volksschauspielen nicht gereicht. Und Kotnik rätselt darüber, ob Drabosenig das Gymnasium in Klagenfurt besucht hat. (Vgl. Kotnik, Diss., S. 6 bis S. 8, jeweils re.)

> Die Volksschule Velden wurde 1777 errichtet und eröffnet. …
> Unter den ersten Schülern des Lehrers Schuschitz befand sich jedenfalls der auf der Drabosenighube im Jahr 1768 geborene, durch seine slowenischen Dichtungen und dramatischen Werke so berühmt gewordene Andreas Schuster. Die in Versen geschriebenen Weihnachts-/Hirten- und Passionsspiele werden jetzt noch aufgeführt, viele seiner Gedichte sind Nationalgut der Slowenen geworden. …
> Die Volksschule Sternberg wurde 1799 errichtet. …
> In Köstenberg wurde schon vor 1800 in Privathäusern und ab 1812 in der Pfarrschule unterrichtet.
> (Stefan Singer: Kultur- und Kirchengeschichte des oberen Rosentales. Dekanat Rosegg mit Einschluß des Wörthersee-Gebietes. Kappel: Selbstverlag, 1935, S. 288 f., S. 294, S. 282. Recherchen LMR.)

Literatur zu Schusters Jugendjahren: Köstenberger Tauf- und Sterberegister. – Sternberger Taufregister. – „Die theresianisch-josephinische Schulreform in Kärnten“ von Josef Apih. (Carinthia I., 1903, S. 101, 1904, S. 173.)

Im Unterkapitel **Vermählung – Wirtschaft** beschäftigt sich France Kotnik mit der Familie des Andreas Schuster, mit seiner Verehelichung, der Geburt seiner Kinder, dem Tod seines Vaters Peter Schuster und mit der Oberen Drabosenig-Hube. (Vgl. Kotnik, Diss., S. 8, re, bis S. 11, li.)

Andreas Schuster heiratete am 23. September 1793 „Agnes Weißin, ehelich erzeugte Tochter des Martin Weiß, gewesenen Besitzers der Raumigkeusche zu Jeserz, und dessen Eheweib Maria, einer geborenen Hermanin, in dieser Pfarre [St. Georgen am Sternberg], katholisch, 21 Jahre, unverehelicht.“ (Zitat aus Trauungsbuch, Band II., Blatt 6.) Kurz zuvor hat Andreas von seinem Vater Peter Schuster die Obere Drabosenig-Hube übernommen.

Das Ehepaar Andreas und Agnes Schuster bekam 11 Kinder. Sohn Gregor wurde am 12. Sept. 1794 geboren, Sohn Josef kam am 21. Dez. 1795 zur Welt, Tochter Elisabeth erblickte am 16. Sept. 1797 das Licht der Welt, starb aber gleich nach der Taufe. Am 21. Sept. 1798 wurde Sohn Simon geboren, am 20. März 1800 kam noch einmal ein Sohn Gregor hinzu, dann gebar Agnes die Töchter Maria und wiederum eine Elisabeth am 28. Jänner 1802 und 12. Juni 1803, am 29. Dezember 1805 wurde Sohn Johannes (Evangelist) geboren, der am 10. Aug. 1806 starb. Der nächste Sohn wurde wieder Johannes genannt, geboren am 12. Aug. 1807, und schließlich kamen noch Tochter Sophie am 13. März 1809 und Sohn Martin am 24. Okt. 1810 auf die Welt. Von diesen 11 Kindern waren 1810 noch 9 am Leben, und zwar 6 Knaben und 3 Mädchen.

Als Paten bei der Taufe fungierten regelmäßig entweder Gregor Orasch aus Neudorf und Maria Florianzin, Besitzerin der Florianzhube in Gottestal, oder Josef Florianz, Besitzer der Florianzhube in Neudorf, und Elisabeth Oraschin, Bäuerin an der Peschonhube in Neudorf. Als Hebamme fungierte Magdalena Schusterin, die Mutter von Andreas und Auszüglerin beim Oberen Drabosenig, Haus Nr. 22. (Vgl. Kotnik, Diss., S. 8, re, S. 9, li, und S. 10, li.)

Nur 3 Tage nach dem Tod von Tochter Elisabeth starb der Vater des Andreas Schuster, Peter Schuster, also am 19. Sept. 1797. (Vgl. Kotnik, Diss., S. 9, li.)

Datum: 19. Sept. 1797. Ort: Drabosenig bei Jeserz, Haus Nr. 22. Name des Verstorbenen: Peter Schuster.

Beruf: Bauer an der Drabosenig Hube. Alter: 66 Lebensjahre. Todesursache: Wahnsinn. Mit allen 3 heiligen Sakramenten [Beichte, Kommunion, Letzte Ölung] etliche Tage vorher von mir Pfarrherrn versehen und von mir Ortspfarrer in den Pfarrgottesacker begraben worden.
(Sterberegister der Pfarre St. Georgen am Sternberg. Aus Kotnik, Diss., S. 9, re.)

Die Obere Drabosnjakhube umfasste zu Andreas Schusters Lebzeiten das Haus, den Stall und zwei Badstuben, die „obere“ und die „untere“. Von diesen Gebäuden besaß 1907 nur noch die obere Badstube ihre ursprüngliche Gestalt, sie wird jedoch in Kürze umgebaut. Sie ist ein hölzernes Häuschen, das 40 bis 50 Schritte oberhalb des Hauses steht und 3 Teile umfasst: das Vorhaus, die Küche und die Stube. Dabei handelt es sich um die Haus Nr. 23. Von der unteren Badstube sah man 1907 hingegen nur noch Mauertrümmer.

Das Bauernhaus wurde vor etwa 50 Jahren umgebaut. Es hatte 1907 einen sogenannten „oberdeutschen“ Typus. Laut Mitteilung des 1830 geborenen alten Cavznik in Oberjeserz bei Velden war es ein Rauchstubenhaus und umfasste die Laube, die Rauchstube und noch zwei Stuben, dessen eine unserem Dichter wohl als Bibliothek und „Studierzimmer“ gedient hat. Vorne hatte das Haus, welches mit der Front gegen St. Georgen gekehrt war, einen hölzernen Gang.

Die Obere Drabosnjakhube gehörte 1907 zu den mittleren Bauernbesitzungen jener Gegend. Sie war gerade so groß, dass man 6 bis 7 Stück Vieh züchten konnte, also kaum ausreichend, um eine große Familie zu ernähren. Ein genaues Flächenausmaß konnte der damalige Besitzer Heinrich Socher dem Dissertanten France Kotnik nicht angeben. Kotnik bezieht sich ab und zu auch auf die früheren und späteren Besitzverhältnisse der Familie Schuster, die aber für diese literaturwissenschaftliche Studie nicht von Belang sind. (Vgl. Kotnik, Diss., S. 10, und S. 11, li.)

Literatur zu Schusters Vermählung – Wirtschaft: Trauungsbuch, Tauf- und Sterberegister der Pfarre St. Georgen am Sternberg. [Hierzu macht Kotnik keine genauen Angaben. Die Daten der Geschwister und Kinder des Volkspoeten wurden nicht überprüft. Die genauen Daten von Andreas Schuster und seiner Frau Agnes finden sich auf S. 15 f. und beim Bildmaterial zu Dr. France Kotnik.)

Im Unterkapitel **Die mündlichen Überlieferungen** über Schusters Leben und die entsprechenden biographischen Stellen in seinen Werken diskutiert France Kotnik die Beschlagnahme von Drabosenigs Büchern, die mangelnde Sonn- und Feiertagsruhe des Volkspoeten, sein Dichten während der Bauernarbeit, seine Vorliebe für Schnupftabak und breitkrämpige Hüte, seine Begabung als Maler von Tier- und Pflanzenbildern und seine Fähigkeit, Uhren zu reparieren.

Über die Beschlagnahme von Drabosenigs Büchern berichtete Filip Haderlap in den „Koroške bukvice", (Kärntner Büchlein, S. 117, Fußnote), dass man Drabosnjak gedruckte Bücher wegnahm und die weitere Herausgabe untersagte. Von der Konfiszierung seiner Bücher spricht der Volkspoet auch selbst im „Slowenischen ABC", in dem es von Druckfehlern nur so wimmelt. (Vgl. Kotnik, Diss., S. 11, li.)

> Ljubi moj prijatelj, jaz sem kmet postal, komaj znam
> pisati in kesam, da … utegnil bolje …
> Komaj sem se pisati …

(Andrej Šuster: Svovenji OBAC. Aus Kotnik, Diss., S. 11, li.)
Mein lieber Freund, ich bin ein Bauer geworden, ich kann kaum schreiben und bereue … es gelang mir, besser ...
Kaum habe ich schreiben … (Übs. LMR.)

Auch Cavznik wusste zu erzählen, dass man einmal dem Drabosenig alle Bücher wegnahm, und zwar den „Kolomonov žegen“ (Kolomansegen), die „Salomonove bukle“ (Bücher Salomons) und die „Šibilje[47]“ (Weissagungen der Prophetin Sibylle). Durch Verrat eines seiner früheren Freunde wurden Drabosenigs Bücher konfisziert, die er den Leuten zum Kauf anbot. (Vgl. Kotnik, Diss., S. 11, re.)

Jaz imam prav ta dela dovolj. / Ob delovnikih imam jaz preveč dela, / Zvečer pa z ženo skupaj spat greva. / Radi pridejo k meni ob praznikih in nedeljah ljudi, / Da nama prav pokoja ni. / To sem jaz storil, da v primeru, da priskakuje, / veste za pravega izdajalca med ljudmi. / Zdaj me škoda zelo modrega veže, / ker imam pomanjkanja veliko reči. / Jaz sem se na ta velikega prijatelja zanesel, / Pa ravno ta mi je roke trdo zvezal. / To veste, da sem imel dober kruh, zdaj pa škodoželjnost vseh ljudi, / Saj veste vsi, kako se mene zgodi. / Da v tej vasi veliko denarja bo, / Jaz pa vendar nimam deleža. / Vino pije moj sovražnik in on gre pečenko jest, / Jaz se imam pa vseeno dobro, ker imam dobro vest.
(Andrej Šuster: Svovenji OBAC, S. 175-195. Aus Kotnik, Diss., S. 11, re.)

[47] Siehe Herta Maurer-Lausegger: „Švile Prerokile“, koroška različica Sibilinih prerokb. Klagenfurt: Hermagoras Verlag, 1985.

> Ich habe von dieser Arbeit so genug. / An Werktagen habe ich zu viel Arbeit, / abends gehe ich eben doch mit meiner Frau schlafen. / Gerne kommen zu mir auch an Sonn- und Feiertagen Leute, / sodass wir beide gar keine Ruhe haben. / Ich habe das so niedergeschrieben, falls er vorbeikommt, / damit ihr wisst, wer der Verräter an mir ist. / Jetzt bindet mich der Schaden dieses Gescheiten, / weil ich einen Mangel an vielen Dingen erleide. / Ich habe auf diesen großen Freund gezählt, / und ausgerechnet der hat mir so enge Fesseln angelegt. / Ihr wisst, dass ich ein gutes Auskommen hatte, / jetzt aber seid ihr mir gegenüber alle schadenfroh, / denn ihr alle wisst, wie schlecht es mir jetzt ergeht. / Es wird in diesem Dorf viel Geld geben, / und ich habe jedoch keinen Anteil daran. / Wein trinkt jetzt mein Feind und er geht Braten essen, / mir geht es dennoch gut, weil ich ein reines Gewissen habe. (Übs. LMR.)

Schusters Verse von der mangelnden Sonn- und Feiertagsruhe entsprechen einer Mitteilung des alten Cavznik in Oberjeserz bei Velden, wonach der Dichter von den Leuten förmlich belagert worden sei, ganz besonders junge Mädchen seien gerne zu ihm gekommen, um von diesem Wundermann Prophezeiungen zu vernehmen. Die Schriftstellerei trug ihm was ein.

Der alte Kleber in Auen bei Velden wusste sogar zu erzählen, dass Drabosnjak einen Buchdrucker gehabt habe, der ihm in seinem eigenen Haus die Drucke anfertigte. Von einer Druckerei berichtet auch Anton Trstenjak im „Svovenji OBAC“ (S. 175-195). Kleber erzählte auch, dass Schuster wegen seiner Bücher in Rosegg eingesperrt war, da ein Feind ihn angezeigt hätte, dass er einen Buchdrucker zu Hause hatte, und dann die gedruckten Bücher selber verkaufe. Dass er selbst Bücher gedruckt hätte oder sich zu Hause einen Setzer oder Buchdrucker hielt, ist jedoch nicht glaubwürdig. Die im Druck erschienenen Bücher sind nicht von der Art, dass sie in einem entlegenen Bauernhaus im Druck erscheinen konnten. Besonders undenkbar ist, was eine Überlieferung behauptet, dass die Druckerei in Drabosnjaks Keller gestanden wäre. Es ist dies wegen der vorhandenen Feuchtigkeit und wegen des Lichtmangels unmöglich. Es stammen wohl alle Bücher aus einer städtischen Buchdruckerei, denn sie waren dementsprechend gestaltet. So trägt die Marienpassion ein Marienbild am Titelblatt.

Das Volk übertrug offensichtlich die Berichte über die Beschlagnahme der Bücher auf das Haus und eine dort nie existente Druckerei. Fest steht jedoch, dass Schuster seine Verse durch Schmuggeln in die Öffentlichkeit brachte, denn gewisse Verse hätte die Zensur auf jeden Fall beschlagnahmt.

Anton Trstenjaks Bericht über Schusters Reimen beim Pflügen (bereits weiter oben erwähnt) bestätigt der Poet selber am Ende des „Svovenji OBAC". (Vgl. Kotnik, Diss. S. 12.)

> Te rajme sem naredil pri mojem delu poleti.
> (Andrej Šuster: Svovenji OBAC. Aus Kotnik, Diss., S. 12, re.)
> Diese Reime habe ich bei meiner Arbeit im Sommer gemacht. (Übs. LMR.)

Gewiss konnte Drabosenig eine solche Fülle von Versen nicht im Gedächtnis behalten und musste dieselben auch während der Arbeit aufzeichnen. Cavznik erzählte, dass der Poet bei der Arbeit immer ein ledernes Täschchen getragen habe, worin er eine Kreide, einen Stift und die Reime geborgen hätte. Nicht glaubwürdig ist Cavzniks Aussage, dass der Pflug bei der Rückkehr von der Feldarbeit voll beschrieben gewesen sei. Ferner erzählte der alte Cavznik in Oberjeserz bei Velden über Drabosenig noch Folgendes:

> Drabosenig war ein Mann von mittelmäßiger Gestalt. Er pflegte fast nie anders als in Reimen zu sprechen. Ein solcher Mann war auch Brančik in Fahrendorf bei Velden. Schuster und dieser führten die Unterredung immer in Reimen. Die Leute erzählten, dass Schuster im Rosental einen Mann hatte, der ihm seine Bücher druckte. Schuster schnupfte gern und hatte in der Schnupf[tabak]dose ein Löffelchen, womit er den Tabak zur Nase führte! Seine Wirtschaft führte er schlecht und verwendete zu wenig Sorgfalt für dieselbe. In seiner Bauernstube hatte er Tier- und Pflanzenbilder, die an den Wänden hingen. Gern beschäftigte er sich auch mit dem Malen der vorderen Teile der Bienenstöcke, worauf er Vögel, Tiere, besonders Bären, und Rauchfangkehrer zur Darstellung brachte. Auch auf die Reparatur von Uhren verstand er sich. Rasiert war er immer glatt, wie das noch heute die alten Bauern der slowenischen Gegenden sind. Bei der Arbeit im Sommer trug er eine gestreifte Hose, die aus Hausleinwand gefertigt war, und einen weitkrämpigen Hut, auf dem alles voll Schriften steckte. Gern machte Drabosnjak auch Späße mit. So ging er öfters mit anderen Bauern Schätze graben, die er mittels des Kolomansegens beschwor.
> (France Kotnik, Diss., S. 12, re, und S. 13.)

Ob diese Mitteilungen der Wahrheit entsprechen, lässt sich kaum nachprüfen. (Vgl. Kotnik, Diss., S. 13, re.)

Literatur zu Mündliche Überlieferung und deren Bestätigung in Schusters Werken: Filip Haderlap in „Koroške bukvice“. – Erzählungen des alten Cavznik in Oberjeserz und des alten Kleber in Auen bei Velden. – Anton Trstenjak im „Slovensko gledališče“ (1892). – Andrej Šuster im „OBAC“ und in der „Marienpassion“.

Im Unterkapitel **Die letzten Lebensjahre** filtert Kotnik unglaubwürdige Erzählungen über Drabosenig von Fakten.

Fest steht, dass Šuster 1811 die Marienpassion und 1818 die Passionskomödie über Jesu Leiden und Tod veröffentlichte. Und gesichert sind auch die Angaben, dass die Bücherkonfiszierung vor 1811 stattfand. Die Aussagen des alten Cavznik (geboren 1930) aus Oberjeserz bei Velden, wonach er den Volkspoeten als Bub im Alter von 8 oder 9 Jahren noch selbst gekannt hat, sind jedoch gemäß Kotniks Recherchen nicht glaubhaft, weil es im Sterberegister von St. Georgen zu Sternberg zwei Eintragungen gibt, wonach am 8. Sept. 1824 ein Kaspar Hafner im 88. Lebensjahr und am 12. März 1934 dessen Ehefrau Katharina Hafner als Bäuerin beim Oberen Drabosenig, Haus Nr. 22, im 72. Lebensjahr gestorben sind.

Cavznik sagte, dass er in St. Georgen am Sternberg zur Schule ging und Drabosenig die Schulbuben öfters zu sich gerufen hätte, um ihnen Bücher und Bilder zu zeigen. Šuster war aber 1924 und 1934 nicht mehr Besitzer beim Oberen Drabosenig. Kaspar Hafner wird die Wirtschaft schon vor 1924 erworben haben, denn es ist nicht anzunehmen, dass ein 88-jähriger Greis so was macht. Daher beziehen sich Cavzniks Angaben ganz sicher auf das Hören-Sagen von älteren Leuten.

Kotnik argumentiert weiter, dass sich die Sprache bei Drabosenigs Werken verbessert. Bis 1905 waren 3 gedruckte Bücher von Andrej Šuster bekannt:

1. das „Svovenji OBAC“,
2. die Weiber-Litanei (von Kotnik neu entdeckt),
3. die Marienpassion (1811).

Im Slowenischen ABC sind die Verse in der Köstenberger slowenischen Mundart verfasst, in der Litanei ist die Sprache schon etwas besser und in der Marienpassion nähert sie sich der Schriftsprache an.

In beiden Werken, von denen das Veröffentlichungsjahr bekannt ist, die Marienpassion 1811 und die Passionskomödie 1818, hält Drabosenig fest, dass er „ein Bauer in Karantanien“ ist. Da am 24. Okt. 1810 Šusters letztes Kind geboren wurde und sein Wirken als Bauer demnach bis 1818 gesichert ist, muss Kaspar Hafner zwischen 1818/19 und 1824 Eigentümer, und Katharina Hafner wahrscheinlich 1824, jedenfalls vor 1834, Eigentümerin beim Oberen Drabosenig geworden sein.[48]

Nach Kotniks Recherchen finden sich weder im Sternberger noch im Köstenberger Sterberegister, weder im Ossiacher noch im Gottestaler Sterberegister Angaben zu Drabosenigs Tod. Ein Sohn von Andrej Šuster war Bindermeister und lebte in einer Keusche in Gottestal.

France Kotnik konnte Šusters Todesjahr [vorerst] nicht feststellen, er konnte aber ein wenig Licht in das Leben dieses Kärntner Volksdichters bringen. (Vgl. Kotnik, Diss., S. 13, re, S. 14 und S. 15.)

---

[48] Andrej Šuster hat seine Wirtschaft schlecht geführt und wird hoch verschuldet gewesen sein. Es ist möglich, dass Kaspar Hafner den Besitz beim vulgo Oberen Drabosenig Ende 1810 als Eigentum erworben hat, dass er aber im Grundbuch nur als Gläubiger eingetragen war, und dass Andreas Schuster mit seiner Familie zwischen 1810 und 1818 noch dort leben durfte.

Literatur zu Die letzten Lebensjahre: Sternberger, Köstenberger, Ossiacher und Gottestaler Sterberegister. – Sternberger Geburtsregister. – Mitteilungen des alten Cavznik, von Pfarrer Gabron aus Gottestal und von Pfarrer Ferdinand Lavrinc aus Köstenberg. – Nachricht vom Ossiacher Pfarramt.

Im Unterkapitel **Die politischen und sozialen Zustände seiner Zeit** beleuchtet France Kotnik die theresianisch-josephinischen Reformen und die Auswirkungen der Franzosenkriege.

Zur Zeit Josephs II. (1765-1790) wurden die Priester der Gurker Diözese in Graz ausgebildet (Hermann: IV., S. 11-13), die Lehrer derselben waren begeisterte Anhänger des Josefinismus, ein Umstand, der sich vielleicht sogar im OBAC an den Stellen wiederspiegelt, wo Drabosenig von den Geistlichen spricht. Den zentralistischen Bestrebungen Josephs II. entspricht es auch, dass er Kärnten in politischer Beziehung der Steiermark angliederte. (Hermann: IV., S. 50 ff.) Unter Leopold II. (*1747, 1790-1792) bekam Kärnten wieder eine eigene Landesregierung. Im Jahr 1790 wurde das Generalseminar zu Graz aufgehoben, doch die Priesterstudenten der Diözesen Gurk und Lavant mussten noch in Graz die Vorlesungen besuchen, bekamen allerdings ein Stipendium.

Drabosenig schuf seine Werke in der Regierungszeit Kaiser Franz I. (*1768, 1804-1835). 1797 kamen die Franzosen nach Kärnten und drangen bei Klagenfurt vor (Hermann: IV., S. 148). Doch schon am 1. Juni 1797 zogen sie wieder ab. Im Jahr 1800 zogen die Russen unter der Führung Suworows durch das Land nach Italien. Drabosnjak überblickte das Rosental und die Reichsstraße. Kärnten litt unter den ungeheuren Heeresmassen, die nach Italien verschoben wurden.

Oberkärnten kam unter die Franzosenherrschaft. Die Grenze zwischen Österreich im Osten, in Unterkärnten, und Illyrien im

Westen, in Oberkärnten, verlief mitten durch den Wörthersee. Die Franzosenherrschaft dauerte von 1809 bis 1814. Da der Ort Drabosenig nordwestlich von Velden gelegen ist, war Schuster von 1809 bis 1814 Untertan der französischen Regierung. Die Marienpassion (1811) entstand demnach während der Franzosenherrschaft. [Während die Habsburger das Slowenische in Kärnten bekämpften, förderten es die Franzosen in Illyrien mit Laibach als Zentrum. Recherchen LMR.]

Illyrien teilten die Franzosen in Kreise ein, die Kreise wiederum in Kantone. Der Villacher Kreis umfasste 7 Kantone, nämlich Villach, Feldkirchen, Spittal, Obervellach, Gmünd, Greifenburg und Hermagor. Jeder Kanton umfasste je nach Größe mehr oder weniger Bürgermeistersitze. Zu Villach gehörten folgende: Villach, Bleiberg, Rossegg, Velden, Wernberg, Treffen, Arriach, Afritz, Straßfried, Arnoldstein und Finkenstein. Die Drabosenighube gehörte entweder zu Velden oder Wernberg. Für Prozesse bis 500 Francs war in jedem Kanton ein Richter zuständig, dem auch die Inventuren und Schätzungen zufielen. (Hermann: III., S. 272 ff.)

1813 fanden in der Nähe von Sternberg und Köstenberg, nämlich in Rosegg und Feistritz im Rosental, heftige Kämpfe gegen die Franzosen statt, was Drabosenig jedoch nirgends erwähnt. Im Gail- und Rosental, in Villach und Rosegg wechselten mehrmals die Herrscher. Es war eine schwere Last, die auf dem Landvolk ruhte, welches für die Heeresmassen sorgen musste. (Hermann: III., S. 323.) Die Folge war eine große Hungersnot. Die Bevölkerungszahl schrumpfte, und ansteckende Krankheiten waren stark verbreitet. (Hermann: III., S. 330 ff.)

R. Dürnwirth schrieb eine Studie über die Zeit vor den Franzosenkriegen. Er entnahm die Angaben dazu aus den Berichten der Ossiacher und Viktringer Staatsverwaltung für 1803 und 1804. Überall waren die Spuren des I. Koalitionskrieges am Ende des 18. und des II. Koalitionskrieges am Beginn des 19. Jahrhunderts sichtbar. Es herrschte großer Mangel an Arbeitskräften, weshalb es zur Überlastung der Bevölkerung kam. Die Lebensmittelpreise waren hoch, der Arbeitslohn sehr dürftig. (Dürnwirth, S. 118 f.) Es war ein großer Mangel an Vieh vorhanden.

Hofrichter Franz Hirzegger aus Ossiach berichtet, dass dem Mangel an Dienstboten dadurch abgeholfen werden könne, keine unverehelichten Mägde als Gästinnen oder Inwohnerinnen zu dulden, sondern sie zu verhalten, in Jahresdienste zu treten. (Vgl. Kotnik, Diss., S. 16, S. 17, S. 18, li.)

> Ti imaš z ženskami največje veselje, / Ti sploh nič ne poznaš kot norčevanje. / Saj ne pustiš pri pokoju ženske / In imaš še v pajštvah take goste.
> (Drabosenigs derbe Verse. Aus Kotnik, Diss., S. 18, li.)
> Du hast mit den Frauenzimmern das größte Vergnügen, / Du kannst gar nichts als Spott empfinden. / Du lässt die Weiberleut ja nicht in Ruh', / Sogar mit den Gästinnen treibst's in den Badstub'n du. (Übs. LMR.)

Die sozialen Zustände waren zu Drabosenigs Zeiten also denkbar schlecht.

Literatur zu Die politischen und sozialen Zustände: Hermann, „Geschichte Kärntens", Bände III und IV. – R. Dürnwirth: „Volkswirtschaftliches aus Kärnten vor hundert Jahren". [Über 1903/04.] Carinthia I., 1905.

3.2.4 Schusters Wirken

Das Kapitel Schusters Wirken beinhaltet die Unterkapitel Bibliographie seiner Werke und Besprechung derselben. Ersteres wird unterteilt in Gedruckte Bücher und Handschriften sowie Abschriften, das zweite in Marienpassion, Svovenji OBAC, Weiber-Litanei, Die schöne Magelone, Hirten- und Dreikönigs-Spiel, das Köstenberger und das Eisenkappler Passionsspiel sowie Schlussfolgerungen.

Gedruckte Bücher: Bis 1905 waren 3 gedruckte Bücher von Andrej Šuster bekannt. (Vgl. Kotnik, Diss., S. 18, re.)

> 1. „Pasion, tu je popisvanie od terplienia Jesusa Kristusa inu niegove shalostne matare Marie Devica. Tae pasion je venka uset is taistih Bukou, katere se jemenujajo Kristusaua shiulenjä ali „Christi-Leben-Buch" inu u'druk dane u'tem lete od Andreja Shuesterja Drabosnika, eniga poredniga Paura u'Koratane. (Ein Marienbild.) MDCCCXI." 72 Seiten, Format: 30 cm hoch, 10 cm breit.
> (Johann Scheinigg, „Kres", V., S. 424. Aus Kotnik, Diss., S. 18, re.)[49]
> Pasijon, to je opisovanje trpljenja Jezusa Kristusa in svoje žalostne matere, Device Marije. Ta pasijon je vzet iz knjige Kristusovega življenja („Christi-Leben-Buch") in v letu [1811] v tisk dan od Andreja Šusterja-Drabosnjaka, enega porednega kmeta na Koroškem. (Marijina prispodoba.) (Übertragung/Ütr. LMR.)
> Passion, das ist die Schilderung des Leidens Jesu Christi und seiner traurigen Mutter, der Jungfrau Maria. Diese Passion ist dem „Christi-Leben-Buch" ent-

[49] Siehe Herta Maurer-Lausegger: „Andrej Šuster-Drabosnjak, Marijin pasijon". Klagenfurt: Hermagoras Verlag, 1990.

> nommen und wurde im Jahr 1811 in Druck gegeben von Andreas Schuster-Drabosenig, einem aufmüpfigen Bauern in Kärnten. (Übs. LMR.)

Kotnik stand ein Exemplar, welches Eigentum der Hermagoras Buchdruckerei in Klagenfurt ist, zur Verfügung. Bei diesem fehlt das Titelblatt und das letzte Blatt (Seiten 71 und 72). Das Buch zeichnet sich durch das sonderbare Format und den äußerst schönen Druck aus. Ab Seite 64, Absatz Q, wurden andere Lettern als vorher verwendet. Der Text ist in Tabellenform wiedergegeben. Das Exemplar ist noch ziemlich gut erhalten. (Vgl. Kotnik, Diss., S. 18, re.)

> 2. „Svovenji OBAC." (Slovenski abc./Das slowenische ABC.) Ein zweites Büchlein, welches Andreas Schuster zum Verfasser hat, umfasst 16 Seiten, klein, 8° [Oktavformat, Buchrücken Höhe 18-20 cm], und ist ohne Titel.
> (France Kotnik, Diss., S. 18, re, und S. 19, li.)[50]

Es fehlen die Jahreszahl und der Ort, wo es gedruckt wurde. Es umfasst einen Bogen, der am unteren Rand der ersten Seite mit „A" bezeichnet wird. In Simoničs „Slovenska bibliografija" (Slowenische Bibliographie) wird es nicht erwähnt, obwohl es Filip Haderlap schon in den „Koroške bukvice" (Kärntner Büchlein) anführte. Haderlap sagte jedoch nicht, dass es sich um ein Druckwerk handelt.

---

[50] Siehe Herta Maurer-Lausegger: „Andrej Šuster, Litanija". 2016. Herta Maurer-Lausegger bereitet die Neuausgabe aller Schuster-Werke vor. Sie ließ seine Autorschaft für Werke ohne Titelblatt überprüfen.

3. „Ena lepa, zelu nova litania od tah hudah shien“; „Predgovor“, (S. 1-2), in „Latania“, (S. 2-7).
„Spet ena nova ozhitna spued Sa pianze inu sa vinske bratre“, (S. 7-8).
„Ena shavba“, (S. 8-9).
„Ena nova pesem od napitah bratrov“, (S. 9-10).
„Raimi od mlinariov“, (S. 12-14).
(France Kotnik, Diss., S. 19, li.)
Ena lepa, povsem nova litanija od teh hudih žena, in sicer Predgovor in Litanija. / Ena žavba. / Še ena očitna spoved za pijance in vinske brate. / Ena nova pesem od napitih bratov. / Rime od mlinarjev. (Ütr. LMR.)
Eine schöne, vollkommen neue Litanei von schlimmen Ehefrauen/Weibern, und zwar Vorwort und Litanei. / Noch eine neue, offensichtliche Beichte für Säufer und Weinbrüder. / Eine Salbe. / Ein neues Gedicht über die Saufbrüder/besoffenen Brüder. / Reime über die Müller. (Übs. LMR.)

Dieses dritte Büchlein fand Kotnik in Drabosenigs Heimat. Es war bibliographisch bis 1905 unbekannt. Auch bei ihm fehlen der Titel und das Jahr sowie der Ort der Drucklegung. Es umfasst einen Bogen, 14 Druckseiten. Das letzte Blatt ist leer. Format: klein, 8° [Oktavformat].

In beiden Büchlein ist der Druck schön, doch wurden in diesen andere Lettern verwendet als in der Marienpassion. Aus den folgenden Zitaten geht Schusters Autorschaft hervor. (Vgl. Kotnik, Diss., S. 19, li.)

Yas se shribam Andrejas Shuestar / Pa jas she knism zuo star, / Yas mam ane srednje liete. / Te raime sim naredov per moimi dele po lete.

(Andrej Šuster, Svovenji OBAC, Verse 399-402. Aus Kotnik, Diss., S. 19, re.)
Jaz se pišem Andrej Šuster / Pa jaz še nisem zelo star, / Jaz sem v srednjih letih. / Te rime sem napisal pri delu poleti. (Ütr. LMR.)
Andreas Schuster schreibe ich mich / Und sehr alt bin ich auch noch nicht, / Ich bin im mittleren Alter. / Diese Reime habe ich geschrieben im Sommer bei der Arbeit. Übs. LMR.)

Tu je napraulano od Andreja Shuestarja Drabosniaka, eniga Paura v Koratane.
(Andrej Šuster, „Ena shavba", S. 9. Aus Kotnik, Diss., S. 19, re.)
To je narejeno od Andreja Šusterja-Drabosnjaka, enega kmeta na Koroškem. (Ütr. LMR.)
Das wurde angefertigt von Andreas Schuster-Drabosenig, einem Bauern in Kärnten. (Übs. LMR.)

Literatur zu Gedruckte Bücher: Johann Scheinigg, „Kres"; V. – Simonič: „Slovenska bibliografija". – Filip Haderlap: „Koroške bukvice.

Im Unterkapitel **Handschriften und Abschriften** behandelt France Kotnik die ihm 1905 bekannten Drabosenig-Texte. Es gab damals keine Handschrift mehr, doch 20 Jahre vorher [1885] war noch eine in Augsdorf bei Velden vorhanden.

1. Handschrift:
„Ena liepa historia od te liepe Magdalone in pa od ta Edelpetra v ani provinciji v Švajci, spisal Drabosnjak."
Das Buch, welches gebunden 2 cm dick war, und die Größe von 8° [Oktavformat] hatte, war nach der Mitteilung von Stefan Singer vom Verfasser [Andreas Schuster-Drabosenig] eigenhändig geschrieben, nur die

Titel und die Anfangsbuchstaben (wahrscheinlich in den einzelnen Abschnitten) waren gedruckt.
(Stefan Singer. Aus Kotnik, Diss., S. 19, re.)
Ena lepa zgodba od te lepe Magdalone in pa od ta plemenitega Petra v eni provinci v Švici, spisal Drabosnjak. (Ütr. LMR.)
Eine schöne Geschichte von der schönen Magdalone und vom Edelmann Peter in einer Provinz in der Schweiz, verfasst von Drabosenig. (Übs. LMR.)

2. Abschriften von Drabosenigs Passionsspiel:
a) „Komedija od zeliga grenkiga Terplenja ino smerti Jesusa Kristusa nashiga lubiga Gospuda. Popisano od Andreja Drabosnjaka eniga paura v Korantane is nemzhiga v koroshko shpraho v rajme napraulano, v letu 1818. Je popisano od leta 1841."
(Älteste Abschrift von Josef Schöfman, 1841. Aus Kotnik, Diss., S. 20, li. Kotnik nennt sie „Abschrift A".)[51]
Komedija od celega grenkega trpljenja in smrti Jezusa Kristusa, nashega ljubega Gospoda. Napisano od Andreja Drabosnjaka, enega kmeta na Koroškem, iz nemškega v koroški [slovenski] jezik, v rime, narejeno, v letu 1818. Je prepisano v letu 1841. (Ütr. LMR.)
Komödie vom ganzen bitteren Leiden und Tod Jesu Christi, unserem lieben Herrn. Niedergeschrieben von Andreas Drabosenig, einem Bauern in Kärnten, aus dem Deutschen in die Kärntner [slowenische] Sprache übersetzt, in Reime [gebracht], im Jahr 1818. Abgeschrieben im Jahr 1841. (Übs. LMR.)

[51] Siehe Herta Maurer-Lausegger: „Andrej Šuster, Pasijon", 1989. Abschrift von Magdalena Kokot, 1922, Faksimile-Druck (siehe Literatur LMR 2007).

b) „Komedija od zeliga grenkiga terplenja ino smerti Jesusa Kristusa nashiga ljubiga Gospoda. Popisano od Andrea Drabosniaka eniga paura v Korantane, is nemshkiga v koroshko shpraho v rajme napraulano v letu 1818. Doli pisano od Anton Unikarja eniga kaishlarja St. Ruprati per Zilovzi v lete 1854."
(Zweitälteste Abschrift von Anton Unikar, 1854. Angaben am Schluss der Abschrift, (S. 148). Aus Kotnik, Diss., S. 20, li. Kotnik nennt sie „Abschrift B".)
Komedija od celega grenkega trpljenja in smrti Jezusa Kristusa, našega ljubega Gospoda. Napisano od Andreja Drabosnjaka, enega kmeta na Koroškem, iz nemškega v koroški [slovenski] jezik, v rime narejeno, v letu 1818. Napisano od Antona Unikarja, enega kajžarja/ lastnika malega posestva v Šentrupertu pri Celovcu, v letu 1854. (Ütr. LMR.)
Komödie vom ganzen bitteren Leiden und Tod Jesu Christi, unserem lieben Herrn. Niedergeschrieben von Andreas Drabosenig, einem Bauern in Kärnten, aus dem Deutschen in die Kärntner [slowenische] Sprache übersetzt, in Reime [gebracht], im Jahr 1818. Aufgeschrieben von Anton Unikar, einem Keuschler aus St. Ruprecht bei Klagenfurt, im Jahr 1854. (Übs. LMR.)

c) „Komedia od Terplejnja našiga Gospuda Jezusa Kristusa. Prepisane so bile te bukve Na Gojzdanjah u letu 1881 od Janeza Tepan."
(Drittälteste Abschrift von Janez Tepan, 1881. Aus Kotnik, Diss., S. 20. Kotnik nennt sie „Abschrift C". Davon waren 1905 noch mehrere Abschriften vorhanden, teils in Lind bei Velden und teils in der Umgebung von Finkenstein, wo das Spiel 1905 noch aufgeführt wurde.)

Komedija od trpljenja našega Gospoda Jezusa Kristusa. Prepisana je bila ta knjiga na Kostanjah, v letu 1881, od Janeza Tepana. (Ütr. LMR.)
Komödie vom Leiden unseres Herrn Jesus Christus. Abgeschrieben wurde dieses Buch in Köstenberg, im Jahr 1881, von Janez Tepan. (Übs. LMR.)

3. Abschriften von Drabosenigs Hirtenspiel:
a) Ohne Titel, aus dem Jahr 1905.
(France Kotnik, Diss., S. 20, re. Anton Trstenjak nennt sie „Pastirci ali Rojstvo Kristusovo". [Die Hirten oder die Geburt Christi.] Kotnik wusste nicht, woher Trstenjak diesen Titel nahm.)[52]

b) Dr. J. Arnejc hatte eine ältere, die Kotnik jedoch nicht zu Gesicht bekam.
(France Kotnik, Diss., S. 20, re.)

4. Abschriften von Drabosenigs „Izgubljeni sin" [Der verlorene Sohn].
(Auskunft eines älteren Mannes in Köstenberg, 1905. Aus Kotnik, Diss., S. 20, re. Kotnik bekam keine Abschrift dieses Werkes zu Gesicht.)[53]

5. Abschriften von Schusters „Egiptovski Jožef" [Der ägyptische Josef].
(Auskunft eines älteren Mannes in Köstenberg, 1905. Aus Kotnik, Diss., S. 20, re. Kotnik bekam keine Abschrift dieses Werkes zu Gesicht. Anton Trstenjak führt es nicht an.)

---

[52] Siehe Herta Maurer-Lausegger: „Andrej Šuster-Drabosnjak, Pastirska igra" [Gierten Š(pil)]. Klagenfurt: Hermagoras Verlag, 1992.
[53] Siehe Herta Maurer-Lausegger: „Andrej Šuster-Drabosnjak, Izgubljeni sin". Klagenfurt: Hermagoras Verlag, 1992.

6. Abschriften des „Bogati mož“ [Der reiche Prasser]. (France Kotnik, Diss., S. 20, re. Anton Trstenjak führt es als Drabosenigs Werk an, es ist aber in Deutsch geschrieben und stammt nach Kotnik nicht von Andrej Šuster-Drabosnjak/Andreas Schuster-Drabosenig.)

7. Abschriften von Drabosenigs derbkomischen, satirischen Versen.
(Nach Kotnik waren 1905 davon noch viele vorhanden. Kotnik bekam eine davon zur Benützung überlassen. Schusters Autorschaft müsste erst bewiesen werden. Kotnik, Diss., S. 20, re.)

a) Das erste Gedicht ist ohne Überschrift, die Abschrift ist beschädigt. Jedes weitere Gedicht beginnt mit „Dohtar“ (Doktor) und einem sehr verunglimpfenden Namen sowie der Formel „bo pouedou“ (bo povedal – wird [dir] mitteilen“. [Da es sich offensichtlich um eine Schmähschrift gegen Doktoren oder Ärzte, also die Oberschicht beziehungsweise Elite handelt, über die Andreas Schuster spöttische Prophezeiungen verfasste, werden die Anrede „Doktor“ und die unflätigen Namen derselben sowie die immer gleichlautende Formel meistens weggelassen. Recherchen LMR.]

b) … od terah ludi boš nai bol lublan (S. 6-9).
c) … al si kai per tadrujah ludih perjateu (S. 10-13).
d) … al boš ulotriji kai srečen gratou (S. 14-18).
e) … (bo pouedou) al se boš kai oženou (S. 18-21).
f) … šiem maš nasuite nai ueči uesele (S. 22-25).
g) … kai tuoi sen podaita (S. 26-29).
h) … al boš uženitui kai srečen al kar (S. 30-33).
i) … kai boš zano žano dobiu (S. 34-37).
j) … kai boš zana moža dobiua (S. 38-41).

k) ... al boš kai an Tac dobiu al kar (S. 42-45).

l) … kuku se majo šene zaderžati dabojo bogu noi ludem perjetne (S. 46-47).

m) … per terah gatuanju bi ti nai bol srečen biu (S. 48-53).

Schluss.

(France Kotnik, Diss., S. 21, li.)

b) … od katerih ljudi boš najbolj ljubljen.

c) … ali si kaj od drugih ljudi prijatelj.

d) … ali boš v loteriji kaj srečen postal.

e) … (bo povedal,) ali se boš kaj oženil.

f) … s čim imaš na svetu največje veselje.

g) … kaj tvoj sen pomeni.

h) … ali boš v zakonski zvezi kaj srečen ali ne.

i) … katero ženo boš dobil.

j) … katerega moža boš dobila.

k) … ali boš kaj [otroka] dobil ali ne.

l) … kako se imajo žene obnašati, da bojo Bogu in ljudem prijetne.

m) … pri katerih [poslih] bi ti najbolj srečen bil.

Zaključek. (Ütr. LMR.)

b) … von welchen Leuten du am meisten geliebt wirst.

c) … ob du anderer Leute Freund bist.

d) … ob du in der Lotterie gewinnst.

e) … (wird [dir] mitteilen,) ob du heiraten wirst.

f) … womit du auf der Welt die größte Freude hast.

g) … was dein Traum bedeutet.

h) … ob du in der Ehe glücklich wirst oder nicht.

i) … welche Frau du bekommst.

j) … welchen Mann du bekommst.

k) … ob du [ein Kind] bekommst oder nicht.

l) ... wie sich die Frauen benehmen müssen, damit sie

Gott und den Leuten gefallen.
m) … bei welchen [Geschäften] du am glücklichsten bist/sein wirst.
Schluss. (Übs. LMR.)

8. Bruchstücke von anderen Drabosenig-Versen memorierte der alte Kleber in Auen bei Velden.
(France Kotnik, Diss., S. 21, li.)

Diese Bibliographie über Schusters Werke ist gewiss nicht vollständig. Schon die trockene Aufzählung zeigt, welch fruchtbare Tätigkeit dieser Volkspoet entwickelte. (Vgl. Kotnik, Diss., S. 21.)[54]

Im Unterkapitel **Besprechung** kommentiert France Kotnik als erstes Schusters Marienpassion und Cochems Einfluss auf die slowenische Literatur, dann das Svovenji OBAC und die Weiber-Litanei sowie Die schöne Magelone und schließlich das Hirten- und Dreikönigs-Spiel sowie das Passionsspiel im Allgemeinen und das Köstenberger und das Eisenkappler Passionsspiel im Besonderen, zieht daraus Schlussfolgerungen und hebt Schusters Bedeutung für die slowenische Literatur hervor.

---

[54] Siehe Literaturverzeichnisse in meinen Büchern von 2007, 2011/12 und 2015 zu Passions- und Hirtenspielen, Veröffentlichungen von France Kotnik, Abhandlungen von Leopold Kretzenbacher, Niko Kuret, Herta Maurer-Lausegger, Erich Prunč, Pavel Zablatnik und anderen. Herta Maurer-Lausegger veröffentlichte 1992 und 2004 Artikel betreffend die Autorschaft von Drabosenig. Siehe Bibliotheksverbund COBISS. Auskünfte erteilen dic Slowenische Studienbibliothek und das Slowenische Ethnologische Institut Urban Jarnik, beide in Klagenfurt.

Die Marienpassion

Das unter der slowenischen Landbevölkerung Kärntens bekannteste Drabosenig-Buch ist die „Marijin pasijon“ (Marienpassion). Es wird in der Fastenzeit noch 1907 gern gelesen. Dr. J. Arnejc versicherte Kotnik sogar, dass ein altes Mütterchen es frei hersagen könne und in der Kirche bete. Wie beliebt das Buch ist, zeigt auch der Umstand, dass ein Bauer aus der Keutschacher Gegend zum Leiter der Hermagoras Druckerei, Vekoslav Legat, in Klagenfurt kam und ihn ersuchte, er solle ihm mittels Neudruck ein besseres Exemplar herstellen, da das alte schon schlecht erhalten sei.

Das Buch verbreitete sich gewiss unter der gesamten slowenischen Bevölkerung in Kärnten, sowohl im Gail- und Rosenals auch im Jauntal. Dr. Arnejc fand es in Thörl im Gailtal. Johann Scheinigg stieß auf 2 Exemplare in der Ferlacher Gegend, also im Rosental. Besonders verbreitet war das Buch natürlich in Schusters Heimat, in der Gegend um Velden. Es wurde auch beim vulgo Mališnik in Leifling bei Lavamünd gelesen.

In der Gegend von Höflein bei Krainburg lebte zur selben Zeit wie Drabosenig ein Bauer mit Namen Matija Naglič, der 3 Legenden handschriftlich hinterließ. Dieser Mann legte ein Register von 47 slowenischen Büchern von 1680 bis 1830 an, welche er selber durchgelesen hatte. Unter diesen erwähnt er auch Schusters Marienpassion. Die dialektale Färbung des Buches war also kein Verbreitungshindernis. (Vgl. Kotnik, Diss., S. 21, re, und S. 22, li.)

> Das Buch ist kein Originalwerk, sondern eine Übersetzung, denn es heißt im Titel: „Tae pasion je venka uset is taistih Bukou, katere se jemenujajo Kristusaua shiv-

ljenjä ali Kriste-Leben-Buch." Mir stand „Das große Leben Christi" des Paters Martin Cochem, I. Teil, 4. Auflage, in der Ausgabe des Pfarrers und Philosophiestudenten Ant. Vogrinec zur Verfügung, gedruckt und verlegt durch Johann Jucklin, kurfürstlicher Hof-Buchdrucker und Buchhändler, 1702.[55] Der zweite Teil erschien 1709. Das Buch umfasst insgesamt 73 Seiten, davon die Marienpassion 70 Seiten.
(Vgl. France Kotnik, Diss., S. 22 und S. 32, li.)
Ta pasijon je ven vzet is tiste knjige, ki se imenuje Kristusovo življenje ali „Christi-Leben-Buch". (Ütr. LMR.)
Die Passion ist aus jenem Buch herausgenommen, das „Christi-Leben-Buch" heißt. (Übs. LMR.)

Kotnik wusste nicht, welche Ausgabe des sehr umfangreichen Christi-Leben-Buches Drabosenig verwendete. Schusters Marienpassion ist eine Übersetzung aus dem II. Teil, und zwar schildert sie das Geschehen von Marias Leiden vom Mittwoch in der Karwoche bis zum Tod Jesu. Sie ist nicht in Kapitel unterteilt, sondern enthält Absätze von 6 bis 12 Zeilen, die nach dem Abc beginnen. (Vgl. Kotnik, Diss., S. 23, li.)

Predgovor
Andohtlivi Kristjani radi pramishlujajo tu terplenje Jesusa Kristusa, nashiga Gospueda inu Isvelizharja, taku se tudi spodobi, de mi tu terplenje Matere Boshje, Marie Devize, pred ozhi postavemo.
Berimo tudi tu radi, kir je ona tudi velko is svojim zartanim Sinam Jesusam shauosti inu strahu perterpeua, ja

[55] Pater Martin von/aus Cochem, Geburtsname Martin Linius, 1634-1712, römisch-katholischer Priester, Kapuziner, Volksmissionar. Siehe LMR: „Geboren zum Leiden und Sterben", 2015, S. 13 und S. 303.

ona je otua is frej vole nameste nashiga Odreshenika sa nas grieshnike sioe Dusho nebeshkimo Ozhetu gorej offrati.
Caj je ona niega prosiua, de bi biua le mogua nameste niega umrete inu nas od pozablenje odreshiti; ona je tu di, koku stoji pisano, sa nas nausmilene martre preterpeua.
(Andrej Šuster: „Marijin pasijon", 1811, S. 1. Aus Kotnik, Diss., S. 23.)
Predgovor. Pobožni Kristjani radi premišljujejo o trpljenju Jezusa Kristusa, našega Gospoda in Zveličarja. Tako se spodobi, da mi trpljenje Matere Božje, Marije Device, pred oči postavimo. / Beremo tudi to radi, kjer/ker je ona tudi s svojim ljubljenim sinom Jezusom pretrpela veliko žalosti in strah; ona je celo prostovoljno hotela namesto našega Odrešenika žrtvovati za nas grešnike svojo dušo nebeškemu Očetu. / Saj je ona prosila njega, da bi bila le mogla umreti namesto njega in odrešiti nas iz pozabe; ona je tudi, kakor je napisano, pretrpela za nas neusmiljene muke. (Ütr. LMR.)
Vorrede. Andächtige Christen betrachten gern das Leiden Jesu Christi, unseres Herrn und Erlösers. So gehört es sich, dass wir uns das Leiden der Mutter Gottes, der Jungfrau Maria, vor Augen stellen. / Wir lesen auch das gern, wo/weil sie auch mit ihrem geliebten Sohn Jesus viel Traurigkeit und Angst erlitt. Sie wollte sogar freiwillig anstelle unseres Erlösers für uns Sünder dem himmlischen Vater ihre Seele aufopfern. / Denn sie hat ihn gebeten, dass doch sie an seiner Stelle sterben könnte, um uns vor der Vergessenheit zu erretten. Sie hat auch, wie es geschrieben steht, für uns unbarmherzige Marterqualen erlitten. (Übs. LMR.)

Das Alphabet wiederholt sich in den Anfängen der einzelnen Absätze zwölfmal, das dreizehnte Mal reicht es nur von A bis D. Im Alphabet gebraucht Drabosenig 24 Buchstaben. Daher zerfällt das Buch in 12 mal 24 plus 4 Absätze, das sind 292 Absätze, von denen jedoch nicht ein jeder einen Inhalt für sich bildet. Das Vorwort umfasst 3 Seiten und dürfte im Großen und Ganzen Eigentum des Übersetzers Drabosenig sein. (Vgl. Kotnik, Diss., S. 23, re.)

Andreas Schuster verwendet das deutsche Abc mit 26 Buchstaben und lässt meistens entweder das I oder das J und das U oder das V aus, verbleiben 24 Buchstaben. Die Ausgabe von Herta [Maurer-]Lausegger (1990) enthält 8 Teile mit 24 Absätzen (I, II, III, IV, V, VI, VII, XI), 4 Teile mit 25 Absätzen (VIII, IX, X, XII) und 1 Teil mit 4 Absätzen (XIII). Das ergibt 296 Absätze. Da Schuster noch in der Bohoričica (zh, ſh/sh, sh) schrieb, kannte er die Buchstaben č, š und ž, also das heutige slowenische Abcč, die Gajica, noch nicht, die seit 1848 in Gebrauch ist. (Recherchen LMR.)

Auf S. 4 beginnt Drabosenigs Passion. France Kotnik analysiert dann alle mit Cochems Schilderung übereinstimmenden Stellen. (Vgl. Kotnik, Diss., S. 23, re.) Drabosenigs Marienpassion enthält im I. Teil, Predgovor (Vorwort), A-O, 14 Absätze, und im II. Teil, Passion, P-Z und die oben beschriebenen Teile III-XIII, also 282 Absätze. Für die wissenschaftliche Erforschung des Themas muss man sich die Originalwerke besorgen: Cochems „Christi-Leben“, Drabosenigs Marienpassion und Kotniks Dissertation. (Recherchen LMR.)

Am Mittwoch nahm Maria ihren Sohn allein in ein Zimmer und wollte ihm in großer Vertraulichkeit ihr

großes Herzeleid klagen. Deswegen, als sie beide niedergesessen waren, sprach die hochbetrübte Mutter: Mein allerliebster Sohn, ob[wohl] ich zwar nicht würdig bin, mit dir als meinem GOTT und Herrn zu reden, dennoch, weil du auch zugleich mein [nahestender] natürlicher Sohn bist, [nütze] ich die mütterliche Freiheit und will etwas von dir begehren, welches du mir nicht wollest versagen.
Christus sprach: Meine herzallerliebste Mutter, du weißt, dass ich allzeit eine kindliche Liebe und Ehrerbietung [zu dir in mir] getragen habe, darum sage aus, was dein Begehren sei, und ich will es dir nicht abschlagen.
(Martin von Cochem, Christi-Leben-Buch, II. Teil, S. 6. Aus Kotnik, Diss., S. 24, li.)

... Na velko Srido[56] usäme Maria Jesusa samiga nastran u'eno Kamro inu sazhne niemu svojo velko nadluego inu shauost toshiti. Kir sta pak ona dba ukupa sedeua, pravi ta shaustna Mati k'niemu: Oh! Moj prelubesnivi Sin.
Quemej je ta vesoko shauostna inu objokana Mati tu s'govoriua, je rakua k'niemu: Oh! Moj zartani inu lubesnivi Sin, jest se na bom poprej potroshtaua, de ti mene eno proshnjo u'shlishish, sa katero bom jest tebi prosiua."
Rajtam jest, de ti kna bosh mojo proshnjo doui u'darou, kir si ti moj lubi sin, inu jest tvoja prava Mati, satu ozhem jest stabo serzhnu koku is mojem Buegam govoriti inu tebe lepu sa eno rezh prositi:
Saj ti viesh, pravi Jesus k'Marii: Oh! Moja zartana Mati, jest sem usolej prueti tebi eno otroshko lubiesen je-

[56] Siehe LMR: Verurteilt zum Tod am Kreuz, 2011/12, S. 47 ff., Zeller Marienpassion, 1902, Abschrift des Valentin Birt, in Slowenisch.

mou, satu povej, kaj je tvoja proshnja, inu jest tebi jo nabodem doui u'darou, aku ni zhesvolo mojga Ozheta."
(Andrej Šuster, Passion, S. 4 und S. 6-9. Der Q-Absatz fehlt bei Cochem. Aus Kotnik, Diss., S. 24, re.)
... Na veliko sredo vzame Marija Jezusa samega na stran v eno kamro in začne mu tožiti svojo veliko nadlogo in žalost. Ko sta pa onadva skupaj sedela, pravi ta žalostna Mati k njemu: Oh! Moj preljubeznivi Sin. / **K**omaj je ta zelo žalostna in objokana Mati izgovorila to, je rekla k njemu: Oh! Moj ljubljeni in ljubeznivi Sin, jaz se ne bom potolažila, preden boš uslišal mojo prošnjo, za katero te bom prosila. / **R**ačunam s tem, da ne boš zavrnil moje prošnje, ker si ti moj ljubi Sin in jaz tvoja prava Mati, zato hočem govoriti s tabo kakor s svojim Bogom in tebe lepo prositi za eno reč. / **S**aj veš, pravi Jezus k Mariji: Oh! Moja ljubljena Mati, jaz sem imel vedno eno otroško ljubezen do tebe, zato povej, kaj je tvoja prošnja, in jaz ti je ne bom zavrnil, če ne bo proti volji mojega Očeta. (Ütr. LMR.)

Manchmal muss Drabosenig etwas einschieben, damit er mit seinem Anfangsreimschema zu Recht kommt oder er legt Jesu Wort Maria in den Mund und umgekehrt. Gebete lässt er meist weg. Er versteht aber auch einige Stellen falsch. (Vgl. Kotnik, Diss., S. 25, li, bis S. 28, li.)

Denn Sohn und Mutter sahen so kläglich aus, dass es zu erkennen war. Ein jeder hat ein Paar Augen, die ganz feuerrot waren. Obschon sie nach Möglichkeit ihr [durchgemachtes] Leid zu verbergen [ver]suchten, dennoch konnte man es ihnen nur gar zu [gut] anmerken.

(Martin von Cochem, Christi-Leben-Buch, II. Teil, S. 15. Aus Kotnik, Diss., S. 26, li.)
Oni so bli taku shauostni, da je usaki mogou jokati, kateri jeh je vidou, inu vsi okueli stuiezhi so jemeli rezhe ozhi koku kri, inu de so glih oni souse noter dershali, jih je vender vsaki uahku posnou, kaku so shauostni bli.
(Andrej Šuster, Passion, S. 21. Aus Kotnik, Diss., S. 26, re.)
Oni so bili tako žalostni, da je vsak moral jokati, ki jih je videl. In vsi okoli stoječi so imeli rdeče oči kakor kri in kljub temu da so oni solze zadržali, jim je vendar vsak lahko spoznal, kako so bili žalostni. (Ütr. LMR. Pripomba: Drabosnjak je tu zamenjal ljudstvo z Jezusom in Marijo. Napisati bi moral: Onadva sta bila tako žalostna, da je vsak moral jokati, ki ju je videl. Imela sta rdeče oči kakor kri, kljub temu da sta zadržala svoje solze. – Anmerkung: Schuster verwechselte hier das Volk mit Jesus und Maria. Bei Schuster hatten alle Herumstehenden rote Augen vom vielen Weinen, nicht nur, wie im Original bei Cochem, Jesus und Maria.)

Am Absatzanfang musste Drabosenig trickreich verfahren, damit er sein Reimschema einhalten konnte. Er lässt viele Stellen aus Cochems Buch weg, die sich mit der Liebe zwischen Christus und Magdalena befassen, und auch Stellen, die ihm nicht gefallen. Er ignoriert Cochems langwierige Betrachtungen. (Vgl. Kotnik, Diss., S. 26 bis S. 29, jeweils li.)

Weiter wisse, dass unser Heiland, wie aus dem Johannes-Evangelium klar hervorgeht, nach unserer Zeitrechnung um halb elf Uhr am Vormittag zum Tod sei verurteilt worden. ...
Um halb zwölf Uhr wurde er gekreuzigt.

(Martin von Cochem, II. Teil, S. 435. Aus Kotnik, Diss., S. 31, li.)
... po judovskim je biue Kristus na krish perbit apou peteh, ponashim pa opou adnaistih.
(Andrej Šuster, Passion, S. 66. Aus Kotnik, Diss., S. 31, re.)
... po judovskem štetju časa je bil Kristus na križ pribit ob pol petih, po našem pa ob pol enajstih. (Ütr. LMR. Pripomba: Cochem piše, da je bil Kristus ob pol enajstih obsojen na smrt, ob pol dvanajstih pa križan. – Anmerkung: Schuster führt aus, dass Christus um halb fünf nach jüdischer und um halb elf unserer Zeit gekreuzigt wurde.)

Hier hat sich Drabosenig schlicht und einfach geirrt. Er kürzt Cochems ausführliche Schilderung der Sonnenfinsternis stark zusammen. (Vgl. Kotnik, Diss., S. 31.)

Biua je pak te Luna tistikrat, kir je glih pod semlo staua inu se je glih pred Sunze postauveua, inu potem je bu tudi tu lubu Sunze otemneuo, de je ena gosta täma postaua zhris ves volen Svit; taka de so se opouna te Sviesde videle.
(Andrej Šuster, Passion, S. 67-69. Aus Kotnik, Diss., S. 31, re.)
Bilo je pa tedaj tako, da je luna stala ravno pod zemljo in da se je ravnokar postavljala pred sonce, tako da je bilo potem otemnelo tudi to ljubo sonce, da je postala ena gosta tema čez ves voljen svet, tako da so se opoldne videle zvezde. (Ütr. LMR.)
Es war aber damals so, dass der Mond genau unter der Erde stand und dass er sich gerade vor die Sonne stellte, sodass dann auch die liebe Sonne verfinstert war, sodass eine starke Finsternis entstand über der

ganzen willigen Welt, so dass man zu Mittag die Sterne sah. (Übs. LMR.)

Nach dem ausführlichen Textvergleich führt Kotnik an, aus welchen Cochem-Kapiteln Drabosenig seine Reime formte. (Vgl. Kotnik, Diss., S. 32, li.)

2. Kap.: „Wie Christus seiner Mutter sein Leiden offenbarte."
3. Kap.: „Wie Christus von seiner Mutter Abschied nahm."
18. Kap.: „Maria bekommt die Nachricht, ihr Sohn sei gefangen."
33. Kap.: „Christus mit dem Kreuz begegnet seiner Mutter."
41. Kap.: „Was Maria bei der Kreuzigung gelitten hat."
44. Kap.: „Von der Sonnenfinsternis." (Davon fehlt bei Schuster sehr viel.)
45. Kap.: „Was Maria während der Finsternis gelitten." (Wurde von Schuster sehr gekürzt.)
50. Kap.: (Daraus wurde von Schuster nur wenig übernommen.)
52. Kap.: (Daraus wurde von Schuster nur wenig übernommen.)
(Martin von Cochem, Leben-Christi-Buch, II. Teil. Aus Kotnik, Diss., S. 32.)

Schließlich fasst France Kotnik Drabosenigs Grundideen als Übersetzer zusammen. (Vgl. Kotnik, Diss., S. 32, re.)

1. Eine eigene Idee Schusters liegt schon in der Auswahl des Stoffes, indem er nur diejenigen Kapitel übersetzt, die sich auf das Leiden Marias beziehen, sie harmonisch verbindet und zu einem Buch gestaltet, wäh-

rend von Cochem kein solches Buch vorliegt, das nur die Marienpassion behandelt.

2. Seine eigene Idee, für die Schuster jedoch, wie wir später sehen werden, Vorbilder in der deutschen Literatur vorfand, ist es auch, dass er den Stoff in Absätze teilt, von denen er jeden mit einem neuen Buchstaben des Alphabets beginnt.

3. Alle Gebete fehlen, ebenso ist Schuster kein Freund von langwierigen Betrachtungen.

4. Die Übersetzung schließt sich im Großen und Ganzen vollkommen an das Original an.

5. Manches wird frei erzählt und oft kurz und bündig wiedergegeben, was Cochem lang und breit erörtert.

6. Was ihm nicht glaubwürdig erscheint, übersetzt er nicht.

Das Buch hat einen großen Dialekt-Anstrich seiner engeren Heimat Sternberg – Köstenberg – Kranzelhofen, doch lässt sich der Einfluss des damaligen Schriftslowenischen nicht leugnen. Im Buch wimmelt es von Germanismen. Das darf uns nicht wundernehmen, denn an der Sprachgrenze ist das ja leicht erklärlich. Übrigens war auch das damalige Schriftslowenisch nicht viel besser dran. Erst Jernej Kopitar[57] machte 1808 diesem Übel durch seine Grammatik-Reform ein Ende. Schusters Marienpassion bleibt aber immer eine nicht zu unterschätzende Erscheinung auf dem öden Boden der slowenischen Literaturgeschichte Kärntens. (France Kotnik, Diss., 1907, S. 32, re, und S. 33, li.)

Literatur zur Besprechung der Marienpassion: P. Martin von Cochem: „Christi-Leben-Buch“, II. Teil, 1709. (Siehe dazu S. 77, Fußnote [55].)

[57] Jernej Kopitar, 1780-1844, Zensor am Wiener Hof, Linguist.

Im Kapitel Besprechung der Marienpassion beleuchtet France Kotnik auch den **Einfluss von P. Martin aus Cochem auf die slowenische Literatur**.

1. Im Archiv des Geschichtsvereins für Kärnten befindet sich eine Handschrift (HS), die eine Übersetzung der Legenden des P. Dionys von Linzburg [58] sind, welche P. Martin Cochem vollständig umarbeitet. Die HS umfasst 1032 Seiten und enthält 181 Legenden für die erste Hälfte des Kirchenjahres, vom ersten Tag des Advents bis zum 30. Juni. Diese Legenden rühren nach Skets (S. 171-176) Darlegungen von Oswald Gutsmann her, weil die Schriftzüge, die in den fürstbischöflichen Archiven von Gutsmann erhalten sind, identisch sind. Gutsmann benutzte sie zu seinem Privatgebrauch als Prediger. Die HS ist im Jauntaler Dialekt geschrieben, was Formen wie „miesenz, mertlemo“[59] bezeugen. Diese HS hat mit Drabosenig nichts zu tun.
(France Kotnik, Diss., 1907, S. 33, re.)

2. a) „Ena lubesniva inu brania vredna historia od te po nadoushnu ven izgnane svete Grafnie Genofefe is tega

[58] Pater Dionysius von Linzburg/Luetzenburg/Luxemburg, um 1652-1703, römisch-katholischer Priester, Kapuziner, übersetzte 1765 die „Legenda aurea“ des Jacobus de Voragine ins Deutsche, starb in Cochem an der Mosel. – Jacobus de Voragine, 1228/29-1298, Erzbischof von Genua, kirchenlateinischer Schriftsteller, verfasste die „Legenda aurea“ um 1264. – Pater Rogerij Ljubljanski, 1667-1728, Kapuziner, übersetze die „Legenda aurea“ 1743 ins Slowenische. Siehe dazu LMR: Die Finkensteiner Hofnamen und der Barbara-Zyklus in St. Martin am Techelsberg. Remscheid (D): Verlag Rediroma, 2015, S. 134. – Jakob Sket, 1852-1912, Lehrer, Schriftsteller, Publizist, „Die Legenden des Martin von Cochem in slowenischer Übersetzung“, lebte in Kärnten. – Oswald Gutsmann, 1727-1790, römisch-katholischer Mönch, Linguist, Schriftsteller, lebte in Kärnten.

[59] miesenz (mesec, Monat), mertlemo (mrtvemu, dem Toten).

mesta Pfalz, je iz nemshkiga na krajnski jesik preobernena.“ V Krainu per Ign. Kremshari b. l., um/nach 1800, 8° [Oktavformat], 79 S. – Schlechte Übersetzung der Cohemschen Fassung, hält sich sklavisch an das Original. Enthält viele Regionalismen.
(Simonič: „Slovenska bibliografija“, I. Teil, S. 148. – Textvergleich und Mitteilung von Franz Rebòl aus Wien. Aus Kotnik, Diss., S. 33, re, und S. 34, li.)
Ljubezniva in branja vredna zgodba o po nedolžnem iz mesta Pfalz pregnane svete grofinje Genofefe, iz nemškega v kranjski jezik prevedena. V Kranju, Ignac Kremšar. (Ütr. LMR.)
Eine liebens- und lesenswerte Geschichte über die unschuldig aus der Pfalz vertriebene heilige Gräfin Genoveva, aus der deutschen in die Krainer/slowenische Sprache übersetzt. Krainburg, Ignaz Kremser. (Übs. LMR.)

b) „Ena lubesniva inu brania vredna historia od te po nadoushnu ven izgnane svete Grafnie Genofefe is tega mesta Pfalz, na slovenski jesik preobernena.“ V’ Celli per Josh. od Bacho, z[esarsko] k[raljevske] krafije v Stickavzu, 1818, 8° [Oktavformat]. Wurde wahrscheinlich noch öfters gedruckt. – Spätere Übersetzung der Cochem-Fassung, Nachdruck der Krainburger Ausgabe, Regionalismen zum Teil durch allgemein bekannte Ausdrücke ersetzt, zahlreiche Entzifferungsfehler gedruckt.
(Simonič: „Slovenska bibliografija“, I. Teil, S. 148. – Textvergleich und Mitteilung von Franz Rebòl aus Wien. Aus Kotnik, Diss., S. 34, li.)
Ljubezniva in branja vredna zgodba od po nedolžnem iz mesta Pfalz pregnane svete grofinje Genofefe, v slo-

venski jezik prevedena. V Celju, Jožef Bachó, cesarsko-kraljevski grof v Stickavcu. (Ütr. LMR.)
Eine liebens- und lesenswerte Geschichte über die unschuldig aus der Pfalz vertriebene heilige Gräfin Genoveva, in die slowenische Sprache übersetzt. Zilli, Josef Bachó[60], kaiserlich-königlicher Graf in Stickautz. (Übs. LMR.)

3. „O štirih poslednjih rečeh" [Von den vier letzten Dingen] und

4. „Trpljenje Kristusovo" [Das Leiden Christi] sind nach einem Vergleich der Kapitelüberschriften von Franz Rebòl im Register und in der Urfassung auch eine Übersetzung nach Martin von Cochem. H. L. Pintar benachrichtigte Rebòl, dass sich diese beiden Werke nicht in der Laibacher Lyzeumsbibliothek befanden. Sie waren bis 1905 bibliographisch unbekannt.
(Register des Matija Naglič. Aus Kotnik, Diss., S. 34, re.)

5. „Antikrist" [Antichrist]. Ausgabe von P. Dionysius wurde von P. Martin von Cochem umgearbeitet (Volksausgabe, 1893, S. VII-XV.)
(Register des Matija Naglič. Aus Kotnik, Diss., S. 34, re.)

Stefan Singer fand 2 „Antikriste", die 1. HS aus 1780, die 2. vom Ende des 18. oder Anfang des 19. Jahrhunderts. Kotnik sah selbst einen „Antikrist" in HS mit kolorierten Bildern in Straschische bei Gutenstein und einen anderen in Köttelach.

[60] József Bachó, 1769-1854, ungarischer Abstammung, ab 1810 kaiserlich-königlicher Buchdrucker in Zilli/Celje.

Sie müssen noch untersucht werden. Dadurch könnte man interessante Aufschlüsse über die apokryphe slowenische Volksliteratur erlangen. Vielleicht sind diese „Antikriste“ auch Übersetzungen von P. Dionysius. (Vgl. Kotnik, Diss., S. 34, re.)

France Kotnik führt ferner noch an, dass das Buch von J. Volčič: „Življenje preblažene Device in Matere Marije in njenega prečistega ženina svetega Jožefa.“ (V Celovcu, Mohorjeva družba, 1887-1891) noch auf Cochems Einfluss zu untersuchen wäre. Außerdem ist das Buch „Razlaga svete maše“ (Erklärung der hl. Messe, V Ljubljani, 1875) eine Übersetzung nach Cochem. (Simonič, S. 63.)

France Kotnik erwähnt noch, dass Franz Rebòl in Höflein 3 Legenden-Handschriften fand, die vermutlich auch von Matija Naglič herrühren. (Vgl. Kotnik, Diss., S. 35, li.)

1. „Legende vom heiligen Makarius, dem Römer.“ Eine im christlichen Sinn umgearbeitete Erzählung, die Alexander den Großen zum Helden hat, wie er in das Land der Saligen („Μακαρων“/Makaron) kam. 1813 geschrieben, bibliographisch bis 1905 unbekannt.
(Vgl. France Kotnik, Diss., S. 35, re.)

2. „Legende von der heiligen Genoveva“, 1818 geschrieben, keine Übersetzung nach Cochem, angelehnt an die Legendenform bei Cerisier Y.
(Angaben von France Kotnik zur Genoveva-Literatur: 1. Seuffert, Dr. Bernhard: „Die Legend von der Pfalzgräfin Genovefa.“ Würzburg, 1877. 2. Holz Bruno: „Pfalzgräfin Genovefa in der deutschen Dichtung.“ Leipzig, Teubner, 1897. 3. Blümml E. H.: „Genovefalied aus der Steiermark.“ Kultur. Lesegesellschaft Wien, 1906. Vgl. France Kotnik, Diss., S. 35, re.)

3. „Legende vom heiligen Gregorius auf dem Steine" (Gregorius ûf dem steine), für das Volk umgearbeitete Erzählung, 1818 geschrieben und bibliographisch bis 1905 unbekannt.
(Vgl. France Kotnik, Diss., S. 35, re.)

P. Martin von Cochem übte nach Franz Rebòl im 18. Jahrhundert einen großen Einfluss auf die slowenischen Schriftsteller aus, vor allem auf die Volksliteratur und den Volksglauben. (Vgl. Kotnik, Diss., S. 35, li.)

Literatur zum Einfluss von Martin von Cochem auf die slowenische Literatur: Dr. Jakob Sket: „Legende Martina Kohemskega v slovenskem prevodu." „Kres", VI. – P. Dionys von Linzburg: „Legenda aurea". – Register des Matija Naglič. – Simonič: „Slovenska bibliografija", I. Teil. – Martin von Cochem: „Volksausgabe des Lebens und Leidens unseres Herrn und Heilands Jesu Christi", VII. Auflage, Münster in Westfalen, 1893. – Genoveva-Literatur siehe S. 89.

Svovenji OBAC

Drabosenig veröffentlichte sein „Svovenji OBAC“ (Das slowenische ABC) als Buch ohne Titel.

> Vjemeni S. S. S. Trojize / Je shribano tu OBAC.
> Vtam svoveniam OBAC / Je lapah naukov praze.
> (Andrej Šuster, Svovenji OBAC, Einleitung, S. 1-2 und S. 6-7. Aus Kotnik, Diss., S. 36, li.)
> V imenu svete Trojice je napisan ta slovenski abc. / V tem slovenskim abc je precej lepih naukov. (Ütr. LMR.)
> Im Namen der heiligen Dreifaltigkeit wurde dieses slowenische ABC geschrieben. / In diesem slowenischen ABC gibt es ziemlich viel Lehrreiches. (Übs. LMR.)

Aus der Einleitung geht also sein Titel hervor. Es wurde bis 1905 zweimal veröffentlicht. Zuerst von Filip Haderlap (S. 57-61, S. 115-118 und S. 197-201). Der IV. Teil fehlt aber in dieser Ausgabe. Sie ist nicht nur unvollständig, sondern auch stark verändert, obwohl der Herausgeber sagt:

> Mi smo ga [tisk v bohoričici] nadomestili z gajico in še nekaj drugih malih reči spremenili. Jedro pa je netotakn[j]eno.“
> (Filip Haderlap: „Koroške bukvice“, S. 57. Aus Kotnik, Diss., S. 36, li.)
> Wir haben den Druck in Bohoričica durch die Gajica[61] ersetzt und noch einige kleine Veränderungen vorgenommen. Der Kern blieb aber unberührt. (Übs. LMR.)

---

[61] Bohoričica = Abc nach Adam Bohorič mit zh, ſh/sh, sh. Gajica = Alphabet nach Ljudevit Gaj mit č, š, ž, seit 1848 im Gebrauch.

Die Reimform als Akrostichon wurde beim Druck beibehalten, nur die Buchstaben Q, W, X, Y wurden ausgemerzt, da sie der deutschen Graphik entnommen sind, dafür wurden aber Š, U und Ž eingeführt.

Der zweite Herausgeber des slowenischen ABC ist Janko Maierhofer. („Mir“, S. 4, 5 und 13.) Seine Ausgabe entspricht eher dem Original, doch auch er modernisierte stark. Das ABC als Akrostichon wurde hier fallen gelassen. Es fehlen viele Verse. Vieles ist verändert, besonders die heiklen Stellen, die das Leben und Treiben der Geistlichkeit beschreiben. Von diesen Versen sind nur 4 veröffentlicht! („Mir“, S. 5.) Die Reime, in denen Drabosenig von sicht selbst spricht, fehlen ganz. Und deswegen können die beiden Veröffentlichungen nur den Charakter einer teilweisen Information beanspruchen, sie eignen sich aber nicht für eine wissenschaftliche Untersuchung, weil sie den Volkspoeten zu stark idealisieren. (Vgl. Kotnik, Diss., S. 36.)

> Das ABC umfasst 406 Verse. Seinen Namen hat es davon, dass jeder fünfte Vers mit einem neuen Buchstaben des Alphabets beginnt. Die Einleitung, welche 22 Verse umfasst, vermisst dieses Merkmal. Hierauf ist von Vers 23 bis 406 (Schluss) das ABC viermal als Akrostichon verwendet.
> Inhalt: Das ABC ist der Hauptsache nach ein Lehrgedicht, welches die traurigen sozialen Zustände der Zeit beschreibt, in welcher es entstanden ist, und auf Grund dieser Verhältnisse zur Besserung auffordert.
> (France Kotnik, Diss., S. 36, re.)

Einleitung: Das slowenische ABC ist im Namen der heiligen Dreifaltigkeit geschrieben. Es soll zum Zeitvertreib gelesen werden. Der Leser soll daraus lernen, jeden Menschen zu ehren. Jeder Mensch, egal welchen Standes, soll seinen Fehler selbst erkennen. Mit dieser „Schrift“ will sich der Verfasser nicht erhöhen und er sucht auch kein Lob. (Vgl. Kotnik, Diss., S. 36, re, und S. 37, li.)

Das erste ABC (Verse 23-116) umfasst allgemeine christliche Lehren und enthält besonders praktische Winke für den Landmann, der sich nicht nach dem Lebenswandel der Priester richten, der nicht der Völlerei fröhnen und der vor Gericht immer die Wahrheit sagen soll.

> Farje ti rad poshushi noi potam stori / Al ti po nieh dielah nekoli na stori – Yei noi pi ti vsolei smaso / Däb li ti jemou bogato kaso / Te katieri poshresno ije noi pije / Vsolei prad zaitam tak zhvovak vmerje
> (Andrej Šuster, Svovenji OBAC, Verse 43-44 und 55-58. Aus Kotnik, Diss., S. 37, li.)
> Duhovnike rad poslušaj in potem stori, / vendar po njihovih delih nikoli ne stori. – Jej in pij vedno zmerno/ skromno, / čeprav imaš morebiti veliko denarja. / Ki požrešno jé in pije, / ta (tak človek) vedno predčasno umre. (Ütr. LMR.)
> Den Priestern höre gern zu, / aber handle niemals nach ihren Werken! – Iss und trink immer in Maßen, / befindet sich auch viel Geld in deiner Kasse. / Wer gierig isst und trinkt, / der (ein solcher Mensch) immer vorzeitig stirbt. (Übs. LMR.)

Die folgenden Verse zeugen von großer Belesenheit.

> Xerkses kni nasvoiga gospoda saupov / Satu jega negovi sovrashnik otrupou.

(Andrej Šuster: Svovenji OBAC, Verse 105+106. Aus Kotnik, Diss., S. 37, re.)
Ker Kserkses[62] svojemu gospodu ni zaupal, / je ga njegov sovražnik razbil/pretepel. (Ütr. LMR.)
Weil Xerxes seinem Herrn nicht vertraute, / hat ihn sein Feind zerschlagen/verprügelt. (Übs. LMR.)

Von Vers 117-304 reichen die Lehren für die Bauern, die Dienstboten und die Kinder. Sie umfassen das zweite und dritte ABC. Die Bauern erwarten kaum den Sonntag, um genug Branntwein zu trinken und Braten zu essen, zu Hause sind aber das Weib und die Kinder halb nackt. Obwohl alles sehr teuer ist, fahren die Bauern oft in die Stadt, um dort zu spielen und die freie Liebe zu pflegen. Doch auch einige Frauen sind nicht besser. Sie nehmen dem Mann jede Gewalt und haben selbst die Hose an. Der Hausherr und die Hausfrau sollen schauen, ob die Knechte zu Hause schlafen, und sie sollen keine solchen Mägde in den Dienst nehmen, die nicht ohne Mannsbilder sein können. Söhne und Töchter sind den Eltern ungehorsam und ergehen sich in sündhafter Liebe. Die Ursache dafür, dass das Volk sittlich verkommen ist, ist das schlechte Vorbild der Priester, denn sie könnten ja durch ihr Gebet sogar Gewitter verhindern.

Zum Schluss (Verse 367-399) werden noch die Mittel zu einem glücklichen Lebenswandel und einem guten Tod angeführt. (Vgl. Kotnik, Diss., S. 37, rechte Spalte, bis S. 39, li.)

---

[62] Eine Anekdote berichtet davon, dass Xerxes I. [ägyptischer Pharao] bei einem fehlgeschlagenen Brückenbau über die Dardanellen die Meeresenge mit 300 Peitschenhieben bestrafen ließ. Damit wollte er Poseidon [Gott des Meeres] dafür bestrafen, dass seine Brücken [die von Xerxes errichteten] kurz nach dem Bau durch ein Unwetter zerstört wurden. Entnommen aus https://de.wikipedia.org/wiki/Xerxes_I, Zugriff: 07.06.2018, 11:25 Uhr.

Yas se shribam Andrejas Shvestar / Pa jas she knism zuo star / Yas mam ane srednje liete / Te raime sim naredou per moimi dele po lete / Zait je mene od tah raimov vgerati / Navas jas nezh naviem pegerati / Kaku dakna bodite nausmileni taku koker kamen / Da bom mogov vesievo rezhi Amen
(Andrej Šuster, Svovenji OBAC, Schluss. Aus Kotnik, Diss., S. 39.)
Jaz se pišem Andrej Šuster / pa še nisem zelo star, / jaz sem v srednjih letih, / te rime sem naredil pri mojem delu poleti. / Čas je, da to rimanje končam, / od vas jaz zahtevati nič ne znam, / kakor da ne bodite tako neusmiljeni kakor kamen, / da bom jaz mogel veselo reči amen. (Ütr. LMR.)
Ich schreibe mich Andreas Schuster / und ich bin noch nicht sehr alt, / ich bin in mittleren Jahren, / diese Reime habe ich bei meiner Arbeit im Sommer gemacht/ verfasst. / Es ist Zeit, mit dem Reimen aufzuhören, / von euch weiß ich nichts zu begehren, / als dass ihr nicht so unbarmherzig sein sollt wie ein Stein, / damit ich fröhlich Amen sagen kann. (Übs. LMR.)

Schuster ist der Religion zwar ergeben, doch tritt er für eine Reform des Lebenswandels der Geistlichkeit ein. Belege für die Richtigkeit dieser Schilderung müssten im fürstbischöflichen Archiv in Klagenfurt gesucht werden. Das Pfaffenleben seiner Zeit beschrieb schon Walther von der Vogelweide. (Wackernagel, S. 64.) France Kotnik kommt zu dem Schluss, dass Drabosenigs Verse im Svovenji OBAC nicht von Walther von der Vogelweide beeinflusst wurden.

Nimmt man als Drabosenigs mittleres Alter 40 Jahre an, dann ergibt sich 1808 als Entstehungsjahr des ABC. Es musste vor der Marienpassion (1811) entstanden sein, also zwischen

1808 und 1811. Da die österreichische Zensur ein solches Werk sicher nicht gutgeheißen hätte, erschien es höchstwahrscheinlich während der Franzosenherrschaft (1809-1813) oder es wurde ganz einfach heimlich gedruckt.

Wenn das ABC auch keinen poetischen Wert hat, so bleibt es immerhin ein wichtiges Dokument für die Kulturgeschichte Kärntens. (Vgl. Kotnik, Diss., S. 40.)

Literatur zum Svovenji OBAC: Filip Haderlap: „Koroške bukvice". – Janko Maierhofer, „Mir", 1905, Nr. 1. – „Der Pfaffen Leben" von Walther von der Vogelweide in: Wackernagel, „Das deutsche Kirchenlied." II. Band., Teubner, 1867, Nr. 84, zur Verfügung gestellt von Hofrat A. Schönbach.

Die Weiber-Litanei

Dieses Buch wurde von France Kotnik entdeckt, es war bis 1905 unbekannt. Es enthält folgende Kapitel:

> 1. „Ena lepa zelu nova latania od tah hudah shien“ mit einer Vorrede (S. 1-2) und der [eigentlichen] Weiber-Litanei (S. 2-7).
> 2. „Spet ena nova ozhitna spued sapianze inu savinske bratre“ (S. 7-8).
> 3. „Ena shavba“ (S. 8-9).
> 4. „Ena nova pesem od napitah Bratrov“ (S. 9-11).
> 5. „Raimi od mlinariov“ (S. 12-14).
> Schluss.
> (Andrej Šuster, ohne Titel, ohne Jahr. Aus Kotnik, Diss., S. 40, re.)
> Ena lepa, povsem nova litanija od teh hudih žena, in sicer Predgovor in Litanija. / Še ena očitna spoved za pijance in vinske brate. / Ena žavba. / Ena nova pesem od napitih bratov. / Rime od mlinarjev. / Zaključek. (Ütr. LMR.)
> Eine schöne, vollkommen neue Litanei von schlimmen Ehefrauen/Weibern, und zwar Vorwort und Litanei. / Noch eine neue, offensichtliche Beichte für Säufer und Weinbrüder. / Eine Salbe. / Ein neues Gedicht über die Saufbrüder/besoffenen Brüder. / Reime über die Müller. / Schluss. (Übs. LMR.)

Diese Litanei betrifft nur die schlechten Weiber, die ihren Männern nichts Gutes tun, die guten betrifft sie nicht, die ihren Männern treu sind. (Vgl. Litanija, S. 7.) In der Einleitung begründet Drabosenig das Verfassen dieses Büchleins damit, dass man die Kinder zum Lesen anleiten muss. Und nachdem sie sich eher was Gutes als was Schlechtes merken, werden sie auch Erbauungsbücher lesen und so ihre schlechten Mütter zur Besserung veranlassen. In dieser parodierten Litanei werden viele schlechte Eigenschaften der Weiber aufgezählt. (Vgl. Kotnik, Diss., S. 40, re, und S. 41, li.)

> Die Kehrverse lauten: „Mi prosmo tabe spreoberni se". / „Mi prosmo dabe bli rieshani od tazhah shien." / „Spraberni se o shena". / Statt „Kyrie eleison" wird mit „Kier je on sam" geantwortet.
> (Andrej Šuster: Litanija, S. 2-3. Aus Kotnik, Diss., S. 41, li.)
> Spevi v rimah se glasijo: „Mi prosimo te, spreobrni se." / „Mi prosimo, da bi bili rešeni od takih žena." / „Spreobrni se, o žena." / Namesto „Gospod, usmili se" odgovorijo: „Ker je on sam." (Ütr. LMR.)
> Die Kehrverse lauten: „Wir bitten dich, bekehre dich!" / „Wir bitten [dich], erlöse uns von solchen Weibern!" / „Bekehre dich, o Weib!" / Statt „Herr, erbarme dich!" lautet die Antwort: „Weil er alleine ist." (Übs. LMR.)

Auf die Weiber-Litanei folgt die Parodie der „confessio generalis" (General-Beichte), die für Trinker bestimmt ist. (Vgl. Kotnik, Diss., S. 41.)

> Schluss: „O Gospued biert bodi ti mena bojomi pijanzi gnadlov inu milustlou skues tvojo bivo kriedo Amen"
> Kreuzzeichen: „V'tam jemeni Ozheta bierta inu sina peka noi Duha Kelnarja. Amen."
> (Andrej Šuster: Očitna spoved za pijance. Aus Kotnik, Diss., S. 41, re.)
> Zaključek: O Gospod gostilničar, bodi ti meni in svojim pijancem milostljiv in usmiljen po tvoji beli krivdi [nekrivdi]. Amen.

> Križ: V imenu Očeta gostilničarja in Sina peka in Duha natakarja. Amen. (Ütr. LMR.)
> Schluss: O Herr Wirt, sei du mir und deinen Säufern gnädig und barmherzig durch deine weiße Schuld [Unschuld]! Amen.
> Kreuzzeichen: Im Namen Gottes, des Wirtes, und des Sohnes, des Bäckers, und des Geistes, des Kellners. Amen. (Übs. LMR.)

Schuster war auch Bauerndoktor und verschrieb verschiedene Hausmittel und Salben. Die Salbe, die er den Leuten in diesem Büchlein verschreibt, heilt aber keine körperlichen Leiden, sondern sie soll dazu dienen, nicht in die Hölle zu kommen.

> Man nehme 5 Lot[63] des größten Kreuzes und Leidens, dazu 10 Lot aufrechter Geduld, 15 Lot Unbescholtenheit, 20 Lot Müßiggang und 25 Lot Freigebigkeit. Dann mische man alles zusammen, zerstoße es im Mörser der christlichen Gerechtigkeit und menge noch andere Tugenden hinzu. Mit dieser Salbe reibe man sich dann morgens und abends ein. Diese Salbe bewirkt, dass man nicht in die Hölle kommt.
> (Vgl. Kotnik, Diss., S. 41, re.)

Diese Salbe erinnert an die medizinischen Volksbücher, die im Volk sehr verbreitet waren. Solche moralischen Rezepte sind schon sehr alt. (Vgl. Kotnik, Diss., S. 41, re.)

> Ein Mönch kommt ins Spital und sieht dort verschiedene Kranke, die an verschiedenen Krankheiten leiden. Jedem von diesen wurde je nach Notfall ein Arzt zu-

---

[63] 1 Lot = zirka 1 Löffel voll = 14 bis 18 Gramm. 1 Lot war in Österreich 17,5 Gramm.

gewiesen. Als nun der Mönch hineingetreten war, und ihn der Arzt gesehen hatte, fragte der Arzt diesen Mönch: „Warum bist du zu uns gekommen?“ Und der Mönch antwortete: „Gibt es ein Kraut, das eine große Sündenlast austilgen könnte?“ Der Arzt antwortete: „Geh, Kind, und nimm die Wurzel der geistlichen Armut, Blätter der Geduld, die Blume der Demut und Zweige des Gebetes! Nachdem du das alles zusammengestampft hast, mische es im Kessel der Gehorsamkeit! Sobald es dann durch das Sieb der Überlegung gesiebt ist, gib es in den Topf des sanften Gewissens, gieße darauf das Tränenwasser, decke es mit Liebe zu und zünde darunter die Flamme der göttlichen Sehnsucht an, damit das alles gut siedet, dann schütte es in die Schüssel der Beurteilung, [unterhalte] dich mit dem Löffel der Reue, wische dich ab mit dem Tuch der Beichte. So wirst du die Sündenschuld austilgen, und von da an wirst du ein wahrhafter Christ genannt werden.

(Tihomir Ostojić, Archiv für slawische Philologie, XXII, S. 618. Serbische HS, wahrscheinlich Ende 15. Jahrhundert. Aus Kotnik, Diss., S. 41, re, und S. 42, li.)

Schusters moralisches Rezept ist gewiss nicht sein Eigentum. Er fand es wahrscheinlich in der deutschen Literatur vor. Wie Vieles, das uns von Schuster erhalten blieb, so bekunden auch die Weiber-Litanei, die „confessio generalis“ des Trinkers und die Salbe den gesunden Volkshumor des Verfassers. (Vgl. Kotnik, Diss., S. 42, li, und S. 43, re.)

Am Schluss dieses Büchleins sind 2 Gedichte angefügt. Das erste behandelt in humoristischer Weise das Leben und Treiben in den Tabernen. Dieses Gedicht wollte Schuster allen Säufern widmen, zumal er sich selbst dafür schämte. Weder zu Hause noch in der Taberne hat er als Poet seine Ruhe. Entweder putzt ihn sein Weib zusammen, oder der Wirt lockt ihm das Zechgeld heraus. Solange noch bare Münze vorhanden ist, und er noch nicht auf dem Hinterteil zerrissene Hosen trägt, lobt ihn der Wirt. Nun aber ist er auch in der Taberne unerwünscht.

Das letzte Gedicht richtet sich gegen die übermütigen und verlogenen Müller, die einen liederlichen Lebenswandel führen und die Bauern mit zahlreichen Tricks betrügen, wenn sie zum Beispiel beim Mahlen ein Schaff Wasser unter den Mehltrog stellen, damit das Mehl an Volumen zunimmt, und das alles, obwohl sie von den Bauern mit Trinkgeld bedacht werden. (Vgl. Kotnik, Diss., S. 42, re, und S. 43, li.)

> Doch, Bauer, ich will dich belehren, wie du es wissen kannst, wann der Müller den Sack ins Wasser taucht. Miss den mit Getreide gefüllten Sack mit einer Schnur ab! Wenn du ihn dann aus der Mühle bekommst, miss den Umfang wieder ab. Wenn dann der Faden länger ist, so ist das ein Zeichen, dass die Müller dich um Mehl betrogen haben. Ein jeder Bauer soll wissen, wann der Müller den Sack ins Wasser taucht.
> (Andrej Šuster: Gedicht über die Müller. Aus Kotnik, Diss., S. 43, li.)

Dieses Büchlein war 1907 in der Bevölkerung sehr beliebt. Die Wirtshausreime geben aber ein schlechtes Bild vom Leben des Poeten Andrej Šuster-Drabosnjak. Sein häufiger Gasthausbesuch trug also auch dazu bei, dass Drabosenig abhauste, und nicht nur die staatliche Beschlagnahme seiner Bücher.

Die Entstehungszeit und Drucklegung dieses Büchleins lässt sich nicht sicher bestimmen. Es entstand, als es mit Drabosenigs Bauernhof schon abwärts ging. Gegenüber dem ABC weist es einen Fortschritt in der Sprache auf. Es enthält auch nicht so viele Druckfehler wie das ABC, woraus man schließen könnte, dass es nach demselben entstand. (Vgl. Kotnik, Diss., S. 43, re.)

Literatur zur Weiber-Litanei: Tihomir Ostojić, Archiv für slawische Philologie, XXII, wahrscheinlich Ende 15. Jahrhundert.

Die schöne Magelone

Nach einer Mitteilung von Stefan Singer hat Drabosenig auch die schöne Magelone ins Slowenische übersetzt. Das Buch ließ sich 1905 nicht mehr auffinden, wurde aber noch 20 Jahre vorher, also um 1885, von der Jugend gern gelesen.

An der Mittelmeerküste Frankreichs liegt eine kleine Insel mit dem Namen Maguelone. Auf dieser ist eine stattliche Kirche, die im 11./12. Jahrhundert erbaut wurde. Die Entstehung der den heiligen Petrus und Paulus geweihten Kirche hat die dichterische Phantasie durch die rührende Liebesgeschichte eines provenzalischen Prinzen Peter zu einer fremden Königstochter, namens Maguelone, verklärt. In Wirklichkeit hat aber die Insel der Prinzessin zum Namen Maguelone verholfen. Ihr geliebter Peter ist nach dem Schutzheiligen der Kirche benannt. (Vgl. Johannes Bolte: „Die schöne Magelone", S. IX-X[64]/9-10.)

Dieser französische Roman ist in den Jahren 1453-1457 geschrieben worden. („Die schöne Magelone", S. 10.) Die Fabel ist orientalischen Ursprungs. Die eigentliche Verwicklung und Lösung erscheint nämlich zuerst in der arabischen Novellensammlung „Tausend und eine Nacht". Durch mündliche Vermittlung kam sie aus dem Orient nach Europa. Wir finden sie im 15. Jahrhundert sowohl in der Provence als auch in Unteritalien. (Vgl. Kotnik, Diss., S. 44, li.)

Der Roman wanderte fast zu allen Völkern und wurde auch von Dichtern behandelt. Hans Sachs behandelte die Geschichte

---

[64] Die römischen Zahlen und ihre arabische Entsprechung: I=1, V=5, X=10, L=50, C=100, D=500, M=1000; IV=4, IX=9, IL = 49, IC = 99, ID = 499, IM = 999.

von der schönen Magelona dreimal. („Die schöne Magelone“, S. LII/52.) Dann bildete die schöne Magelone bis zur Romantik ein ausgesprochenes Volksbuch. Durch die Romantiker jedoch kamen diese auch bei den höheren Gesellschaftskreisen wieder zu Ehren. (S. LIV/54.) Besondere Verdienste um die Bearbeitung des Romanstoffes hat sich Ludwig Tieck erworben. (Görres, I. Band, 1845, S. X/10.)

Eine genaue Übersicht über die Verbreitung des Romans bei den europäischen Völkern bietet uns Johannes Bolte durch seine Bibliographie (S. LVI-LXVII/56-67). Es sind da 52 französische, 16 spanische, 2 katalonische, 3 portugiesische, 6 italienische, 1 surselvische [rätoromanische, Schweiz], 9 neugriechische, 2 niederländische, 62 hochdeutsche, 1 niederdeutsche, 25 dänische, 4 isländische, 1 schwedische, 8 tschechische, 14 polnische und 3 russische Bearbeitungen angeführt. (Vgl. Kotnik, Diss., S. 44, re.)

Die erste tschechische Bearbeitung stammt aus dem Jahr 1565. Bei den Polen wird im Jahr 1591 im Bücherinventar des verstorbenen Lemberger Buchhändlers Baltasar Hubner eine „Historẏa o Magellonie“ zum erstenmal erwähnt. Es sind mehrere russische Handschriften aus dem 17. Jahrhundert vorhanden. Während also zu den Nord- und Westslawen die Magelone schon im 16. und 17. Jahrhundert kam, erhalten die Slowenen die erste und auch einzige Übersetzung erst am Anfang des 19. Jahrhunderts.

Bei den Deutschen hilft der Romantiker Ludwig Tieck 1796 der Magelonenhistorie wieder zu Ansehen. Zu den Slowenen dringt aber um dieselbe Zeit ein Stück mittelalterlicher Romantik als Volksbuch vor, während in den slowenischen Kreisen der „hohen“ Literatur die deutsche Romantik siegreichen Einzug hält. (Dr. Matija Murko, Einleitung, S. 1-14.)

An Hand welcher deutschen Ausgabe Drabosenig seine Übersetzung anfertigte, konnte France Kotnik nicht mehr feststellen. Vielleicht wurde der Volkspoet zur Übersetzung dieses Romans auch durch die Namen seiner Eltern bewogen, die Peter und Magdalena hießen, weshalb er im Titel den Namen „Magdalona“ verwendete. (Vgl. Kotnik, Diss., S. 45.)

Literatur zur schönen Magelone: Stefan Singer. – Johannes Bolte: „Die schöne Magelone“, aus dem Französischen übersetzt von Veit Warbeck 1527, Weimar 1894.“ Aus der Bibliothek älterer Übersetzungen, herausgegeben von A. Sauer. – Novellensammlung „Tausend und eine Nacht.“ – Hans Sachs. – Ludwig Tieck. – Görres: „Abhandlung über den Magelone-Stoff.“ In: „Die deutschen Volksbücher“, Heidelberg 1807, gesammelt von Karl Simrock. I. Band, Frankfurt am Main, 1845. – Balthasar Hubner: „Historÿa o Magellonie“, Bücherinventar, 1591. – Dr. Matija Murko: „Deutsche Einflüsse auf die Anfänge der slawischen Romantik.“

Das Hirten- und Dreikönigs-Spiel

Anton Trstenjak (S. 195) erwähnt unter den Drabosenig-Spielen auch „Pastirci ali Rojstvo Kristusovo“ (Hirten oder die Geburt Christi). Auch Janko Maierhofer führt es als Drabosenig-Werk an. France Kotnik konnte jedoch kein Exemplar desselben auftreiben, in dem Andreas Schuster explizit als Autor oder Übersetzer genannt wird. Die Köstenberger nannten es einfach „Hirtenšpil“ (Hirtenspiel). Das Entstehungsjahr konnte Kotnik auch nicht ermitteln.

Es hatte wegen einiger derber Ausdrücke mit der Zensur zu kämpfen. Trotzdem wurde es laut Mitteilung des Bernhard Schwarz in Kerschdorf bei Köstenberg zwischen 1889 und 1891 in Köstenberg und Pörtschach und von den Köstenberger Spielern auch in einem Ort zwischen diesen beiden Destinationen aufgeführt. Laut einer Mitteilung des alten Kleber in Auen bei Velden wurde es 1901 oder 1902 in Schiefling bei Velden zum Besten gegeben. Anton Trstenjak (S. 195) versicherte Kotnik, dass es auch im Jahr 1892 noch aufgeführt wurde. (Vgl. Kotnik, Diss., S. 45, re, und S. 46, li.)

Das Hirtenspiel wird in der Gaststube gespielt, weil man mitten im Winter im Freien nicht spielen kann. 1906 legten die Köstenberger Spieler der Bezirkshauptmannschaft Villach ihr Hirtenspiel zur Zensur vor, das aber wegen derber Ausdrücke verboten wurde. Die Kommission stieß sich zum Beispiel am Begriff „Komödie“. Nachdem die beanstandeten Wörter durch neutralere Begriffe ersetzt wurden, durfte das Hirtenspiel 1907 aufgeführt werden. Kotnik war bei der Präsentation am 6. Jänner 1907 in Kranzelhofen anwesend. (Vgl. Kotnik, Diss., S. 46, re.)

Inhalt. Personen: Parolkus, Engel, Maria, Josef, Das Gebot, Wirt, Wanderer, 3 Hirten (Riepl, Hanzele, Haužar), König Herodes, Page, die Heiligen 3 Könige (Kaspar, Melhar, Boltižar), der Prophet Domanikus, Soldaten des Herodes.
Parolkus tritt auf und erzählt kurz und bündig den Gang der Handlung. Der Name Parolkus ist wohl nichts Anderes als Prologus, der personifiziert wurde. Vielleicht hängt er mit „parola“ [italienisch „Wort“] zusammen? Zum Prolog gehört auch noch der Auftritt des Engels, welcher viel kürzer die Handlung andeutet. (France Kotnik, Diss., S. 46, re.)

Handlung. Kotnik gliederte den Inhalt nach der Aufführung in Kranzelhofen in Akte, die mehrere Szenen umfassen. Die Lieder fehlten jedoch in seiner Textvorlage. Er merkte sich die Melodie des Hirtenliedes, das Dr. Benj. Ipavec in Noten setzte.

I. Akt: Der Engel verkündet Maria die frohe Botschaft, dass sie Gottes Sohn gebären wird. Der greise Josef will Maria deshalb verlassen. Der Engel beruhigt ihn, denn das Kind sei vom Heiligen Geist empfangen. Josef bittet Maria um Verzeihung. Das personifizierte Gebot verlautbart die Anordnung von Kaiser Augustus, wonach sich auch Josef in die Steuerlisten von Bethlehem einschreiben lassen muss. Josef hat aber kein Geld für die weite Reise. Maria will ihre Freundinnen um Unterstützung bitten. Das gelingt ihr aber nicht, weshalb Maria und Josef ihre Eselin in der Stadt verkaufen wollen.

II. Akt. Ein hungriger und durstiger Wanderer kann keine Unterkunft finden. Er will dem Wirt seinen Hut verkaufen, denn den Rock hat er sich nur geliehen. Der Wirt will aber nur Bargeld für die Zeche erhalten und deshalb jagt er den Wanderer davon. Dann bitten Josef und Maria um ein Nachtquartier.

Der Wirt zeigt ihnen den Weg zu einer Hütte auf der Alm, reiche Reisende und Fuhrleute bewirtet er jedoch sehr gern.

III. Akt. Hirtenszene. Riepl wundert sich über den leuchtenden Himmel. Er flickt sein Wams und spielt ein Lied auf seiner Buchsbaumpfeife. Dann kommen auch Hanzele und Haužar. Sie singen gemeinsam ein Lied. Hanzele bewacht die Schafe, während die beiden anderen über das Singen streiten. Hanzele kommt wieder zu ihnen. Es ist sehr kalt. Sie wundern sich über die helle Nacht. Ein Engel verkündet ihnen die Geburt Christi und weist ihnen den Weg zum Stall in Bethlehem.

IV. Akt. Herodes ist über den Traum beunruhigt, dass ein neugeborener Knabe König werden soll.

V. Akt. Die Hirten erscheinen vor dem Stall und bitten um Einlass, der ihnen von Josef gerne gewährt wird. Sie bitten das Kind um seinen Segen und um Gnade und bringen ihre Gaben dar: ein fettes Schaf, etwas Mehl, Kraut und Brot. Die Melodien werden jeweils dreimal gesungen, immer etwas höher. (Vgl. Kotnik, Diss., S. 47, re, bis S. 50, li.)

> Pastirci: Najta nam tantr k vam, / Nam pastircam.
> Jožef: Pojta santr, pojta santr, vi pastirci.
> (Andrej Šuster: Hirtenspiel. Aus Kotnik, Diss., S. 49, re. Siehe Bildmaterial zu Dr. France Kotnik.)
> Pastirci: Nehajte nas noter k vam, nas pastirci. (A lahko vstopimo, mi pastirci?) / Jožef: Pojdite noter, pojdite noter, vi pastirci. (Pridite k nam, pridite k nam, vi pastirci.) (Ütr. LMR.)
> Hirten: Lasst uns zu euch hinein, uns Hirten. (Dürfen wir eintreten, wir Hirten?) / Josef: Kommt herein, kommt herein, ihr Hirten! (Übs. LMR.)

VI. Akt. Die Heiligen 3 Könige kommen zu König Herodes und erkundigen sich nach dem Kind. Herodes befragt den Propheten Domanikus, der weissagt, dass das Kind in Bethlehem geboren wurde. Herodes beschließt, dieses Kind durch seine Soldaten töten zu lassen. Er befiehlt den Königen, ihm auf der Rückreise vom Kind zu berichten.

VII. Akt. Die Hirten sind wieder bei ihrer Herde und wundern sich über Gott und den armseligen Stall. Die Hl. 3 Könige kommen und erfahren von den Hirten die Neuigkeiten aus Bethlehem. Sie pilgern zu sechst gemeinsam dorthin.

VIII. Akt. Die Hl. 3 Könige opfern dem Kind Jesus Gold, Myrrhe und Weihrauch.[65] Josef bedankt sich für die Gaben. Als sie zu Herodes ziehen wollen, kommt ein Engel, der ihnen sagt, sie sollten einen anderen Weg einschlagen, damit Herodes das Kind nicht finden kann. Dann sagt ein Engel zu Josef, dass er mit Maria und dem Kind nach Ägypten fliehen soll. Ein Mörder will auf die drei schießen, bringt das aber nicht zusammen, weil über dieser Familie ein Geheimnis waltet.

IX. Akt. König Herodes erzählt seinem Pagen, dass er von den Hl. 3 Königen betrogen worden sei. Er beschließt, alle Kinder unter zwei Jahren ermorden zu lassen. Der Page ruft die Soldaten herbei. Herodes befiehlt ihnen den Mord an den Kindern, und die Soldaten berichten dann, 40.000 Kinder getötet zu haben. Herodes ist zufrieden und belohnt sie dafür, denn jetzt kann er wieder ruhig schlafen und braucht sich vor keinem König mehr zu fürchten. (Vgl. Kotnik, Diss., S. 50, re, S. 51 und S. 52, li.)

---

[65] Weihrauch = Harz von einem bestimmten Wüstenstrauch, Myrrhe = Harz, ätherische Öle, riecht nach Balsam, dient zur Salbung von Königen.

Herod.: To meta deset, dvajsti, tristi, štiredi tolarjev in 2 grošiča.
Sold.: Zahvalmo, kral Herodež, to kna fala beliča.
Herod.: Tu mata 10, 20, 30, 40 kron
Sold.: Zahvalmo kral Harodaž, to je ži an liep von.
Herod.: To mata še 10, 20, 30, 40 dukatov.
Sold.: Zahvalmo sedaj je kral Herodež heršt prav tol, tol hratov.
(Andrej Šuster, Hirtenspiel. Aus Kotnik, Diss., S. 51, re, und S. 52, li.)
Herodež: Tu imate deset, dvajset, trideset, štirideset tolarjev in dva pfeniga/groša. Vojaki: Zahvaljujemo se vam, kralj Herodež, tu še beliča ne manjka. Herodež: Tu imate še 10, 20, 30, 40 kron. Vojaki: Zahvaljujemo se vam, kralj Herodež, to je že ena lepa plača. Herodež: Tu imata še 10, 20, 30, 40 dukatov.[66] Vojaki: Zahvaljujemo se vam, zdaj je kralj Herodež šele prav donator postal. (Ütr. LMR.)
Herodes: Da habt ihr zehn, zwanzig, dreißig, vierzig Taler und zwei Pfennige. Soldaten: Wir danken euch, König Herodes, da fehlt kein einziger Pfennig. Herodes: Da habt ihr 10, 20, 30, 40 Kronen. Soldaten: Wir danken euch, König Herodes, das ist schon ein schöner Lohn. Herodes: Da habt ihr noch 10, 20, 30, 40 Dukaten. Soldaten: Wir danken euch, jetzt ist König Herodes erst richtig spendabel geworden. (Übs. LMR.)

Aufführung. Das Hirtenspiel wurde am 6. Jänner 1907 in Kranzelhofen in Marko's Gasthaus aufgeführt. Spielraum war

[66] Kovanci v avstrijski monarhiji so bili: tolar iz srebra, krona, dukat iz zlata, pfenig, belič, groš in krajcar. – (Silber-)Taler, Kronen und (Gold-)Dukaten, Pfennige, Heller, Groschen und Kreuzer waren die gebräuchliche Währung im römischen Kaiserreich deutscher Nation, also auch in der österreichischen Monarchie zur Zeit von Andreas Schuster.

der Fußboden der Gaststube, ohne eigentliche Bühne. Die Spieler bewegten sich auf dem freien Raum, der nicht von Tischen besetzt war. Ringsherum standen die Zuschauer. Die Spieler traten durch die Tür aus und ein, die aus dem Extrazimmer in die Gaststube führte. Das Spiel wurde von Bauernsöhnen aus Köstenberg und Umgebung aufgeführt, ein Jüngling spielte die Marienrolle. (Vgl. Kotnik, Diss., S. 52, linke Spalte.)

> Kostüme. Die Hirten waren Männer mit spitzigen und breiten Hüten und trugen Taschen auf der Seite. Ein Hirtenhut war mit Papierstreifen dicht besetzt und hatte am spitzen Ende eine Schelle. Sie trugen lange Stäbe, die am oberen Ende mit einem Ring versehen waren, was nach Auskunft des Spielers Bernhard Schwarz zum Vertreiben der Wölfe diente.
> Josef war ein alter Greis mit grauem Bart, breitkrämpigem Hut, hatte einen langen Stock und war mit Zimmermannswerkzeug versehen, welches er in einem Zecker [geflochtener Handkorb] trug. Maria hatte ein großes Umhülltuch. Jesus lag als kleine Statue in einer kleinen Krippe, die Maria immer mitnahm, wenn sie die Schaubühne verließ. Josef und Maria saßen als Eltern auf einem niedrigen Stuhl hinter der Krippe.
> Die Heiligen 3 Könige trugen Kronen, wie sie in Kärnten die „koledniki“ tragen, wenn sie am 1. und 6. Jänner „koledovat“ gehen.[67]
> König Herodes war nicht als großer Fürst gekleidet, sondern viel einfacher.

[67] koledovati = hoditi od hiše do hiše, zlasti med 25. decembrom in 6. januarjem, in s petjem ali igranjem želeti srečo. – Die Heischesänger/Neujahrssänger/Dreikönigssänger/Sternsinger gehen von Haus zu Haus und drücken ihre Glückwünsche singend in Liedern oder in einem Spiel in der Stube aus.

Der Wirt und der Wanderer stellten ganz moderne Gestalten dar, der Wirt einen Mann, der sich seines Reichtums bewusst war, mit breiter, schwerer Uhrkette, weißer Schürze, runder niedriger Mütze, grünem Gilet ohne Rock, der Wanderer einen lustigen Handwerksburschen mit einem Bündel, das er mittels eines Stockes auf der Schulter trug, und einen Hut mit Feder.
Parolkus trug einen bis an die Knie reichenden blauen Rock. Seinen Hut zierte ein Kranz mit Schleifen, die rückwärts hinunter hingen. Solche Kränze trugen in Kärnten bei Hochzeiten die „cavmarji" (Rosental) oder „camarji" (Mießtal)[68].
Fast die gleiche Kleidung trug auch der Königspage, dessen Hut mit einem ähnlichen Kranz verziert war.
Bunt waren die Soldaten des Herodes gekleidet, und zwar mit roten Reithosen, Kavalleriesäbeln [69] und Helm.
Der Prophet war mit breitkrämpigem Hut, großen Brillen und einem Chorhemd eine komische Figur.
Die Flügel des Engels waren aus Papier angefertigt und vergoldet.
(Vgl. France Kotnik, Diss., S. 52 und S. 53, li.)

Besonderheiten. Das Hirtenspiel wurde ziemlich gut dargestellt. Ausgezeichnet spielte Bernhard Schwarz, dem 3 Rollen zufielen: der Wanderer, der Hirte Haužar und der Prophet Do-

---

[68] camar = ženinov ali nevestin spremljevalec k poroki ali tudi organizator svatbe. – Brautführer/Beistand/Hochzeitslader.
[69] Die Uniform der Kavallerie oder Reiterei geht auf die ungarischen Husaren oder leichte Reiterei zurück. Sie blieb bis zum 1. Weltkrieg gleich. Sie umfasste hellblaue Oberkleider, rote Hosen und unter anderen Waffen auch einen Säbel. Preußische Husaren trugen jedoch weiße Hosen. Aus https://de.wikipedia.org/Husaren, Zugriff 28.06.2018, 08:40 Uhr. Siehe Tresdorfer „Kreuzziachn" auf S. 23.

manikus. Parolkus und der Engel machten 4 Schritte, blieben stehen und rezitierten, zum Publikum gewandt 4 bis 6 Verse, dann kehrten sie um, machten wieder 4 Schritte und sprachen die folgenden 4 bis 6 Verse. Wenn die Hirten stehend sprachen oder sangen, bildeten sie, das Gesicht zueinander gewandt, ein Dreieck. In der Anbetungsszene schritten sie singend um die Krippe und Josef und Maria herum. Wenn sie sich schlafen legten, fielen sie, mit dem Gesicht nach vorne gekehrt, schnurstracks zu Boden. Die Rollen wurden von den Leuten „štanti“ genannt.[70] (Vgl. Kotnik, Diss., S. 53, li.)

Ähnlichkeiten mit einem ungarischen Weihnachtsspiel. Auch in Oberufer in der Nähe von Pressburg wurde das Spiel im Gasthaus im Gastzimmer aufgeführt. Der Ankleideraum war dort durch einen Vorhang getrennt, bei uns durch die Tür. Dort wurde die Betonung sehr sorgfältig einstudiert, sodass auf 3 Schritte 3 Hebungen kamen, wonach sich der Spieler dann bei der 4. Hebung umdrehte. Der Ursprung des sonderbaren Auf- und Ab-Gehens im Köstenberger Spiel dürfte also dort gewesen sein. Jedoch wurde hier der Sinn nicht mehr verstanden, da gleich 4 bis 6 Verse auf einmal gesprochen wurden. Die Hirten stellten sich auch in Oberufer im Dreieck auf und fielen, wie hier, alle schnurstracks zu Boden. (Vgl. Karl Julius Schröer, S. 4 ff., S. 16 und S. 23. Aus Kotnik, Diss., S. 53, re, und S. 54, li.)

Weihnachtslieder. Ins Köstenberger Hirtenspiel waren auch Weihnachtslieder eingeschoben, und zwar 8 Hirtenlieder und ein Wandererlied. Diese Lieder sind sehr charakteristisch. Die Melodien wurden von den Spielern neu komponiert, da die al-

---

[70] „štanti“ vielleicht von „stati“ für „auf der Bühne stehen, auftreten“, also „Auftritte“ oder „einen bestimmten gesellschaftlichen Stand vertreten“.

ten Spieler schon gestorben und mit ihnen die früheren Melodien verschwunden sind. Das letzte Lied wurde als Weihnachtslied in der Kirche gesungen. Wie schon erwähnt wurde, fehlten die Lieder in Kotniks Textvorlage. (Vgl. Kotnik, Diss., S. 54, re.)

Ähnlichkeiten mit deutschen Weihnachtsspielen in Kärnten. Am Anfang des 19. Jahrhunderts waren die Hirten- und Christkindl-Spiele in Kärnten und Steiermark sehr beliebt. Sartori beschreibt eines, das er in Kärnten gesehen hat (S. 333). France Kotnik zitiert aus dem Buch von Dr. Karl Weinhold.

Laut A. Sikora hatten die Volksschauspiele im 18. Jahrhundert in Tirol und wohl auch in Kärnten mit den Obrigkeiten einen harten Kampf zu führen. (S. 185 ff.) (Vgl. Kotnik, Diss., S. 54.)

Textverwandtschaft. Andreas Schuster sah sich sicher zumindest ein Weihnachtsspiel in deutscher Sprache an und übersetzte dann ein solches Spiel. France Kotnik konnte jedoch keine vollkommene Übereinstimmung zwischen dem Drabosenig-Spiel und ihm bekannten deutschen Spielen finden. Einige Stellen weisen aber auf eine Textverwandtschaft hin. Die Hirtennamen Riepl, Hanzele und Haužar sind deutschen Ursprungs. Dr. Karl Weinhold (S. 400) bezieht sich auf Liesing im Lesachtal, in dem „Riepl“, der Hirte, „Rüpl“ heißt. Man begegnet ihm auch im Wolfsberger Weihnachtsspiel (S. 316). Nach Dr. M. Lexer heißt er in Heiligenblut „Rüep’l“. Er findet sich nach Dr. Karl Weinhold auch in zwei Weihnachtsliedern, wovon eines aus Tigring bei Klagenfurt stammt (S. 316 und S. 325). Nach Dr. Karl Weinhold taucht er in einem Hirtenlied aus Aussee auf, in Liedern aus der oberen Steiermark (S. 89 und andere Textstellen) und auch im Flattacher Kirchspiel, also im Mölltal, wo er als „Riepl“ in Erscheinung tritt (S. 95). Der Köstenberger „Haužar“ entspricht dem deutschen „Hauser“. (Vgl. Kotnik, Diss., S. 54, re, und S. 55, li.)

Dr. Karl Weinhold veröffentlichte Bruchstücke von vier Weihnachtsspielen eines bairischen Dichters aus einer HS des 17. Jahrhunderts (S. 175 ff.). Im zweiten treten die „tres pastores“ (drei Hirten) „Haußer, Gergl und Liendl“ auf. Der Name „Haußer“ kommt auch im dritten und vierten Spiel vor (S. 183 f.). Der Köstenberger „Hanzele“ kommt in diesen Spielen wohl als „Hansl“, nicht aber als „Hansele“, vor. Dann führt Kotnik eine Vergleichsstelle aus dem Flattacher Spiel an. Drabosenigs Ausdrucksweise ist etwas derber. (Vgl. Kotnik, Diss., S. 55.)

Die Opfergaben sind in allen diesen Spielen Produkte des Landbaues und der Viehzucht, also Schafe, Wolle, Brot, Butter, Schmalz und dergleichen. Nach Dr. Karl Weinhold finden sich auch die gleichen Opfergaben in den deutschen Weihnachtsliedern (S. 424, S. 429, S. 431).

Fast gleichlautende Stellen finden sich in den von Lexer veröffentlichten Weihnachtsspielen und Liedern aus Kärnten. Im Hirten- und Dreikönigs-Spiel aus Heiligenblut kommen folgende Personen vor: Engel, Maria, Josef, König Herodes, König Kasper, König Melchori, König Walthauser, die Hirten Jodl, Riepl und Simbl, ein Schriftgelehrter, ein Wirt, ein Handwerksbursche, drei Räuber und ein Bedienter. Den Text des Parolkus spricht der Engel im Prolog. Daher fehlen in Heiligenblut Parolkus, Sapuved [Gebot] und die Soldaten. Die Verkündigung des Engels an Maria geschieht in Köstenberg eher nach der Heiligen Schrift. Die Szene, in der Josef Maria um Verzeihung bittet, ist fast gleich. Die Szene zwischen dem Wirt und dem Wanderer ist bei Drabosenig erweitert, hat aber den gleichen Sinn. Auch die Szene zwischen dem Wirt und Josef ist in Köstenberg länger. Das Flicken des Rockes kommt in beiden Spielen vor. Bei Drabosenig ist immer ein Hirte auf der Hut, im Heiligenbluter Spiel handeln die Hirten fahrlässig. Insgesamt ist das Hirtenspiel von Drabosenig länger als das Heiligenbluter Spiel. (Vgl. Kotnik, Diss., S. 57, li.)

Unterschiede zu Heiligenblut. Nach Lexer kommen die Hl. 3 Könige nicht bei den Hirten vorbei, es treten 3 Räuber auf, der Handwerksbursche reist mit Josef und Maria. Der 1. Räuber zeigt ihnen den Weg nach Ägypten, der 2. sagt, der Herr solle seiner gedenken, wenn er in das Reich kommt.

Vergleich mit Flattach. Das zweite von Lexer veröffentlichte Spiel ist das Dreikönigs-Spiel aus Flattach im Mölltal. Personen sind: Herodes, Kasper, Melchori, Walthauser, die Hirten Lipl und Löx, ein Bedienter. Es fehlen demnach alle anderen Szenen, in welchen Josef und Maria, der Wirt, der Handwerksbursche, der Engel, die Soldaten und die Räuber auftreten. (Vgl. Kotnik, Diss., S. 58, li.[71]) Identisch ist folgende Stelle:

> Herodes spricht zu den Hl. 3 Königen:
> „ich glaub, ihr seit nur solliche Herrn,
> die mich wöllen bringen um mein Lant.
> ja, ja, ihr seit kummen, mein Reich auszuspechen,
> wie ich jetzt muess mit Augen sechen.
> So sagt nun balt zu dieser Frist,
> was euer thun und lassen ist."
> (Dr. M. Lexer: Dreikönigs-Spiel aus Flattach im Mölltal. Aus Kotnik, Diss., S. 58, li.)
> Herodes spricht zu den Hl. 3 Königen: Ich glaube, ihr seid eigentlich solche Herren, / die mich um mein

[71] Die rechte Spalte auf S. 57 ist in Kotniks Diss. leer.

Land bringen wollen. / Ja, ja, ihr seid gekommen, um mein Reich auszuspionieren, / wie ich jetzt mit meinen eigenen Augen sehen muss. / So sagt es nur geschwind heraus, / was euer Tun und Begehren ist. (Ütr. LMR.)

[Herodež pravi k svetim trem kraljam:]
„Mne se ko taku sti,
da sta prišli moji kralestvo pragledovat vi.
Pa sada mam vas prad mojimi očmi,
Povejta vaši napriedvzetje vi,
Sei za vas doro kni."
(Andrej Šuster, Hirtenspiel. Aus Kotnik, Diss., S. 58, li.)
[Herodež pravi k svetim trem kraljem:] Meni se samo tako zdi, / da ste prišli pregledovat moje kraljestvo vi, / pa zdaj imam vas pred svojimi očmi. / Povejte vaš načrt vi, / ta za vas dobro sploh ni. (Ütr. LMR.)

Die Szene mit dem Schriftgelehrten fehlt. Doch König Kaspar zitiert sogar den Propheten Jesaias. Die biblischen Szenen sind gleichen Inhaltes, aber anderen Wortlautes. In diesem Spiel kommen auch die Hl. 3 Könige zu den Hirten. Diese wollen ihnen den Weg nach Bethlehem nicht zeigen, aus Furcht, die Könige seien Spione; die Hirten wollen also nichts verraten. Jedoch erscheint den Hl. 3 Königen wieder der Stern, der sie schließlich zum Ziel führt. (Vgl. Kotnik, Diss., S. 58.)

Vergleich mit Wolfsberg. Nach Lexer kommen im Wolfsberger Spiel folgende Personen vor: die 3 Hirten Steff'l, Jod'l und Ruepl, ein Engel, Wirt, Maria und Josef und ein Walscher [Italiener]. Von diesem Spiel veröffentlichte Lexer nur den zweiten Auftritt und das Opfer der Hirten. (Vgl. Kotnik, Diss., S. 59, li.) Übereinstimmung mit dem Köstenberger Hirtenspiel:

Jodl: „Husch, husch! wie g'friert's
mi in meiner Nås'n,
i' hiet añ guet'n Lust
und nåm ã Hourn
und that ans blåsn."
(Dr. M. Lexer, S. 296. Aus Kotnik, Diss., S. 59, li.)
Jodl: Husch, husch! Wie kalt ist / mir in meiner Nase. / Ich hätte gute Lust / und nähme ein Horn / und täte ein Lied blasen. (Ütr. LMR.)

Hanzele: „Huš, huš, je mraz,
da bo mna nues zrobov.
Kadr bi kad taku mraz kna bu,
bi še ovcam ano zatrobov."
(Andrej Šuster, Hirtenspiel. Aus Kotnik, Diss., S. 59, re.)
Hanzele: Huš, huš, je mraz, / da se mi bo nos zdrobil. / Kadar zdaj ne bi bilo tako zelo mrzlo, / bi ovcam še eno pesem zatrobil. (Ütr. LMR.)

Vergleich mit einem anderen Mölltaler Spiel. Von einem Hirten- und Dreikönigs-Spiel aus dem Mölltal berichtet auch Franz Franzisci (S. 24-31), der das Spiel aber leider nicht vollständig veröffentlichte, was für einen Vergleich jedoch von großem Vorteil wäre.

„Parolkus" erscheint als „Prologus", „ein Älpler in seiner gewöhnlichen Sonntagstracht", und führt die Zuseher kurz in die Handlung ein.

Weiters treten auf: Maria (S. 26), durch einen Mann gespielt, der verkündende Engel, Josef, der Zimmermann, der Handwerksbursche, „ein Prachtexemplar des 19. Jahrhunderts" (S. 28), der Wirt, 3 Hirten, wovon einer seine Joppe [Rock] flickt.

Josef und Maria kommen zum Wirt, die Hirten gehen nach Bethlehem und opfern dem Kinde Jesus. Dann folgen die Szenen mit Herodes und den Hl. 3 Königen. Während in Drabosenigs Hirtenspiel die Herodesszene schon früher eingeschoben ist, gibt es sonst keine Handlungsunterschiede. Auf eine Textgleichheit konnte Kotnik aber nicht schließen, weil Franzisci nicht das ganze Spiel veröffentlicht hat. (Vgl. Kotnik, Diss., S. 59, S. 60 und S. 61, li.)

Übersetzung. France Kotnik konnte durch die zahlreichen Vergleiche beweisen, dass Andrej Šuster sein Hirtenspiel nach einer vor 1907 nicht veröffentlichten deutschen Vorlage aus Kärnten übersetzt hat. (Vgl. Kotnik, Diss., S. 61, li.)

Weihnachtsspiel-Arten. Es gibt drei Arten von Weihnachtsspielen, die sich aus dem kirchlichen Ritus entwickelt haben:

1. Hirtenspiele;
2. Dreikönigs-Spiele;
3. Hirten- und Dreikönigs-Spiele.

Andrej Šuster-Drabosnjak schuf eine Kombination aus Hirten- und Dreikönigs-Spiel. (Vgl. Kotnik, Diss., S. 61, li.[72])

Vergleich mit dem „Krippelspiel“ aus Hitzendorf. Anton Schlossar veröffentlichte zwei Weihnachtsspiele, das sogenannte „Krippelspiel“ aus Hitzendorf (I. Band, S. 71-116, Anmerkungen dazu ebenfalls im I. Band, S. 319-326) und die „Geburt Christi“ aus Eisenerz (I. Band, S. 117-168, Anmerkungen dazu auch im I. Band, S. 326-329). In Hitzendorf treten außerdem noch Tod und Teufel auf, „das Gebot“ jedoch nicht.

Die Anfangsszene zwischen Maria und Josef ist in beiden Spielen sehr ähnlich. Im Hitzendorfer Spiel singen jedoch Josef

[72] Die rechte Spalte auf S. 61 ist in Kotniks Diss. leer.

und Maria (Schlossar, I. Band, S. 76). Dann folgt dort die Hirtenszene, hier aber die Wandererszene. Die Hirten heißen Wolferl, Hansel und Simandl. Das Flicken des zerrissenen Rockes kommt dort auch vor (S. 76). Das „Gebot Augusti“ wird den Hirten von einem Schergen mitgeteilt, die es ihrerseits an Josef und Maria weitergeben. Dann folgt die Szene mit dem Handwerksburschen und dem Wirt. In dieser Szene gibt es eine Übereinstimmung hinsichtlich der Läuse, die der Bursche in seinem Gewand mitgebracht hat.

Keine Text-Übereinstimmung herrscht hingegen in der folgenden Szene zwischen dem Wirt und Josef und Maria. In der Hirtenszene mit dem Wundern über die helle Nacht gibt es wieder gleiche Textstellen. Außer dem „Gloria“ sind die Texte aber in der Opferungsszene der Hirten verschieden.

Übereinstimmend ist die Stelle, in der die Hirten Einlass begehren, im Hitzendorfer Spiel bittet jedoch Maria die Hirten singend zu sich in den Stall hinein (I. Band, S. 92, Verse 531-533), während bei Drabosenig Josef die einladenden Worte ausspricht. (Siehe Bildmaterial zu Dr. France Kotnik.)

Dann tritt im Hitzendorfer Spiel Herodes auf. Diese Szene ist länger als bei Drabosenig, und die Hl. 3 Könige sind während der Schriftdeutung anwesend. Diese Szene und die Opferung der Hl. 3 Könige zeigen keine Übereinstimmung. Der zweite Teil des Hitzendorfer Spieles zeigt als Dreikönigs-Spiel eine andere Komposition als bei Drabosenig. (Vgl. Kotnik, Diss., S. 62 bis S. 64.)

Vergleich mit „Geburt Christi“ aus Eisenerz. Dieser Textvergleich ergab keinerlei Textgemeinsamkeiten. Das Eisenerzer Spiel ist auch viel länger als jenes aus Köstenberg. (Vgl. Kotnik, Diss., S. 64, li.)

Vergleich mit künstlichen deutschen Weihnachtsspielen, die vor dem 17. Jahrhundert entstanden sind. Einen umfassenden Textvergleich dieser Art konnte France Kotnik nicht anstellen, weil ihm die gedruckten Bücher nicht zur Verfügung standen.

In einem sehr umfassenden Spiel des Barth. Krüger aus dem Jahr 1580 mit dem Titel „Eine schöne und lustige Aktion von dem Anfang und Ende der Welt" wird der Weihnachtsstoff behandelt (Dr. E. Wilken, S. 54). Die Hirtenszene (Akt II, Szene I) wird durch Gespräche über Wölfe und Schäferhunde und das Probieren der Hirtenpfeifen variiert, bis die Engelsbotschaft (mit Raketenillumination) eintritt. Im Folgenden tritt Dominicus als Vertreter der Schriftgelehrten auf (Wilken, S. 54 f.), Herodes ist aus dem Spiel gelassen. Szene 3 schildert den Verdruss der Teufel über die Geburt des Kindes. In Szene 4 kehren die Hirten und die Hl. 3 Könige von der nur kurz angedeuteten Verehrung des Kindes zurück. An den Kindermord (Szene 5) schließt gleich Johannes der Täufer an (Wilken, S. 55).

Die erste Hirtenszene scheint also aus dem bei Wilken Angeführten ganz mit der Köstenberger identisch zu sein. Auch begegnen wir dem Schriftgelehrten Dominicus, der bei Drabosenig Domanikus heißt, den wir aber in den von Kotnik verglichenen deutschen Spielen nirgends antreffen.

Übereinstimmung mit Spiel aus 1580. France Kotnik konnte nachweisen, dass das Köstenberger Hirten- und Weihnachts-Spiel des Andrej Šuster-Drabosnjak nicht nur Ähnlichkeiten und Übereinstimmungen mit fast allen Kärntner-Spielen, sondern auch mit jenen aus der Steiermark aufweist. Es reicht in der 1. Hirten- und in der Prophetenszene sogar bis auf das Jahr 1580 zurück (Wilken, Spiel des Barth. Krüger).

Bedeutung für die slowenische Literatur. Das Köstenberger Hirten- und Dreikönigs-Spiel des Andrej Šuster-Drabosnjak ist daher nicht nur für die slowenische, sondern auch für die deutsche Literaturgeschichte von großer Bedeutung. Falls das Original wirklich ein Volksspiel ist, (es wurden ja auch Kunstspiele zu Volksspielen), muss es in Mittelkärnten gesucht werden, denn es hat Gemeinschaftliches mit den Oberkärntner, den Lavanttaler und den steirischen Spielen. Die Wirkung solcher Volksschauspiele auf den kirchlichen Ritus untersuchte Kotnik nicht. Wie Drabosenig beim Übersetzen vorging, konnte Kotnik nicht herausfinden. (Vgl. Kotnik, Diss., S. 65.)

Vergleich mit Weihnachtsliedern bei Štrekelj. Dann untersuchte France Kotnik die Weihnachtslieder in der Volksliedsammlung von Dr. Karel Štrekelj auf ihren dramatischen Inhalt. Die Lieder (III. Band, S. 41-57) ähneln den deutschen Weihnachtsliedern und enthalten viel Dramatisches, sind jedoch kein Weihnachtsspiel, sondern wurden während des Gottesdienstes gesungen. Während die anderen Weihnachtslieder dieser Sammlung entweder zu Hause vor der Krippe, beim Brauchtum um die Weihnachtszeit (bei der „Koleda") oder in der Kirche gesungen wurden, stellt das Lied Z. 4820 (S. 52) „Moj Angelj, moj Angelj" (Mein Engel, mein Engel) zwei Hirtenszenen dar, und zwar in der Hirtenhütte, nicht im Freien auf dem Feld, und im Stall zu Bethlehem. Das Metrum ist der „Oberkrainer Vierzeiler". Es ist wahrscheinlich eine Entlehnung aus dem Deutschen. Dieses Lied stellt ein Stück Volksdramatik dar. Und auch das Lied Z. 4823 (S. 55-56) ist ein Hirtenlied, das in ein Weihnachtsspiel eingeflochten sein kann. Es stammt aus Dobrova bei Kropp. (Vgl. Kotnik, Diss., S. 66.)

Vergleich mit dem Mießtaler Hirtenspiel. Das Mießtaler Hirtenspiel wurde in Deutsch und Slowenisch aufgeführt. Glantschnig teilte Kotnik mit, dass in demselben auch die Wirtszene vorkommt. In Gutenstein wurde ein solches Spiel einige Jahre vor 1907 von Knaben in deutscher Sprache aufgeführt. Es wurde vor 1907 auch in Lessach bei Prävali gespielt. Kotnik konnte in Ermangelung eines Textes kein Mießtaler Spiel näher untersuchen. (Vgl. Kotnik, Diss., S. 66, re.)

Literatur zum Hirten- und Dreikönigs-Spiel: Anton Trstenjak: „Slovensko gledališče" [Das slowenische Theater], 1892. – Janko Maierhofer, „Mir" [Friede], 1905, Nr. 1. – Mitteilungen des Bernhard Schwarz in Kerschdorf bei Köstenberg und des alten Kleber in Auen bei Velden. – Karl Julius Schröer: „Deutsche Weihnachtsspiele aus Ungarn". Wien 1862, Wilchelm Braumüller, neue Ausgabe. – Sartori: „Neueste Reise durch Österreich ob und unter der Enns, Salzburg, Berchtesgaden, Kärnten und Steiermark, Wien, 1811, II. Band. – Dr. Karl Weinhold: „Weihnachtsspiele und Lieder aus Süddeutschland und Schlesien." Grnetz, 1853. – A. Sikora: „Der Kampf um die Passionsspiele in Tirol im 18. Jahrhundert." Zeitschrift für österreichische V[olkskunde], XII. (1906) VI. – Dr. M. Lexer: „Kärntner Wörterbuch." Mit einem Anhang: „Kärntner Weihnachtsspiel und Lieder." Leipzig, 1862. – Franz Franzisci: „Kultur-Studien über Volksleben, Sitten und Bräuche in Kärnten." Herausgegeben vom Grillparzer Verein, 2., verbesserte Auflage, Leipzig, Naumburg, 1902. – Dr. Anton Schlossar: „Deutsche Volksschauspiele". In Steiermark gesammelt. Mit Anmerkungen und Erläuterungen nebst einem Anhang: „Das Leiden-Christi-Spiel aus dem Gurktal in Kärnten." 2 Bände. Halle, Max Niemeyer, 1891. – Dr. E. Wilken: „Geschichte der geistlichen Spiele in Deutschland." Göttingen: Vandehoeck & Ruprecht, 1872. – Barth. Krüger: „Eine schöne und lustige Aktion von dem Anfang und Ende der Welt." In: Tittmann: „Schauspiele aus dem 16. Jahrhundert." 1580, II. Teil. – Dr. Karel Štrekelj: „Slovenske narodne pesmi iz tiskanih in pisanih virov." [Slowenische Volkslieder aus gedruckten und handschriftlichen Quellen.] In vier Bänden. Zvezek [Band] III, V Ljubljani: Slovenska matica, 1904-1907. – Mitteilung von Glantschnig zum Mießtaler Hirtenspiel. – Angabe zum deutschen Mießtaler Hirtenspiel ist unleserlich.

Das Passionsspiel

Einleitung. Der Anfang der slowenischen Dramatik fällt mit dem Ende der Gegenreformation zusammen. Der Gegenreformator Bischof Thomas Hren [Krenn] berief im Jahr 1596 die Jesuiten nach Laibach, die sich verschiedener Mittel bedienten, um die protestantisch gewordene Bevölkerung wieder der katholischen Kirche zuzuführen. Ein solches Mittel waren auch die Schulkomödien, mit denen sie einen doppelten Zweck verfolgten. Die internen Aufführungen waren speziell für die ihnen anvertraute Schuljugend bestimmt, mit den öffentlichen aber wollten sie sich die Gunst der Bürger erwerben. Schon im Jahr 1602 veranstalteten sie zum Schulschluss Komödien.

Das jesuitische Schuldrama war in lateinischer Sprache abgefasst. Nach Anton Trstenjak fand im Jahr 1625 in der Kirche in deutscher Sprache die Vorstellung des Spieles „Christus' Todeskampf im Garten" statt (S. 8-9).

Nach Trstenjak führten die Schüler der Jesuiten am 6. Feber 1670 das „Paradies" (raj) in Slowenisch auf (S. 23). Daher war das Schuldrama der Jesuiten der Beginn der slowenischen Dramatik. Bis 1907 galten nach Kollar[73] jedoch die Passionsumzüge von Bischofslak als Beginn der slowenischen Drama-

---

[73] Vgl. dazu Walter Puchner: „Die Literaturen Osteuropas, 15. bis frühes 20. Jahrhundert. Ein Vergleich." Wien/Köln/Weimar: Böhlau Verlag, 2015, S. 118 f. Erwähnt werden das Schuldrama der Jesuiten in Laibach ab 1597 in slowenischer Sprache, die Aufführung eines Paradeisspiels von 1657 bis 1670, die Konkurrenz der Kapuziner in Bischofslak durch die HS von Lovrenc Marušić und die Aufführungen der Passionsprozession von 1721 bis 1734 und dass in Maria Rast insgesamt 38 religiöse Aufführungen verzeichnet wurden. Der Autor behandelt auch die Entstehung des geistlichen Dramas im Mittelalter. – Weitere Literatur ist z. B. Franc Koblar: „Starejša slovenska drama." [Das ältere slowenische Drama.] Ljubljana, 1951, S. 150 ff. – Beide Angaben beruhen auf Recherchen von LMR.

tik. Diese begannen aber erst im Jahr 1723, der Text dazu wurde 1721 verfasst. Vom Schuldrama der Jesuiten drang bis 1907 nichts in die Öffentlichkeit vor, während vom Bischofslaker Passionsspiel ein Bruchteil gedruckt vorlag (S. 115-125).

Auch außerhalb Krains wurden in slowenischer Sprache schon vor der Bischofslaker Passionsprozession Aufführungen veranstaltet. In Maria Rast[74] bei Marburg bestand eine Baumschule (Praeparanda). Der Priester August Marian wurde in der Jugenderziehung von vier Kooperatoren unterstützt. Pfarrer Georg Cosina gründete mit zwei Instruktoren Anfang 1645 ein Kollegium als Präparanda für 15 Schüler, die beim Eintritt im Allgemeinen 8 bis 10 Jahre alt waren. 1698 gab es unter Pfarrer Lukas Jamnigg fast 200 Schüler, 135 waren es im Jahr 1701. Erst 1758 nahm nach der Gründung des Gymnasiums in Marburg durch Kaiserin Maria Theresia der Zustrom der Schüler ab, sodass diese Vorbereitungsklasse in Maria Rast nach J. G. Seidl 1770 geschlossen wurde (S. 25-40). (Vgl. Kotnik, Diss., S. 67 und S. 68, li.)

---

[74] Zu Maria Rast gibt France Kotnik die folgenden Literaturhinweise. Kaplan Wurzer: „Drohtinice“ [Kleinigkeiten], 1865-1866. – Pfarrer Wurzer: „Südsteirische Post“, um 1891. – J. Kollmann: „Maria Rast in Untersteyer, ein alter Wallfahrtsort und einst eine berühmte Akademie.“ In: Der Aufmerksame, 1833, Nr. 103. – J. C. Hofrichter: „Chronik von Maria Rast in Untersteier.“ Buchh[ändler] Fr. Leyrer. – R. Puff: „Maria Rast bei Marburg.“ Steiermärkischer National-Kalender, 1857, S. 30-34. – Fridolin Kavčič: „Ruška gimnazija I. M. K.“ [Das Maria Raster Gymnasium], 1896, S. 69-75. – Diese Aufsätze beruhen fast alle auf der Chronik des Josef Augustin Marian aus dem Jahr 1742. Titel siehe Literatur zum Passionsspiel. Ich [France Kotnik] habe selbst in diese Chronik Einsicht genommen. Marian hieß, wie mir Pfarrer Wurzer persönlich mitteilte, eigentlich Mežnarič und stammte aus Maria Rast. – Zu erwähnen wäre noch, was Dr. Puff über Maria Rast in „Marburg“, I., S. 178-189, schreibt.

Dann diskutiert Kotnik die religiöse Kultur in Maria Rast. Unter Pfarrer Lukas Jamnigg (1676-1698) fanden nach Seidl zwischen 1618 und 1722 alljährlich am Namensfest Mariae oder am Vorabend desselben am Kirchhof von Maria Rast Theateraufführungen von einheimischen Spielern statt. In welcher Sprache die Dramen abgefasst waren, geht aus der Chronik nicht hervor (S. 30 und S. 31). France Kotnik ermittelte als ersten Termin den 14. September 1618, was mit Seidl nicht übereinstimmt, und als letzten den Sonntag nach dem Fest Mariae Namen im Jahr 1722. Er konnte aus Marians Chronik entnehmen, dass am Stiftungssonntag, dem 13. Juni 1700, ein Spiel vom Benediktiner Aegydius in Deutsch und am Vorabend dasselbe in Slowenisch aufgeführt wurde (S. 99). Am 15. September 1709 erlitt der Kapuzinerpater Germanus bei der Darstellung einer Höllenszene schwere Brandwunden im Gesicht und am rechten Auge (S. 123).

Die Theateraufführungen in Maria Rast waren nur Immitationen des Schuldramas der Jesuiten. Damit sollte den Wallfahrern außer dem kirchlichen Ritus Zerstreuung und moralisch Lehrendes geboten werden, was den Wallfahrtsort auf Grund der hohen eingenommenen Summen erstarken ließ. (Vgl. Kotnik, S. 68, re, und S. 69.)

Ein zweites Stadium der Entwicklung des slowenischen Dramas sind die Umzüge und Prozessionen, die von den Kapuzinern in Bischofslak veranstaltet wurden. Während bei den Bischofslaker Umzügen Slowenisch gesprochen wurde, verwendeten die Kapuziner in Laibach und Rudolfswert die deutsche Sprache. Diese Umzüge sind aber keine Passionsspiele im engeren Sinn des Wortes, denn die einzelnen Szenen wurden der Reihe nach herum geführt. Der eingeschobene Text diente zur Erläuterung jedes einzelnen lebenden Bildes und wurde von den mitwirkenden Personen während des Umzuges mehrere Male wiederholt. (Vgl. Kotnik, Diss., S. 70, li.)

Literatur zum Passionsspiel: Anton Trstenjak: „Slovensko gledališče“, 1892. – Kollar: „Izv. M. K.“, II. – J. G. Seidl: „Maria Rast.“ Monographische Skizze. [Chronik.] Steiermärkische Zeitschrift, II. Jahrgang, I. Heft, 1835. – Josef Augustin Marian: „Notata Rastensia.“ [Maria Raster Chronik.] „Ex antiquissimis documentis desumpta et Varijs, fide humane dignis, autographiis Synoptice' descripta.“ 1742. – Siehe Kotniks Literaturangaben zu Maria Rast auf S. 125. – Anmerkung von LMR: Die von France Kotnik verwendeten Literaturangaben wurden großteils übernommen, manchmal jedoch ergänzt. – Siehe Literaturangaben auf S. 124, Recherchen von LMR. – Die von France Kotnik verwendeten Abkürzungen werden nicht extra erläutert.

Das Köstenberger Passionsspiel

Bei den Slowenen kann man von einer allmählichen Entwicklung der Passionsspiele aus dem Kirchenritus nicht sprechen, denn sie übernahmen sehr spät die Passionsspiele von ihren deutschen Nachbarn. Andreas Schuster übersetzte eines im Jahr 1818. Zitate aus der Vorrede untermauern Drabosenigs Absichten. (Vgl. Kotnik, Diss., S. 70, li.)

> Jes sim tu na koroshko shpraho djav / Nar bueli koker sim mogou prediau. – Jes sim sveto shrieft dovoli prabirou / De sim se skorei tamei zvedi sirov. – Ker mene moja pamet vezh kne perpusti / Sa vol ta ne pogeram obedna zhasti. – Jes sim to naredov per enej srednej meri / Sato ker sim te shlahtejshi v tej katoshnej v verei. – Jes le shelim kaker buzhele kje nosa prezh / De dobojo sterdi noi vosika vezh. / Jes le shelim de bi kaker buzhele sterd nabrali / Ali bosta to kaker dobri Kristijani brali.
> (Andrej Šuster: Komedija. Aus Kotnik, Diss., S. 70.)
> Jaz sem to v koroški [slovenski] jezik prevedel, / najbolje kakor sem pač zmogel. – Jaz sem dovolj prebiral Sveto pismo, / da sem pri tem skoraj blazen postal. – Ker meni moja pamet več ne dopusti, / zaradi tega ne zahtevam nobene časti. – Jaz sem to naredil povprečno, / zato ker sem ta slabši v katoliški veri. – Jaz le želim kakor čebele kje biti z nosom na preži, / da dobijo več medu in voska. / Jaz le želim, da bi nabrali med kakor čebele, / kadar boste to brali kakor dobri Kristjani. (Ütr. LMR.)
> Ich habe das in die Kärntner [slowenische] Sprache übersetzt, / so gut ich dazu eben fähig bin. – Ich habe die Hl. Schrift oft genug durchgelesen, / sodass ich dabei fast wahnsinnig geworden bin. – Da mir mein Ver-

stand nicht mehr zulässt, / deshalb begehre ich auch keinerlei Ehre dafür. – Ich habe das nur so einigermaßen hinbekommen, / weil ich der Schlechteste im katholischen Glauben bin. – Ich möchte nur, wie die Bienen, wo mit meiner Nase auf der Lauer sein, / damit sie mehr Honig und Wachs bekommen. / Ich möchte nur, dass ihr den Honig wie die Bienen einsammelt, / wenn ihr das als gute Christen durchlest. (Übs. LMR. – Anmerkung LMR: Der Bezug zwischen den einzelnen Personen wechselt manchmal sehr schnell.)

Die Aufführungen. A) Geschichte derselben.

Ker je Bog taku strashnu na Krishi visou / Sa ta vola je biua usa ta moja misou / To ludem v raimah na snanje dati / De bo mogou usakateri brati / Sakai moi fraid bi tak biu / De bi jest en takai bratrou dobiu / De bi je k tej komedijej zue shivou / Ino prou zue komandierov / Ali se bojo ani nauzhiti teli / Bomo to shalostno komedijo imeli.
(Andrej Šuster: Komedija, Abschrift A (1841), Predgovor. Aus Kotnik, Diss., S. 71, li.)
Ker je Bog tako strašno na križu visel, / zaradi tega je bila vsa ta moja misel, / to ljudem v rimah na znanje dati, / da bo mogel vsak [sam] brati. / Saj tako bi bilo moje veselje, / da bi jaz toliko bratov pridobil, / da bi jih za to komedijo navdušil / in da bi jo jaz prav lepo režiral. / Če se bojo nekateri naučiti hoteli, / bomo to žalostno komedijo imeli. (Ütr. LMR.)
Weil Gott so schrecklich am Kreuz gehangen, / war es also mein einziger Gedanke, / das in Reimen zur Kenntnis zu bringen den Leuten, / damit jeder es lese [mit Freuden]. / Denn das wäre mein Ziel, / dass ich so viele Brüder dazu bringe, / sie zu begeistern für diese

Komödie, / und ich führe die Regie. / Wenn welche das erlernen wollen, / werden wir diese traurige Komödie haben. (Übs. LMR.)

Es ist nicht bekannt, ob Drabosenigs Passionskomödie noch zu seinen Lebzeiten aufgeführt wurde. Bekannt war (1907) Folgendes:

1. In Köstenberg bildete sich eine Volksschaupielertruppe, bestehend aus Bauern, deren Söhnen, Keuschlern usw., die das Spiel 1842 aufführten. Die älteste Abschrift A stammt aus dem Jahr 1841. Sollte Drabosenig damals noch gelebt, aber nicht mehr in Köstenberg gewohnt haben, dann konnte man das Spiel von ihm ausleihen, um es abzuschreiben. Da die Köstenberger aber nach Dr. V[atroslav] Oblak[75] um das Jahr 1840 in Suetschach im Unteren Rosental das Drabosenig-Spiel darstell-

[75] Die Aufzeichnungen Oblaks bekam I[van] Grafenauer von [Lambert] Einspieler, früher Pfarrer in Arnoldstein. Es finden sich darinnen einige Stellen aus der HS B (1854), welche Oblak von Einspieler bekommen hatte. (Mitteilung des Herrn Einspieler) und einige statistische Daten über die slowenischen Protestanten im Arnoldsteiner Gerichtsbezirk sowie Anweisungen, wo man nach Drabosnjak forschen sollte. Sie sind dieselben, die Prof. Dr. Matija Murko in „Dr. V[atroslav] Oblak“ Knez. knj. VI., S. 186 in einer Fußnote anführt. Die von Murko auf S. 127 angeführte HS ist diejenige, welche Oblak von Einspieler im Jahr 1854 bekommen hatte. [Anmerkung LMR: 1854 kann nicht stimmen, 1854 wird das Jahr der Abschrift sein.] – Dr. Vatroslav Oblak, 1864-1896, besuchte das Gymnasium in Celje, studierte Slawistik und Komparativistik in Wien, war slowenischer Sprachwissenschafter in Graz, lebte auch in Zagreb. – Dr. Ivan Grafenauer, 1880-1964, besuchte das Gymnasium in Villach, studierte Slawistik in Wien, unterrichtete in Kranj und Ljubljana, habilitierte in Zagreb, war slowenischer Literaturhistoriker. – Dr. Lambert Einspieler, 1840-1906, besuchte das Gymnasium und das Priesterseminar in Klagenfurt, war römisch-katholischer Pfarrer/Priester und Abgeordneter der Slowenen in Wien, gründete die Slowenische Spar- und Darlehenskasse in Klagenfurt, war Leiter der Hermagoras Gesellschaft in Klagenfurt.

ten, liegt die Vermutung nahe, dass man es schon früher zu spielen begann. Dann spielten die Köstenberger diese Komödie nach Trstenjak jedes siebente oder zehnte Jahr (S. 146). (Vgl. Kotnik, Diss., S. 71.)

> Na Gozdanjah [Kostanjah] nad Vrbo bo letos „Igra Kristusovega trpljenja" 25. in 28. marca in 4., 11. in 18. aprila vselej od te 2. do 6. ure popoldne. Slovenci pridite pridno gledat!
> („Mir" vom 15. und 25. März 1886. Aus Kotnik, Diss., S. 71, re.)
> Na Kostanjah nad Vrbo bo letos „Igra Kristusovega trpljenja" 25. in 28. marca ter 4., 11. in 18. aprila, vsakič od dveh do šestih popoldne. Slovenci pridite pridno gledat! (Ütr. LMR.)
> In Köstenberg bei Velden gibt es heuer das „Christi-Leiden-Spiel" am 25. und 28. März sowie am 4., 11. und 18. April, jeweils von 2 bis 6 Uhr am Nachmittag. Slowenen, kommt brav zuschauen! (Übs. LMR.)

> Iz Zgornjega Roža. „Predstava Kristusovega trpljenja" ali po nemško „Passionsspiel" je nas več Rožanov vleklo na Gozdanje [Kostanje]. Cvetno nedeljo ob 2 popoldne se je predstava pričela. Ljudi je bilo veliko stotin, ne samo iz sosednjih ampak tudi iz daljnih krajev. Slišal sem praviti, da so celo iz Celovca deželni predsednik, g[ospod] baron Schmid, s svojo gospo in z drugo gospôdo prišli gledat in poslušat. Prostor, kjer se predstava vrši, je nek skedenj na Koreninah; gumno je oder, na katerem se igra, poslušalci in gledalci pa stojijo pod milim nebom. Predstojnik cele družbe, ki ima pri predstavi kaj opraviti je Filip Tepan, p[o] d[omače] Jörgl v Trežčah; Silv. Tepan, p[o] d[omače] Kurnik, predstavlja Kristusa, Marija Tepan Marijo, Jak[ob] Le-

pušič Pilatuža, Juri Lepušič pa Judeža. Onih oseb pa ne vem imenovati. Govori in poje se vse po slovensko. Vse je šlo prav dobro, prav po mojstrsko se je obnašal Kristus. Kadar pride do tega, da Kristusa peljejo h križanju, ravna se procesija proti bližnjemu klancu, kjer so postavljeni trije križi. Ko Kristus s križa glasno zakliče: „Dopolnjeno je", začno pokati možnarji, ki oznanjajo svetu, da je Kristus s svojo smrtjo svet odrešil. Vsem, ki so imeli pri tej predstavi kaj opraviti, gre hvala in zahvala; kajti dostojno in lepo so vsi rešili svojo nalogo. Kar se denarja [tiče], pride cerkvi in šoli v korist. Ne bi bilo napačno, čimveč gledati, da bi se take ljudske igre vpeljale po več krajih. Marsikaj nerodnega in pohujšljivega bi izostalo.
(„Mir" vom 25. April 1887. Aus Kotnik, Diss., S. 72.)
Aus dem Oberen Rosental. Die „Vorstellung des Leidens Christi" oder das „Passionsspiel" zog viele von uns Rosentalern nach Köstenberg. Am Palmsonntag um 2 Uhr am Nachmittag begann die Vorstellung. Es gab mehrere hundert Leute, nicht nur aus benachbarten, sondern auch aus entfernteren Orten. Ich hörte sagen, dass aus Klagenfurt sogar der Herr Landeshauptmann, Baron Schmid, mit seiner Gattin und anderen Herrschaften, gekommen war, um es anzuschauen und anzuhören. Der Platz, an dem die Vorstellung stattfindet, ist ein Stadel in Wurzen, die Tenne ist die Bühne, auf der man spielt, die Zuhörer und Zuschauer stehen aber unter freiem Himmel. Der Spielleiter ist Filip Tepan, vulgo Jörgl in Dröschitz; Silv. Tepan, vulgo Kurnik, stellt Christus dar, Maria Tepan spielt die Maria, Jakob Lepuschitz den Pilatus, Juri Lepuschitz den Judas. Die anderen Spieler kann ich nicht benennen. Man spricht und singt alles in Slowenisch. Alles lief sehr gut ab, meisterlich verhielt sich Christus. Wenn die

> Szene kommt, bei der man Christus zur Kreuzigung führt, setzt sich die Prozession am nahen Steilhang fort, auf dem drei Kreuze stehen. Wenn Christus vom Kreuz laut ruft: „Es ist vollbracht“, beginnt man mit dem Böller-Schießen und verkündet so der Welt, dass Christus durch seinen Tod die Welt erlöst hat. Allen, die an dieser Vorstellung mitgewirkt haben, gebührt Dank und Anerkennung, denn sie haben alle ihre Aufgabe bravourös und schön gemeistert. Was das Geld betrifft, das kommt der Kirche und der Schule zu Gute. Es wäre nicht falsch, möglichst zu schauen, dass man solche Volksschauspiele an mehreren Orten einführt. So manches Unangenehme und Anstößige würde ausbleiben. (Übs. LMR.)

Die Köstenberger spielten im Stadel, und zwar auf der Tenne, beim vulgo Schwan, welcher dieser Gesellschaft gehörte, der sich aber 1907 im Privateigentum befand, als France Kotnik ihn besichtigte. Der rückwärtige Teil stand auf Pfeilern, während der vordere an den Abhang angelehnt war. Der Boden erhob sich allmählich, sodass bei einer Vorstellung alle Zuschauer gut sehen konnten.[76] Der „Kalvarienberg“ befand sich in der Nähe. Andere Aufführungen der Köstenberger waren bis 1907 nicht bekannt. (Vgl. Kotnik, Diss., S. 72, re, und S. 73, li.)

2. Im Jahr 1862 wurde in Mallestig bei Finkenstein eine neue Theatergesellschaft gegründet, die das Spiel am Kanzianiberg aufzuführen pflegte. Nach Anton Trstenjak sei diese eingeschlafen (S. 96), was aber nach Kotnik nicht der Fall war.

---

[76] LMR hat dieses Gebäude nie gesehen. Sie weiß nicht, ob es noch besteht.

Die Passionsspiele wurden in unserer Pfarre gewiss schon vor 50 Jahren aufgeführt, und zwar am Kanzianiberg, wo eigens dazu eine Bühne, ein ziemlich großer hölzerner Bau mit Dach, aufgestellt war. Es existieren keine Aufzeichnungen über diese Sachen. Diese Vorstellung war sehr erhaben, interessant und sehr gut besucht, wie ich schon vor 25 Jahren die Leute erzählen hörte. Als einige hervorragende Spieler entweder erkrankten oder starben, gab es zirka 15 Jahre in unserer Pfarre keine Vorstellung; auch die Kostüme wurden mittlerweile zerrissen und veralteten, bis Johann Graber, vulgo Kramarič, Gastwirt in St. Stefan, Maler und Feuerwehrhauptmann, sie endlich wiederum zum Leben brachte. Der Text ist derselbe, den die Spieler von Lind bei Velden gebrauchen und den Andreas Schuster verfasste. Bevor das Passionsspiel aufgeführt wird, muss jedes Mal die Erlaubnis der kaiserlich-königlichen Bezirkshauptmannschaft eingeholt werden. Das Gesuch muss auch vom Pfarrer unterschrieben sein, der mit dem Feuerwehrhauptmann sozusagen dafür garantiert, dass bei der Aufführung nichts Anstößiges oder Contrareligiöses geschieht.
Die Art der Aufführung (Inszenierung, Kostüme usw.) darf nichts Anstößiges und den Anstand Verletzendes enthalten. Erl[aubnis] der k[aiserlich-] k[öniglichen] Bezirkshauptmannschaft Villach vom 11. April 1905, Z[ahl] 1054.
Unsere Spieler führten das Spiel auch in St. Jakob, Ferlach, in Saifnitz und Feistritz an der Gail auf. Als man vor ungefähr 10 Jahren zu spielen begann, holte ich auch die Erlaubnis des fürstbischöflichen Ordinariates ein. Dieses hatte anfangs Bedenken, verbot aber das Spiel nicht.

(Brief von Pfarrer Georg Jerman vom 13. Februar 1906. Aus Kotnik, Diss., S. 73.)

Im Jahr 1905 wurde das Spiel von den dortigen Spielern dreimal aufgeführt, und zwar am 16., 24. und 30. April. Der Reinertrag floss der Kirche und der Feuerwehr zu. (Vgl. Kotnik, Diss., S. 73, re.)

3. Eine dritte Gesellschaft, die das Spiel zur Darstellung bringt, befindet sich in der Pfarre Lind bei Velden. Sie entstand dadurch, dass einige Köstenberger Spieler dorthin übersiedelten. Die Lindner Spieler begannen im Jahr 1888 zu spielen. Im Jahr 1905 spielten sie wiederum, vorher aber schon 7 Jahre nicht, weil der Leiter des Spieles, Martin Rumpolt, krank war. Dieser berichtete Kotnik darüber. („Mir" 1905. Vgl. Kotnik, Diss., S. 73, re, und S. 74, li.)

Laut Mitteilung von Martin Rumpolt spielte die Lindner Gesellschaft auch anderenorts in Kärnten. Am 24. und 25. März 1889 brachten sie das Spiel in Görtschach bei Ferlach zur Aufführung. Zu Hause in Emmersdorf wurde in diesem Jahr fünfmal gespielt, am 31. März, am 7., 14., 22. und 25. April. Besonders zahlreich besucht war die Aufführung in Görtschach bei Ferlach, so dass der Kassa 500 Gulden Reinertrag zuflossen. Man brauchte 34 Spieler. Wenn sie woanders spielten, bekam jeder Spieler einen Gulden Zehrgeld, den Rest erhielt die Kirche. (Vgl. Kotnik, Diss., S. 74, li.)

Kristusovo trpljenje se bo po naših kmečkih umetnikih v slovenskem jeziku predstavljalo v Goričah pri Borovljah, dne 24. in 25. sušca, v Tmari vesi pri Rožeci pa 5-krat, in sicer 31. sušca, 7., 14., 22. in 25. aprila. Vsi prijatelji slovenske umetnosti so vljudno povablje-

> ni in prošeni, naj stvar podpirajo, da si naši kmečki igralci pridobé vedno več pomočkov, in se tako lepa navada za stalno utrdi. Navadno plačujejo gledalci po 10 kr., velikodušnosti pa se ne stavijo nobene meje.
> („Mir“ vom 10. März 1889, Nr. 5. Aus Kotnik, Diss., S. 74.)
> Christi Leiden wird von unseren bäuerlichen Künstlern in slowenischer Sprache in Görtschach bei Ferlach vorgestellt werden, am 24. und 25. März, in Emmersdorf bei Rosegg jedoch fünfmal, und zwar am 31. März, am 7., 14., 22. und 25. April. Alle Freunde der slowenischen Kunst werden freundlich eingeladen und gebeten, diese Sache zu unterstützen, damit unsere bäuerlichen Schauspieler immer mehr Hilfestellung erhalten, sodass sich dieser schöne Brauch festigt. Für gewöhnlich zahlen die Zuschauer 10 Kreuzer, der Großzügigkeit sind aber keine Grenzen gesetzt. (Übs. LMR.)

Im darauffolgenden Jahr (1890) spielte dieselbe Gesellschaft zweimal in Neuhaus bei Arnoldstein und zweimal in Saak bei Nötsch im Gailtal. „In Neuhaus ging das Passionsspiel am 16. und 19. März über die Bühne, in Saak am 23. und 25. März.“ („Mir“ vom 10. März 1890.)

> Na četrto postno nedeljo predstavljala je v naši, po gospodu Oražu znana lipška družba, Kristusovo trpljenje. Ta družba ima 32 udov, je rekel gospod Rumpolt, in vsi so jako dobro izurjeni igralci. Posebno pa se je odlikoval Judež Iškarijot, ki nam je v prvem delu svoje vloge predstavljal človeka, ki hlepi le po denarju in po posvetnem blagu in v tem nesrečnem poželenju celó svojega Gospoda zataji in za bornih 30 srebrnikov prodá. V drugem delu pa pride Judež do spoznanja, on izprevidi, kako hudo se je pregrešil, a prepozno je.

Hudič, ki je dobil Judeža v svojo mrežo, ne izpusti ga več, ampak dovede ga do obupanja in pelje v nesrečno smrt. Po smrti se še prikaže nesrečna duša Judeža in milo toži, koliko mora zdaj v peklu na večne čase trpeti. ...
Pa tudi drugi igralci so jako pohvalno igrali. Ne morem tukaj vsakega posebej omenjati, omeniti hočem le, da se je Kristus izvrstno predstavljal. Postava, vedenje in govor dotičnega igralca so popolnoma odgovarjali vzvišenosti in svetosti osebe, ki se je predstavljala. Z mirno in v srce segajočo besedo je poučeval svoje apostole, naj se vedno ljubijo med seboj in naj ta njegov nauk razširijo po celem svetu. Ko je ljubeznivo tolažil svojo mater in ganljivo jemal od nje slovo, ko je na Oljski gori milo prosil svojega nebeškega Očeta, naj mu odvzame ta kelih trpljenja, lesketala je marsikatera solza v očeh paznih poslušalcev. ...
Že iz navedenega razvidite, da je ta predstava jako poučna. Želeti bi torej bilo, da bi se Kristusovo trpljenje predstavljalo po vsem slovenskem [ozemlju], in da bi se teh predstav udeleževali Slovenci radi in v spomin pobožnim namenom. Ker pa to želim tudi jaz, naj povem, kar mi pri predstavi ni ugajalo. Kakor sem poizvedel, sestavil je besede za to predstavo, prepis imam tudi jaz v rokah, neki preprost kmet v Maloščah pred kakimi 30 ali 40 leti. Pisana je igra v narečju, kakor se govori okoli [Baškega] jezera in ob Dravi; nahaja se pa v njej mnogo nemških in precej robatih izrazov. Ti bi se morali na vsak način odstraniti in z lepimi slovenskimi nadomestiti in sploh vsa igra preložiti na jezik, kakor se nahaja v knjigah. Družba sv[etega] Mohorja bi potem lahko to igro ob priložnosti sprejela med družbine knjig, in tako bi se s tem „Kristusovim trpljenjem", ki je po vsej vsebini in mislih res prav dobro

sestavljeno, seznanili Slovenci po vseh pokrajinah slovenskih.
(Unbekannter Berichterstatter, „Mir“ 1890, S. 49/50. Aus Kotnik, Diss., S. 74, re, und S. 75.)
Am vierten Fastensonntag stellte unsere durch den Herr Oraž bekannte Lindner Gesellschaft das Leiden Christi dar. Diese Gesellschaft hat 32 Mitglieder, sagte Rumpolt, und alle sind sehr gut geschulte Spieler. Besonders ausgezeichnet hat sich Judas Iskariot, der uns im ersten Teil seiner Rolle einen Menschen vorstellt, der nur nach Geld und weltlichen Gütern giert und in seinem unglücklichen Verlangen sogar seinen Herrn verleugnet und ihn für lumpige 30 Silberlinge verkauft. Im zweiten Teil aber kommt Judas zur Erkenntnis, er sieht ein, wie schwer er sich versündigt hat, es ist jedoch zu spät. Der Teufel, der Judas in sein Netz bekommen hat, lässt ihn nicht mehr aus, sondern er verführt ihn zur Verzweiflung und führt ihn in den unglücklichen Tod. Nach dem Tod zeigt sich noch die Seele des Judas, die mild klagt, wieviel sie jetzt in der Hölle und auf ewige Zeit leiden muss. …
Aber auch die anderen Spieler haben sehr lobenswert gespielt. Ich kann hier nicht jeden einzelnen erwähnen, ich möchte nur anmerken, dass sich Christus außergewöhnlich gut präsentiert hat. Die Gestalt, das Verhalten und die Sprache des erwähnten Spielers entsprachen vollkommen der Erhabenheit und der Heiligkeit der Person, die er darstellte. Mit ruhigem und zu Herzen gehendem Wort lehrte er seine Apostel, sich gegenseitig immer zu lieben und diese Lehre als die seine auf der ganzen Welt zu verbreiten. Als er seine Mutter liebevoll tröstete und von ihr rührend Abschied nahm, als er am Ölberg lieb seinen himmlischen Vater bat, diesen Kelch des Leidens von ihm zu nehmen, glänzte

> so manche Träne in den Augen der aufmerksamen Zuschauer. …
> Schon aus dem Angeführten ist ersichtlich, dass diese Vorstellung eine belehrende ist. Es wäre daher zu wünschen, dass man das Leiden Christi im gesamten slowenischen Gebiet vorstellen möge und dass die Slowenen an diesen Vorstellungen als Erinnerung an andächtige Absichten gerne teilnehmen würden. Weil das auch ich wünsche, möchte ich sagen, was mir an der Vorstellung nicht gefallen hat. Wie ich erfahren habe, wurde der Text für diese Vorstellung, dessen Abschrift auch ich in Händen halte, von einem einfachen Bauern in Mallestig vor etwa 30 oder 40 Jahren zusammengestellt. Das Spiel ist im Dialekt, wie er um den Faaker See und in St. Niklas gesprochen wird; im Spiel befinden sich aber viele deutsche und sehr viele ungehobelte Ausdrücke. Diese müsste man auf alle Fälle entfernen und durch schöne slowenische ersetzen und das Spiel überhaupt in eine Sprache übertragen, wie sie in Büchern üblich ist. Die Hermagoras Gesellschaft könnte das Spiel dann bei Gelegenheit in die Gemeinschaft ihrer Bücher aufnehmen, und so könnte man mit diesem Christi-Leiden-Spiel, das dem Inhalt und den Gedanken nach wirklich gut zusammengefügt ist, die Slowenen in allen slowenischen Regionen bekanntmachen. (Übs. LMR.)

France Kotnik stellt in seiner umfassenden Analyse zu obigem Artikel fest, dass es sich um das Köstenberger Spiel von Andreas Schuster-Drabosenig aus dem Jahr 1818 handelt, das ein Bauer aus der Faakersee-Gegend von einer Drabosenig-Abschrift zwischen 1850 und 1860 abgeschrieben hat. Darin wurde der Köstenberger Dialekt verwendet, der auch in der Gegend um den Faaker See verstanden wurde. Nach oben erwähntem Brief des Pfarrers Jerman aus St. Stefan bei Finkenstein wurde dort nach dem Jahr 1856 eine Spielergemeinschaft gegründet, nur Anton Trstenjak legt dafür die genaue Jahreszahl 1862 fest (S. 96). Kotnik konnte die Jahreszahl nicht eruieren, weil ihm kein Exemplar zur Verfügung stand.

Das Köstenberger Passionsspiel war fast im ganzen Teil Kärntens, der von den Slowenen bewohnt wird, bekannt. Es wurde sowohl im Rosental, in der Umgebung von Klagenfurt, im Gail- und Kanaltal sowie im Jauntal aufgeführt. Die Köstenberger Dialektfärbung des Spieles war also kein Hindernis für dessen Beliebtheit unter dem Volk. (Vgl. Kotnik, Diss., S. 75, re, und S. 76.)

Es gab also 3 Bauerntheatergesellschaften, die das Drabosenig Passionsspiel aufführten: die noch vor 1842 gegründete Köstenberger Muttergesellschaft, die zwischen 1850 und 1860 entstandene Finkensteiner und die 1888 ins Leben gerufene Lindner Gesellschaft als Tochterorganisationen. Jede hat oder hatte eine eigene Bühne, die im Freien steht, gedeckt ist und im Sommer als Aufbewahrungsort für Heu, Stroh und dergleichen dient.

Die Köstenberger Gesellschaft existierte 1907 nicht mehr, während ihre Töchter das Passionsspiel noch 1905 mehrere Male zur Darstellung brachten. Und so reicht Schusters Wirken bis in unsere Tage!

Die Art der Aufführung. Am Palmsonntag des Jahres 1905 war France Kotnik persönlich bei der Aufführung des Passionsspieles in Emmersdorf bei Rosegg anwesend. (Vgl. Kotnik, Diss., S. 76, re.)

Das Spiel wurde von der Lindner Gesellschaft aufgeführt. Zum Spiel kommen die Leute drei Stunden weit, um demselben beizuwohnen. Die Spieler sind Bauern, Bauernsöhne, Keuschler, Bäuerinnen und Mädchen. Die Gesellschaft besitzt in Emmersdorf ihr eigenes Theater, das in zwei Teile zerfällt. Vorne ist der Bühnenraum, rückwärts die Garderobe für die Spieler, wo auch der Chor während des Spieles seine Lieder anstimmt, sich aber nicht auf der Bühne zeigt. An beiden Seiten der eigentlichen Bühne sind Kulissen angebracht. Soviel ich ersehen konnte, gibt es nur zwei Arten derselben. Die einen sind mit Palmen bemalt, also einen Garten, die anderen mit Pfeilern, ein Gemach darstellend, worin der Rat der Hohenpriester usw. stattfindet. Der Vorhang ist mit einem Bild bemalt, das Christus am Ölberg darstellt.
Beiderseits sind hinter den Kulissen Bänke angebracht, worauf die „Intelligenz" und die neugierige Jugend während der Aufführung ihren Platz einnehmen. Die anderen Zuseher müssen im Freien auf [der Wiese] zuschauen, die sich etwas hebt, so dass auch die rückwärtigen das Spiel [sehen] können. Die Bühne dürfte zirka einen Meter vom Erdboden gehoben sein. In den Garderoberaum der Spieler führt an der rechten Seite eine Tür. Vorne hat das Theater eine so weite Öffnung, als der Vorhang Raum einnimmt.
<u>Das Spiel besteht aus 3 Teilen:</u> 1. das Vorspiel (die Schäferei), 2. die Passion bis zum Kalvariengang, 3. der Gang auf Kalvaria und die Kreuzigung. Die ersten zwei Teile werden auf der Bühne dargestellt, der dritte im Freien, während des Ganges auf Kalvaria und am Kalvarienberg. Diesen markiert in Emmersdorf ein Hügel, auf dem nicht ganz auf der Höhe drei Kreuze stehen. Diese Ortsverteilung der Handlung hat die

Schattenseite, dass bei schlechtem Wetter der dritte Teil unterbleiben muss, weil da die Kostüme zu viel Schaden leiden. So musste der dritte Teil auch bei der Aufführung in Emmersdorf, der ich beiwohnte, unterbleiben. Falls schlechtes Wetter herrscht, ist es für das Publikum auch nicht besonders angenehm, im [strömenden] Regen zuzuschauen. Auf Kalvaria reiten einige auf Pfaden.

In den Kostümen ist hie und da ein großer Anachronismus bemerkbar. Der Hohepriester trägt eine Mitra.[77] Der Tod hat ein weißes Leinengewand, das sich eng an den Leib schmiegt. Die Hose und der Rock samt Ärmeln bilden ein Ganzes. Das Gewand wird rückwärts aufgeknöpft. Mit schwarzen Strichen sind auf der Brust und an den Füßen die einzelnen Knochen gekennzeichnet. Der Kopf ist mit einer Totenmaske umgeben. In der Hand trägt er einen Pfeil. Die Soldaten sind modern oder halb modern. Der Befehlshaber trägt rote Hosen und einen schweren Kavalleriesäbel[78]. Pe-

---

[77] Die Mitra ist die Bischofsmütze in der römisch-katholischen Kirche. Sie ist eine hohe, mützenartige Kopfbedeckung und geht auf die altorientalischen Herrscher zurück. Die Amtstracht des Hohenpriesters der Juden hingegen umfasste 7 Stücke: das purpurblaue Oberkleid, das Unterkleid, den Leibrock, den Gürtel, den Brustschild, den Kopfbund und das goldene Diadem. Die übliche Kopfbedeckung eines Hohenpriesters war der Turban, in älterer Zeit spitzauslaufend. Noch heute tragen die jüdischen Männer in Ausübung ihrer Religion die Kippa, eine kreisförmige Mütze. Eine ähnliche Kappe tragen auch die höheren Würdenträger der römisch-katholischen Kirche, und zwar in verschiedenen Farben, der Papst in Weiß, die Kardinäle in Purpur, die Bischöfe in Rot. Aus https://de.wikipedia.org/Hohepriester, Zugriff 28.06.2018, 08:20 Uhr.

[78] Die Uniform der Kavallerie oder Reiterei geht auf die ungarischen Husaren oder leichte Reiterei zurück. Sie blieb bis zum 1. Weltkrieg gleich. Sie umfasste hellblaue Oberkleider, rote Hosen und unter anderen Waffen auch einen Säbel. Preußische Husaren trugen weiße Hosen. Aus https://de.wikipedia.org/Husaren, Zugriff 28.06.2018, 08:40 Uhr.

trus hat in der 7. Szene die Schlüssel und das Schwert. Judas trägt einen gelben Mantel. Die Seele des Judas wird als Geist dadurch gekennzeichnet, dass sie die Augen verhüllt hat. Sonst stimmen die Kostüme mit den bunten Bibelbildern überein, die man in Bauernhäusern sieht.

Die Theaterrequisiten, die bei der Aufführung verwendet werden, stimmen fast vollkommen überein mit den von Anton Schlossar (I. Band, 1891, S. 332) aus dem Gurktal angeführten. Anachronismen in den Kostümen ergeben sich natürlich bei allen Passionsspielen, die von der Landbevölkerung aufgeführt werden. (Vgl. dazu Rudolf Waizer: „Kulturbilder aus Kärnten." Neue Folge. Klagenfurt, 1890, S. 69.)

Die Spieler. Den guten Hirten spielte Bauer Weiß aus Selpritsch, dem auch eine Apostelrolle zugewiesen war. Die Schäferin war eine Bauerntochter, Maria eine Bäuerin, die Rolle der Martha lag in den Händen der Schäferin. Die Todes- und Judas-Rolle spielte derselbe Mann, nämlich Nikolaus Klement. Besonders passte für ihn die Judasrolle. Das Publikum lachte zu einigen Stellen, er aber wandte sich an dasselbe und forderte es auf, sich ruhig zu verhalten, da es nichts zu lachen gäbe. Als Tod imponierte Nikolaus Klement mit seiner pathetischen Stimme. Der Leiter des Spieles, Rumpolt, hatte die Rollen des Petrus und des Hohenpriesters inne. Weniger gut spielte der Hauptmann (ein Bauernsohn), der für einen Soldaten etwas Starres an sich hatte. Wenn man aber die Bildung der Spieler berücksichtigt, muss man sagen, dass alle ihre Aufgabe zur vollkommenen Zufriedenheit lösten. Der Einfluss, den die Darstellung auf das Publikum ausübte, war verschieden. Zu den Judas-, Teufels- und einigen Todesszenen lachten die Zuschauer. Zum Schluss bemerkte ich aber auch in den Augen so manche Träne. Ausgezeichnet spielte nämlich ein Bauer Christus. Dieser Mann imponiert schon durch sein Äußeres, seine Gestalt und seinen natürlichen, schönen, schwarzen Bart. (France Kotnik als Augenzeuge, Diss., S. 77 und S. 78.)

B) Die Schäferei, das Vorspiel zum Passionsspiel und seine Quelle.

Die älteste Abschrift (A)[79] des Köstenberger Passionsspieles aus dem Jahr 1841 besitzt am Schluss (S. 43-46) 3 „Lieder“, in deutscher Schrift geschrieben. Diese sind: 1. Schäferjaua pesam, 2. Pesem od Jesusaua terplönia, 3. Schäferzina pesem.
[1. Pastirjeva pesem, 2. Pesem od Jezusovega trpljenja, 3. Pastiričina pesem. Ütr. LMR.
1. Schäferlied, 2. Lied vom Leiden Jesu, 3. Lied der Schäferin. Übs. LMR.]
In der zweiten Abschrift (B) aus dem Jahr 1854 fehlen diese Lieder.
Die dritte Abschrift aus dem Jahr 1881 hat aber mit der Gajica geschriebene folgende Lieder am Schluss: 1. Šefarjava Pesem, 2. Šefarcina Pesem, 3. Pesem od Angelskih korou und 4. Merdrarški rajmi.
[1. Pastirjeva pesem, 2. Pastiričina pesem, 3. Pesem o angelskih zborov in 4. Morilčeve rime. Ütr. LMR.
1. Schäferlied, 2. Lied der Schäferin, 3. Lied von den Engelschören und 4. Reime der Mörder. Übs. LMR.]
Ursprünglich fehlte in der ersten Abschrift (1841) dieser Teil, denn er ist von einer anderen Hand geschrieben. Wenn er von jener Hand wäre (Schöfman), die

---

[79] Kotnik spricht jeweils von „Handschrift“. Es handelt sich aber um „Abschriften“ der „Köstenberger HS“; die HS (1818) ist verschollen.

das Passionsspiel abgeschrieben hat, so wäre es nicht möglich, zu erklären, warum der Abschreiber nur diesen Teil mit deutscher Schrift schrieb, während er den übrigen Teil, das ganze Passionsspiel, in der Bohorizhica[80] abschrieb.
Die ersten drei Lieder sind wirkliche Lieder, denn sie wurden bei der Aufführung in Emmersdorf bei Lind ob Velden, vor zwei Jahren (1905), wirklich gesungen, die „Merdrarški rajmi" aber gesprochen. Bemerkenswert ist, dass die „Merdrarški rajmi" erst in der Abschrift aus dem Jahr 1881 auftreten und sich in den früheren zwei Abschriften nicht finden. Das dritte Lied „Pesem od Jesusaua terplönia" wurde vom Chor bei der Ölbergszene gesungen und scheint ein Kirchenlied zu sein.
Verknüpft man nun die ersten zwei Lieder mit den „Merdrarški rajmi" harmonisch miteinander, so ergibt sich daraus nichts Anderes als das Vorspiel zum Passionsspiel. Es dient, wie ich in Emmersdorf sah, nicht als Zwischenspiel, wie das von Schlossar (II. Band, S. 371 ff.) veröffentlichte. In unseren beiden Abschriften fehlt für dasselbe jede Spielanweisung, während sie sich bei Schlossar findet. In unseren Abschriften sind sie als einzelne Rolle für die Spieler verzeichnet und nicht als Spiel verbunden.
(Vgl. France Kotnik, Diss., S. 79.)

Schlossars Schäferei stammt aus dem Gurktal in Kärnten. Dort und im Köstenberger Spiel treten auf: der gute Hirte als Schäfer, Maria als Schäferin und zwei Räuber.

---

[80] Die deutsche „Schrift" oder „Graphik" meint die Kurrentschrift, die „Gajica" das slowenische Abc mit č, š, ž, die „Bohorizhica/Bohoričica" das Abc vor 1848 mit zh, ſh/sh und sh, tsch und sch kommen aus dem Deutschen.

Vergleichen wir nun die Gurktaler Schäferei mit der Köstenberger. (Vgl. Kotnik, Diss., S. 79, re.)

1. Szene bei Schlossar.
(Wald. Der Schäfer allein. Der Schäfer singt.)
Ach, wo ist denn mein Schäfelein?
Eins mir verloren geht,
Allhier nur neunundneunzig sein,
Zuvor ich hundert hätt.
O Herzeleid, mein größte Freud,
Verloren geht,
Verloren hab ich 's auf der Weid.
O sagt, ihr grünen Auen schön,
Viehreiches Freudenfeld,
Mir armen Schäfer treu bekennt,
Ob es ist weit gefehlt?
Wo etwan da sein Athem blast,
An welchem Ort es hungernd rast't.
Ich will 's gehen suchen fort und fort,
Durch Dörn und Hecken hart.
Und wenn ich werde auch ermord't,
und kost's mein Leben zart,
Wenn ich nur weiss, mein Schäflein weiss,
Dem Tod ich's aus dem Rachen reiss.
Und wenn es nur kehrt wiederum
Zu der verlornen Herd,
Ich fürcht, es ist im Walde, stumm,
Im dicken G'sträuch es plerrt.
Bei einer Wand, wo Unthier wohnt,
Und kommen möcht in Wolfes Zahnt [Zähne].
Komm, komm, o liebes Schäfelein
Zu der verlornen Herd,
Hör doch die Stimm des Hirten dein,
Der dich sucht mit Beschwerd:

Ich rufen will, bald laut, bald still,
Bis dass ich komme zu dem Ziel.
(Anton Schlossar, II. Band, S. 371 ff., Verse 1-30. Aus Kotnik, Diss., S. 80 und S. 81, jeweils re.)

<u>1. Szene bei Schuster.</u>
(Schäfarjaua pesem.)
Tschöi je moja Outschiza,
kir mene u zgubo gre,
kir sim jich prei stu mou,
jich mam le dauet un dauetred.
Och, schauost moiga Serza,
kir se sgublaua moja Outschiza.
Lipa dolina salana,
Schiu inu pouchena Puanina je,
kam se wodam jes podau,
jes wuren Schäfar sam,
sa mojo Outschizo sgublano
tu je dod daletsch falano.
Och, ti Outschiza sgublana,
kam si le köi ti saschua,
jes grem skus Temer (C, 1881, ternje)
inu Grameru (C, 1881, germovje) straschnu
sa mojo Outschizo sgublano,
sche Leben moi jes dam za no.
Och, ti Outschiza resusdana,
kam si le käi ti saschua,
och, Luna suitna
noi Sbisdize suate
mene pot sanjo pokaschite,
da wi jo jes mogou naiti prei.
Och, ti Outschiza moja,
kam si le koi ti perschua,
jes klitscham te,

ti nitsch nemeudasch se,
s mojo schtimo schauostno,
da spet do Zila pridamo.
(Andrej Šuster, Abschrift A, 1841. Aus Kotnik, Diss., S. 80 und S. 81, jeweils li.)
Pastirjeva pesem. Kje je moja ovčica, / ki mene v izgubo gre? / Medtem ko sem jih prej imel sto, / jih imam zdaj samo devetindevetdeset. / Oh, žalost mojega srca, / kje se je zgubila moja ovčica? / Lepa dolina zelena, / živa in polna je planina, / kam se bom jaz podal, / jaz ubog pastir sam, / za mojo ovčico zgubljeno, / ki je tako daleč stran? / Oh, ti ovčica zgubljena, / kam si le kaj zašla, / jaz grem skozi trnje / in grmovje strašno / za mojo ovčico zgubljeno, / še življenje moje jaz dam za njo. / Oh, ti ovčica razuzdana, / kam si le kaj ti zašla? / Oh, luna, svit / in zvezdice zlate, / meni pot zanjo pokažite, / da bi jo jaz mogel najti prej. / Oh, ti ovčica moja, / kam si le kaj ti prišla, / jaz kličem te, / ti nič ne oglasiš se, / z mojim glasom žalostnim, / da spet do cilja pridemo. (Ütr. LMR.)

2. Szene bei Schuster (fehlt bei Schlossar).

Im Köstenberger Spiel ist da ein Zwiegespräch zwischen den beiden Räubern eingefügt, das im Gurktaler Spiel fehlt. Es fehlt auch in der ältesten Abschrift A (1841) und findet sich nur in der Abschrift C (1881). (Vgl. Kotnik, Diss., S. 81, li.) Dasselbe lautet:

I. Raubar govori:
Kir (Kje/Čöj) bi mogov jes ana komerata dobiti,
Da bi se midva mogva spodgovoriti?
Kaj bi bu nama storiti,
Da bi mogva k denarjam priti?
II. Raubar pride in govori:

Prou je, prijatu, da pridava kupa,
Da ne bova sprigovoriva tuka.
Jes sim žij eno Babo pastiv,
Knisem groša denarjov per nej dobiu.
I. Raubar:
Brater, kna caguj, nedva bova denar že dobiua,
Da le dal kunštno naštelati viva.
Midva stopiva per cijstah na strani,
Tam gredo burni naj bogati Ludi,
Tam bova ana kerlna dobiva,
Ta bova po najnej voli pastiva.
(Andrej Šuster, Abschrift C, 1881. Aus Kotnik, Diss., S. 81 und S. 82, jeweils li.)

1. Ropar govori: Kje bi jaz lahko dobil enega prijatelja, / da bi se midva lahko pogovarjala? / Kaj bi bilo nama storiti, / da bi lahko do denarja mogla priti? II. Ropar pride in govori: Prav je, prijatelj, da prideva [kje drugje] skupaj, / da ne bova spregovorila tukaj. / Jaz sem že napadel eno staro žensko, / ampak nisem dobil nobenega groša pri njej. I. Ropar: Brat, ne obupaj, midva bova denar že dobila, / da se le naprej obnašati dosti zvito znava. / Midva počakava ob strani ceste, / tam hodijo mimo ubogi in bogati ljudje, / tam bova enega kerlca dobila, / tega bova po svoji volji napadla. (Ütr. LMR.)

1. Räuber spricht: Wo kann ich einen Kameraden finden, / der sich will mit mir unterhalten? / Was müssten wir anstellen, / um zu Geld zu kommen? 2. Räuber kommt und spricht: Es ist Recht, dass wir [woanders] zusammen kommen, / um uns nicht hier besprechen zu müssen. / Ich habe schon ein altes Weiblein überfallen, / bei dem ich aber keinen Groschen gefunden habe. 1. Räuber: Bruder, verzage nicht, wir werden schon zu Geld kommen, / wenn wir uns nur schlau genug anstellen. / Wir werden uns an den Straßenrand stellen, / wo

arme und reiche Leute vorbei kommen, / dort werden wir schon einen Kerl erwischen, / den wir [dann] nach unserem Willen überfallen. (Übs. LMR.)

Die Räuberszene im Gurktaler Spiel setzt am Ende dieses Zwiegespräches an. Im Köstenberger Spiel treten zuerst nur die zwei Räuber auf, nach diesem Zwiegespräch kommt erst der Schäfer, nachdem der 2. Räuber gesprochen hat. (Vgl. Kotnik, Diss., S. 82, li.)

II. Raubar:
Prou je, prijatou, al se zgodi taku,
To je mene zvo lubu.
(Zdej gresta in pride Šefar.)
[Ga obstrelita.[81]]
(Andrej Šuster. Aus Kotnik, Diss., S. 81, li.)
2. Ropar: Prav je, prijatelj, če se zgodi tako, / To je meni zelo ljubo. / Zdaj gresta [preč] in pride Pastir. [Onadva ga obstrelita.] (Ütr. LMR.)
2. Räuber: Es ist Recht, mein Freund, wenn es so geschieht. / Das gefällt mir sehr. / Jetzt gehen sie [ab,] und der Hirte kommt. [Sie erschießen ihn.] (Übs. LMR.)

2. Szene bei Schlossar.[82]
Da kommt uns recht in unsre G'walt,
Dein Beutel thut uns noth,
Wen wir ertappen in dem Wald,

[81] Von France Kotnik während der Aufführung gemachte Anmerkung.

[82] Die 1. Szene bei Schlossar gleicht jener von Schuster, dann fehlt die 2. Szene von Schuster bei Schlossar, daher gleicht Schlossars 2. Szene der 3. Szene bei Schuster, die 3. bei Schlossar der 4. bei Schuster und die 4. bei Schlossar der 5. bei Schuster. Im Slowenischen eingeschobene Texte wurden zusätzlich ins Deutsche übersetzt.

Den rauben und schlagen wir todt.
Giebs Geld nur her, dein Beutel ist schwer,
Uns dürstet auch und hungert sehr.
Schäfer singt:
Ich bitte Euch, mich doch verschont,
Ihr find't bei mir kein Geld,
Ich bin ein armer Schäfersmann,
Nähr mich allein im Feld.
Ein Wollenthier [Schaf] such ich allhier,
So von der Herd gelaufen mir.
Mein Bruder, du dem Fuchs nicht trau,
Reiss weg sein Lumpenfleck,
Sieh' nur recht nach und g'nau durchschau,
So kommst von uns nicht weg.
Bei solchen Leuten hab ich oft klug
Gefunden Gold und Silber g'nug.
(Sie durchsuchen ihn und finden nichts.)
Pack dich fort, du leerer Schalk,
Mit deinem Bettelstab!
Lass uns nur rächen an deinem Balg,
Den wir geschlagen ab.
Wenn du auch stirbst und hier verdirbst,
Wir laufen wieder in den Wald.
(Die Räuber ab.)
(Anton Schlossar, Verse 31-54. Aus Kotnik, Diss., S. 82 und S. 83, jeweils re.)

<u>3. Szene bei Schuster (2. Szene bei Schlossar).</u>
Zdej imava en dober šmes,
Daj sa tvoji Bvagu,
To bo nama zvo lubu,
Kir naju žeja noj vakota stiska,
Daj sa denar prej, da sabva bliska.
(Andrej Šuster, Abschrift C, 1881.)

Och, och, ui merdrarschtschi Ludi,
sai per mena denarjou ni,
jes sem schou sa Ouzo sgublano,
padou sim u Roko Merdrarschko.
(Andrej Šuster, Abschrift A, 1841.)
II. Raubar:
Ti si biv ena kunštna lesica,
Li u kračam pojda skuz te moja Špisica,
Da se moreš taku hofartno oblöči,
Midva te očva do naja sleči.
Ho, ho, saj nema denarjov nič več,
Zimiva jomu še to hofartni blek.
(Andrej Šuster, Abschrift C, 1881.)
I. Raubar:
Pustiva ga ležati,
Midva morva anega bogatejšega pojiskati,
Brez denarjou nič ni biti,
Saj ni dobiti jesti bol pa piti.
Midva se morva nageniti na druje kraje,
Čir se dobo Bvagu in tudi denarje.
Še to palco jomu uzemiva,
Še za to bova kej dobiva.
(Gresta dov.)
(Andrej Šuster, Abschrift C, 1881. Aus Kotnik, Diss., S. 81, S. 82 und S. 83, jeweils li.)

Zdaj imava en dober plen, / daj sem tvoje blago! / To bo nama zelo ljubo, / ker naju težita žeja in lakota. / Daj sem denar, preden bo sablja bliskala. Oh, oh, vi morilski ljudje, / saj pri meni ni denarja, / jaz sem šel za ovco zgubljeno, / padel sem v morilsko roko. 2. Ropar: Ti si bil ena zvita lisica, / v kratkem te bo prebodla moja sulica. / Ker se oblečeš tako nenavadno, / te bova slekli do nagega. / Ha, ha, saj nima denarjev nič več, / vzemiva mu to nenavadno blago še. 1. Ropar:

Pustiva ga ležati, / midva morava enega bogatejšega poiskati. / Brez denarja ne moremo biti, / saj ni dobiti ne jesti ne piti. / Midva se morava premikati na druge kraje, / kjer se dobi blago in tudi denar. / Še to palico mu vzemiva, / še za to bova kaj dobila. (Gresta dol.) (Ütr. LMR.)
… 1. Räuber: Lassen wir ihn liegen, / wir müssen uns einen reicheren suchen. / Ohne Geld können wir nicht sein, / denn man bekommt weder zu essen noch zu trinken. / …[83] (Übs. LMR.)

3. Szene bei Schlossar.
(Schäfer allein. Schäfer singt.)
Ach weh, ach weh, ach Tyrannei!
Dir, Himmel, klag [ich] mein Noth,
So mich tractiret [quält] meine Treu,
Verwundet bis in Tod.
Aber Geduld, leid ich ohne Schuld,
Gebt mir, ihr wilden Thier [Tiere], doch Huld!
Och, sieh, was deine Lieb mir that,
Verlornes Schäfelein!
Die Herd ich in der Wüste lass
Und suche dich allein.
Bin schwer verwund't, werd wieder g'sund,
Wenn ich dich wieder finden kunnt.
(Geht ab.)
(Anton Schlossar, Verse 55-66. Aus Kotnik, Diss., S. 83, re.)

4. Szene bei Schuster. (3. Szene bei Schlossar.)
Och, och, kaku mena tukei gre,
woschja Mutsch, usmili se tschris me.
Och och, moi Wug,

[83] Hier wurde nur übersetzt, was bei Schlossar fehlt.

pomai mi uen snadlug.
Sa mojo Sertschno swisto Uist
sim straschnu smertno ranjan jes.
Chwalen wod', Jesus Christus!
(Andrej Šuster, Abschrift A, 1841.[84] Aus Kotnik, Diss., S. 83, li.)
Oh, oh, kako meni tukaj gre, / Božja moč, usmili se me. / Oh, oh, moj Bog, / pomagaj mi iz nadlog. / Zaradi svoje prisrčno zveste vesti / sem strašno smrtno ranjen jaz. / Hvaljen bodi, Jezus Kristus! (Ütr. LMR.)

4. Szene bei Schlossar.
(Die Schäferin allein. Schäferin singt.)
Ach, wo bist du hingegangen,
Daphnis, liebster Schäfer mein?
Zu dir steht all mein Verlangen,
Ach, könnt ich doch bei dir sein!
Schöner als ein Rosengarten
Blühen seine Wangen roth,
Vor Lieb nicht kann ihn erwarten,
Ich verschmachte bis in Tod.
Geh ihn aufzusuchen fern,
Selbst auch meine Schäfelein
Mich ganz traurig thun anplärren,
Wollen fragen, wo er sei.
Treuer Himmel, du mir gönne
Durch die finstre Wüstenstrass
Und anzünde Mond und Sonne,
Dass ich find den graden Pass.
Ihr beblumte Angerwiesen,
Ich ruf mein' Geliebten zu,
Mir Chlorinda macht zu wissen,

[84] Kotnik führt entweder für diesen oder den nächsten Absatz die Abschrift A, 1841, an. Das kann aber schon wegen der Schreibweise nicht stimmen.

Wo er nimmt die Tagesruh;
Wo die matten Schäflein weiden,
Wo, am Hügel oder Thal,
An Schatt- oder Sonnenseiten?
Echo, sagt 's durch Widerhall.
Aber Daphnis ich nicht finde
Auf dem zarten Blumenfeld,
Noch an denen Ruhstatt linden
Unterm grünen Laubeszelt.
Ungefähr wird in der Wüsten
Unter vielen Heckendorn
Die verwild'te Bahn nicht wissen,
Hat sich mit der Herd verlor'n.
Aber, aber, alles schweiget,
O, Chlorinda, deiner Stimm
Niemand hier Gehör ertheilet,
Niemand sie zu Herzen nimmt.
Ach, könnt ich mir Taubenflügel
Wünschen, ihm zu fliegen nach,
Mit dem kleinen Rehezickel [Rehlein]
Jetzund laufen ungemach!
(Anton Schlossar, Verse 67-106. Aus Kotnik, Diss., S. 83, S. 84, S. 85, jeweils re.)

5. Szene bei Schuster. (4. Szene bei Schlossar.)
(Schäfarzina pesem.)
Kam, kam, si le köi saschou,
Wofin[85], sbisti Pöstir moi,
moju Serze skerbnu ischtsche
uidöti lip Owras tuoi.
Gartel woschni, si ti schuachten,
wouna sim jes od Lubisni.

[85] Laut Kotnik steckt in Wofin wahrscheinlich Daphnis, der sich im deutschen Text findet.

Od Lubisni, od Lubisni,
suawa sem do Smerti jes.
Pöstir swisti, tschöi se suai dasch,
jes, Klarinda, ischtscham te,
jes te ischtscham po usach Wraidach,
tschir rastjo schuachtne Roschize.
Al opounotschi wel pa opouna
potschiuasch pruti Sunzi wel pa u sinzi,
ti tuoje Outschize pasasch
notre u Gusdach salanach.
Pa Wofina le ni uidat
u trauentschach mad Roschami,
u gartelni tamo se schlischi
mad animi uöjami.
Al ti tai sa uolo mena
klitschasch u trvin noi u germouju,
straschnu se wodasch okeruauou,
glei, da Leben kna sguwisch.
Nega Ovz schlischem schtimo,
wode tschöi tamo per nich,
ote uölka nadluga
schauostno use uetschajo.
Sbisti Nöbu, tschris me se usmili,
u tei Puschtschaui nauarnei,
suituo Sunze, Sraberna Luna,
Pot k nomu pokaschita.
Jesus, ti si biu souraschan,
tapan, gaischuan, sapluan,
sternam kronan noi osramen,
paschtschim Krischam k smerti gnan.
Jes pa tu knisem uposnaua,
moje dni sim u sgubo gnaua.
Jesus, nai, da tuoja Kri
sa moi doug dosti stori.

Och, Outschiza, ku spokuri,
wras oduvge se podai,
mena wogai sche u tei uri,
usemi Suou od Suita sdai.
Spomeni u tuojach skuschnauach
Supernoschach noi Taschauach,
da sem jes na Krischu umeru,
Perglönam nömu odperu.
(Andrej Šuster, Abschrift A, 1841.[86] Aus Kotnik, Diss., S. 83, S. 84 und S. 85, jeweils li.)

Pastiričina pesem. Kam, kam, si le kaj zašel, / Wofin, zvesti prijatelj moj, / moje srce skrbno išče / videti lep obraz tvoj. / Vrt Božji, ti si žlahten, / bolna sem jaz od ljubezni, / od ljubezni, od ljubezni, / slaba sem do smrti jaz. / Pastir zvesti, kje se zdaj [najti] daš, / jaz, Klarinda, iščem te, / jaz te iščem po vseh ledinah, / kjer rastejo žlahtne rožice. / Ali ob polnoči ali pa opoldne, / poiščem proti soncu ali pa v senci, / ti tvoje ovčice paseš / notri v zelenih goščavah. / Pa Wofina le ni videti / na travnikih med rožami, / na vrtu tam se sliši / med enimi vejami. / Če ti tam zaradi mene / kličeš v trnovju in grmovju, / strašno boš zakrvavel, / glej, da življenje ne zgubiš. / Glas njegove ovce slišim, / on bo nekje tam pri njih, / zaradi te velike nadloge / vsi žalostno jokajo. / Zvesto nebo, usmili se me, / v tej nevarni puščavi, / svetlo sonce, srebrna luna, / pot k njemu pokažita. / Jezus, ti si bil sovražen, / tepen, bičan, zapljuvan, / s trnjem kronan in osramočen, / pa s težkim križem v smrt pognan. / Jaz pa tega nisem spoznala, / moje dni sem v zgubo gnala. / Jezus, daj, da tvoja kri / za moj dolg dosti stori. / Oh, ovčica, kar spokori se, / brez zamude se podaj, / meni ubogaj še v tej uri, / vzemi luč od svita zdaj. / Spomni se v skušnjavah, / provokacijah in teža-

[86] Siehe vorherigen slowenischen Absatz, 4. Szene bei Schuster.

vah, / da sem jaz na križu umrl, / poplačilo/usmiljenost njemu odprl. (Ütr. LMR.)
… / Die Stimme seines Schafes höre ich [Klarinda], / er ist dort irgendwo bei ihnen, / wegen dieser großen Not weinen alle. / Treuer Himmel, erbarme dich meiner, / in dieser gefahrenvollen Wüste, / helle Sonne, silberner Mond, / zeigt mir den Weg zu ihm hin. / Jesus, du wurdest gehasst, / geschlagen, gegeißelt, bespuckt, / mit Dornen gekrönt und beschämt, / und mit dem schweren Kreuz in den Tod getrieben. / Ich aber habe das nicht erkannt, / ich habe meine Tage sinnlos verschwendet. / Jesus, gib, dass dein Blut / für meine Schuld genügend tut. / Ach, Schäfchen, tu gleich Buße, / begib dich ohne Verzögerung, / folge mir noch in dieser Stunde, / nimm jetzt an das Licht der Morgendämmerung. / Erinnere dich in deiner Versuchung, / Herausforderung und in deinen Schwierigkeiten, / dass ich am Kreuz gestorben bin, / ihm so die Belohnung eröffnet habe.[87] (Übs. LMR.)

Aus den verglichenen und übereinstimmenden Stellen ist der Beweis erbracht, dass das Köstenberger und Gurktaler Spiel eine gemeinsame Vorlage aufweisen. Soviel aus den Stellen, die übereinstimmen, ersichtlich ist, ist die Übersetzung nicht besonders gut. Die Entstehung dieses Spieles fällt in die Zeit der Beliebtheit der Schäferpoesie, also ins 17. Jahrhundert.

Ob Drabosenig schon gleich anfangs das Schäferspiel gemeinsam mit dem Passionsspiel übersetzt hat, und ob wirklich Schuster der Übersetzer ist, lässt sich nicht genau bestimmen. Gegen Schusters Autorschaft spricht der Umstand, dass es erst

[87] Ab „Jesus, ti si biu souraschan“ gibt es bei Schlossar keine deutsche Entsprechung.

in der Abschrift C (1881) zum ersten Mal vollständig erscheint, während in der Abschrift A (1841) die „Merdrarški rajmi" gar nicht vorkommen. Die Übersetzung ist auch viel schlechter als Schuster zu übersetzen pflegte, nur die „Merdrarški rajmi", die aber im deutschen Text nicht in dieser Art vorkommen, scheinen Drabosnjak zum Verfasser zu haben.

Kotnik wundert sich, dass Rudolf Waizer, der den Inhalt des Glanhofner Passionsspieles (S. 55 ff.) wiedergibt, von der Schäferei keine Erwähnung macht. Und doch liegt Glanhofen gleich in der nächsten Nähe von Köstenberg! Es liegt ja der Gedanke nahe, dass es von Glanhofen nach Köstenberg kam.

Auf Grund der übereinstimmenden Stellen mit der Gurktaler Schäferei können wir noch nicht schließen, dass der Köstenberger Schäferei die von Schlossar veröffentlichte zur Grundlage diente, denn sie ist ja erweitert und an vielen Stellen nicht übereinstimmend. (Vgl. Kotnik, Diss., S. 86, li, und S. 87, re.]

Der gute Hirte mit dem verlorenen Schäflein kommt nach Karl Weinhold auch im <u>Passionsspiel von Liesing im Lesachtal</u> in Kärnten vor. (S. 372 ff.) Nach dem Prolog findet eine Höllenszene statt. „Pluto, der Herr und Gott in Stigis Reich" rühmt sich seiner Macht, ist aber doch im großen Zorn, dass der Mensch Gnade hoffen dürfe, und befiehlt die Verführung der gesamten Menschheit. An Judas und Kaiphas sei schon ein Anfang gemacht. Aschroth behauptet, dass die Menschen schon jetzt total unterworfen seien und führt zum Beweis das Schäflein an einer Kette herein. Dieses hat einen schwarzen Mantel über, einen stolzen Hut auf, „tritt ganz aufgeblasen herfür", es rühmt sich seines weltlichen Lebens, will von Himmel und Hölle nichts wissen und nur ewig leben. Pluto fährt entzückt darüber von seinem Thron auf, und die Teufel schlagen alle an die Brust, mit dem Schwur, nicht zu ruhen, bis alle Seelen verführt seien. Das Schäflein schläft ein, und der gute Hirte kommt, um das verirrte Schäflein zu suchen. Der Pilgram [Wanderer] kommt und knüpft mit dem guten Hirten ein Gespräch an. Da erblickt der gute Hirte das Schäflein und weckt es. Erwachend sieht es die Teufel und erschrickt. Reue kommt über sein Herz und es wirft sich dem guten Hirten zu Füßen. Er macht es von den Banden los und gibt dem Pluto mit dem Stab einen Stoß. Er führt dann das Schäflein über die Vorbühne und singt ein Lied. Mit dem dritten Auftritt beginnt dann das Passionsspiel (Weinhold, 1853, S. 372-373). (Vgl. Kotnik, Diss., S. 86, re, und S. 87, li.)

Auch hier haben wir es mit einem Vorspiel zum Passionsspiel zu tun. Der Unterschied zwischen diesem und dem Köstenberger und Gurktaler Spiel besteht darin, dass hier der gute Hirte das verlorene Schäflein auch findet, während er es in den anderen zwei Spielen nur sucht. Dieses Spiel dürfte sogar älter sein, denn es zeigt deutlich einen gelehrten Verfasser. (Pluto, „der Herr und Gott in Stigis Reich", Aschroth.) Auch das Köstenberger Spiel weist im Vergleich mit dem Gurktaler Spiel auf einen gelehrten Dichter hin. Die Namen des Schäfers und der Schäferin sind in Liesing Daphnis und Chlorinda, bei Schuster Wofin und Klarinda. (Vgl. Kotnik, Diss., S. 87.)

Im Liesinger Spiel kommen die eigentlichen Schäferszenen gar nicht vor, denn der gute Hirte mit dem verlorenen Schäflein ist ja eine biblische Persönlichkeit, die in der gleichnamigen Parabel im Neuen Testament vorkommt.

Die Schäferpoesie spiegelt sich also nur im Köstenberger und Gurktaler Spiel wieder, während das Spiel aus Liesing im

Lesachtal deutlich auf ein Schuldrama hinweist. (Vgl. Kotnik, Diss., S. 87, re.)

C) Inhalt des Passionsspieles.

I. Akt. I. Auftritt.[88] (Der Tod tritt auf.) Er ist sich seiner Macht bewusst, denn er hat Gewalt über jeden Menschen. Dieselben werde er gleich den Kornähren abmähen. Er nimmt weder Gold noch Silber als Entgelt; sondern jeder Mensch muss mit ihm gehen. Deshalb sollen die Leute fromm leben und das Leiden Christi betrachten. Wer aber das Christi-Leiden-Spiel als lächerlich auffasst, der begeht eine schwere Sünde. (Vgl. Kotnik, Diss., S. 87, re.)

2. Auftritt. Judas erzählt, dass alle Leute sich wundern, dass der Meister bei Sündern einkehre. Nicht einmal die sündigen Weiber treibe er davon. Er lasse sich von ihnen die Füße salben, als wenn er Gott wäre. Eine volle Büchse Alabaster sei dort gestanden. Das koste gewiss 100 Denare. Wie könnte man das teuer verkaufen und den Erlös dafür den Armen geben! Judas begehrt Geld, um damit seinen Beutel aufzufüllen und flott zu leben.

3. Auftritt. (Die Pharisäer Mahias und Abulon, Judas.) Die Pharisäer Mahias und Abulon sagen Judas, er könnte ja leicht Geld bekommen, wenn er ihnen seinen Meister ausliefern wollte. Judas ist damit einverstanden und fragt, wie viel er bekomme. Mahias erwidert, er solle zu den Hohenpriestern kommen, dort wollten sie das beraten und beschließen.

4. Auftritt. (Kaiphas, Annas, Dores, Roboam und ein Schreiber.) Kaiphas verkündet den Zweck der Zusammenkunft, näm-

---

[88] Die Gliederung in Akte und Szenen nahm France Kotnik vor.

lich die Beratung über Christus. Dies sei eine heikle Sache. Er nenne sich Christus und verführe die Menschen. Die halten ihn für den Messias und erklären ihn als ihren Herrn. Annas ist der Meinung, dass dieser Mensch viel schaden könne. Er sei imstande, alle Leute zu bekehren; deswegen könne man zu diesem Vorfall nicht lachen. Dores sagt, dass ein Rummel entstehen kann. Wir müssen ihn daher gefangennehmen und durchhauen [verprügeln]. Roboam meint: Wir müssen ins Klare kommen, sonst wird die Weisheit der „Römler" unsere Hochheit erniedrigen, uns vernichten und aus dem Land treiben. Kaiphas entgegnet, dass es besser ist, wenn ein Mensch für alle stirbt. Er kann das Volk irreführen und den jüdischen Glauben vernichten. Dores meint dasselbe. Roboam meint, dass derjenige, der an ihn glaube, verdiene, aus der Synagoge geworfen zu werden. (Kaiphas entfernt sich.) (Vgl. Kotnik, Diss., S. 88.)

5. Auftritt. (Die früheren Rollen, Abulon, Judas und der 2. Schreiber.) Mahias verkündet, dass Judas gewillt sei, Christus zu verraten. Abulon weiß, dass Judas seinen Beutel entleert hat und jetzt eine Gelegenheit sucht, ihn wieder aufzufüllen. Judas bemängelt wieder die Bereitschaft seines Meisters, bei sündigen Weibern einzukehren. Das ist bei ihm schon zur Gewohnheit geworden. Kaiphas gibt Judas Recht, dass er ihnen seinen Meister ausliefern will, sodass sie ihn gefangennehmen können. Der 2. Schreiber verspricht Judas große Ehren für diesen Verrat. Judas will für einen guten Lohn sein Wort halten. Dores und Roboam feuern Judas an. Judas betrachtet Geld als seine Freude. Er verhandelt über die Höhe des Betrages. Kaiphas verspricht ihm 30 Silberlinge. Judas willigt per Handschlag ein, und Annas zählt ihm das Geld vor. Annas rät Judas, seinen

Entschluss noch einmal zu überlegen. (Vgl. Kotnik, Diss., S. 89, li.)

> Judež: Jaz si bom žij pramislu, / Ko bom denar v mošno stisnu.
> (France Kotnik, Diss., S. 89, li.[89])
> Jaz si bom že premislil, / ko bom denar v mošnjo stisnil. (Ütr. LMR.)
> Ich werde mir das schon überlegen, / wenn ich das Geld in meinen Beutel einstreifen werde. (Übs. LMR.)

Judas ist über das Geld höchst erfreut. Geld und Habe sind sein Gott. Es kümmert ihn nicht, ob das gerecht oder ungerecht vor sich geht. Kaiphas ruft die Juden herbei und befiehlt ihnen, den Volksverräter Jesus Christus herbeizuführen. Judas sagt, er werde ihnen Gelegenheit geben, denselben zu fangen. Welchen er küssen werde, den sollten sie ergreifen. (Vgl. Kotnik, Diss., S. 88, re, und S. 89, li.)

6. Auftritt. Der Teufel tritt auf und sagt, er habe Judas eingeflüstert, den Meister zu verraten. Judas gehöre schon ihm und entkomme ihm nicht mehr. Er werde auch alle hohen Schriftgelehrten in seine Gewalt bekommen. Da sie Christus verurteilt haben, werden alle in der Hölle brennen.

7. Auftritt. (Judas, Magdalena, Martha und Jesus.) Judas sagt zum Meister, dass sie schnell vorwärts gehen müssten, um zur rechten Zeit in der Stadt einzutreffen, denn sonst würden sie ohne Nachtmahl bleiben. Magdalena kniet vor Jesus nieder, wäscht seine Füße und küsst sie. Martha beteuert, alles für ihn herzugeben, um ihn zu besitzen. Jesus bedankt sich für Marthas

---

[89] Von France Kotnik 1905 während der Vorstellung in Emmersdorf notiert. Fehlt jedoch in der von ihm verwendeten Abschrift.

Glauben und tröstet sie, denn von nun an werde sie von niemand mehr getröstet werden.

8. Auftritt. (Einer trägt einen Wasserkrug. Petrus, Johannes und der Wirt.) Der Wirt beteuert, Petrus und Johannes, die zu ihm wegen des Abendmahls kommen, dass er die Juden nicht fürchte, sondern falls der Meister bei ihm einkehre, ihm die beste Speise vorsetzen und ihn ehren werde.

9. Auftritt. Jesus feiert mit seinen Jüngern das letzte Abendmahl. Nach dem Mahl folgt die Fußwaschung. Jeder der Jünger spricht dabei zwei Verse als Frage, Antwort oder Staunen. Nachdem die Fußwaschung vorüber ist, setzen sie sich wieder zu Tisch. Jesus weiht das Brot und den Wein und gibt den Jüngern davon. (Vgl. Kotnik, Diss., S. 89, re, und S. 90, li.)

II. Akt. 1. Auftritt. (Ölbergszene. Christus, Petrus, Jakob und Johannes.) Christus spricht, dass in dieser Nacht alle an ihm Ärgernis nehmen werden. Er werde den Hirten schlagen und die Schafe werden zerstreut werden. Wenn er aber auferstehe, werde er mit ihnen in Galiläa bleiben. Petrus versichert, dass er ihm treu bleiben wolle, worauf der Meister ihm sagt. „Ehe der Hahn zweimal kräht, wirst du mich dreimal verleugnen.“ Johannes beteuert, er wolle, wenn es darauf ankomme, lieber gleich sterben. Jakob versichert, er wolle nicht mehr am Leben bleiben, wenn Christus sterben müsse. Darauf befiehlt Christus den Aposteln, sich zu setzen, zu wachen und zu beten, damit sie nicht in Versuchung fallen. Er entfernt sich von ihnen und betet. Dreimal trifft er die Jünger schlafend an. (Vgl. Kotnik, Diss., S. 90, li.)

2. Auftritt. Als Christus zum dritten Mal betet, kommt ein Engel und tröstet ihn. Während des Gebetes stimmt rückwärts der Chor das Lied: „Tam na Oljski gori / Izveličar naš kleči.“

an. France Kotnik vermutet hier ein Kirchenlied. In den Abschriften A (1841) und C (1881) sind nach Kotnik zwei verschiedene Chorlieder enthalten.[90]

3. Auftritt. Christus kehrt vom Gebet zu den Aposteln zurück. Es kommen die Juden mit Judas an der Spitze, der seinen Meister durch einen Kuss verrät. Die Juden ergreifen ihn, werfen ihn nieder, schreien, ziehen ihn bei den Haaren und schlagen ihn mit Stöcken. Malhus, Stahus, Primax, Remax, der 5. und der 6. Jude verspotten Christus. Da kommt Petrus und macht den Malhus um ein Ohr kürzer. Christus warnt Petrus, denn die das Schwert ergreifen, werden durch das Schwert zu Grunde gehen. Die Juden überhäufen Jesus mit Spott und Schmach und misshandeln ihn.

4. Auftritt. (Die vorigen und Annas, der auf dem Thron sitzt.) Der Hauptmann, Malhus, Stahus und Primax erzählen dem Hohenpriester Annas, wie sie Jesus gefangengenommen und vor ihn gebracht hätten. Annas fragt Jesus aus, wo er die Erlaubnis bekommen habe, das Volk zu verführen, er müsse ja alle Zaubereien kennen. Auch der 5. Jude befragt Christus, der ihm entgegnet, er habe immer offen gehandelt und sich nicht versteckt. Daraufhin misshandeln ihn die Juden. Auf Befehl von Annas führen sie Christus zu Kaiphas.

5. Auftritt. (Kaiphas, Dores und Roboam sitzen auf ihren Sesseln.) Der Hauptmann erzählt den Vorgang mit Jesus und

---

[90] Diese Frage konnte inzwischen auch geklärt werden. Vgl. LMR: Das Passionsspiel … St. Stefan bei Finkenstein, 2007, S. 146 u. 181 ff. sowie LMR: Verurteilt zum Tod am Kreuz, 2012, S. 40 ff. „Na vrtu tam na Oljski gori Zveličar naš kleči“ ist ein Kirchenlied und war im Kärntner Kirchenliederbuch „Slavimo Gospoda“, 1988, unter den Nummern 83 und 84 abgedruckt. Höchstwahrscheinlich wurde beim St. Stefaner slowenischen Christi-Leiden-Spiel (1931) die Melodie nach der Nr. 83 gesungen.

sagt, er wolle ihn dem Kaiphas ausliefern. Dieser entgegnet, er werde sich für das Urteil gut vorbereiten und seine Lehre verdammen. (Alle ab.) (Vgl. Kotnik, Diss., S. 90, re, und S. 91, li.)

6. Auftritt. (Petrus wärmt sich am Feuer. Eine Magd und die Juden.) Petrus verleugnet den Herrn. (Alle ab.)

7. Auftritt. (Petrus wärmt sich.) Als Christus vorüber geführt wird, erweckt er bei Petrus Reue über seine Verleugnung.

8. Auftritt. Maria, Johannes, Magdalena und Martha erzählen einander, wie Jesus gepeinigt wird. Maria fällt in Ohnmacht. (Magdalena und Martha ab.)

9. Auftritt. Ein Wächter mit einer Lanze kommt, den Maria fragt, ob er Jesus gesehen hat. Dieser bejaht die Frage und versichert, dass Jesus noch nicht tot sei. (Vgl. Kotnik, Diss., S. 91.)

10. Auftritt. (Kaiphas, Annas, Hauptmann, alle Juden, Christus, Joseph von Arimathäa, Nikodemus und die Pharisäer.) Christus wird vorgeführt. Kaiphas wirft ihm sein ganzes Betragen vor. Abulon sagt, diese böse Frucht müsse nicht nur umgehauen, sondern auch ausgerottet werden, denn sie stamme vom Teufel. Christus habe gesagt, er werde den Tempel zerstören und in 3 Tagen wieder aufbauen. Mahias bezeugt dasselbe. Kaiphas fordert Christus auf, über die Irrlehre Aufschluss zu geben. Auch der Hauptmann dringt in ihn. Kaiphas beschwört ihn, beim lebendigen Gott zu sagen, ob er der Sohn des Himmelsvaters sei, worauf Christus antwortet, dass Kaiphas die Wahrheit gesprochen habe. Dores spricht sich für das Blutvergießen und Christi Tod aus. Annas will ihn zu Pilatus bringen lassen, der ihn zum Kreuzestod verurteilen soll. Auch Roboam, Dores, Mahias und Abulon sind der gleichen Meinung. Nikodemus meint, dass Christus unschuldig sei. Dores protes-

tiert dagegen. Roboam meint schließlich, er müsse verbrannt werden, weil er alle betrügen wollte. Joseph von Arimathäa beteuert, dass Christus der Sohn des lebendigen Gottes sei. Annas meint, alle müssten Pilatus sagen, er solle ihn zum Tod verurteilen. Daraufhin gibt Kaiphas dem Hauptmann den Befehl, ihn abführen zu lassen. (Die übrigen folgen.) (Vgl. Kotnik, Diss., S. 91, re, und S. 92, li.)

11. Auftritt. (Judas, Dores, Annas und Mahias.) Judas bereut, den Herrn verraten zu haben. Er wirft den drei Hohenpriestern den Geldbeutel vor die Füße. Diese sind aber froh, dass Christus gefangengenommen wurde. Zum zweiten Mal wirft Judas ihnen den Geldbeutel hin. Die anderen nehmen schließlich das Geld und entfernen sich. Judas bereut seine Tat und sagt verzagt, er werde sich erhängen.

12. Auftritt. Luzifer kommt aus dem Feuer und fordert die anderen Teufel auf, auch aus der Hölle zu kommen, um die Judasseele zu holen. Darauf erscheinen alle Teufel auf einmal. Luzifer befiehlt ihnen, sie sollten Judas „eingeben", dass er sich selbst umbringen muss. Die Teufel treten zur Seite. Judas erscheint und fürchtet sich. Er verzweifelt, indem er meint, dass er keine Gnade mehr besitze. Luzifer sagt zu ihm, dass der gerechte Gott den Verräter verlassen hätte. Er wolle haben, dass er sich an einem Baum erhänge. Er legt ihm einen Strick vor die Füße. Judas verflucht die Zeit, in welcher er unter die Apostel gekommen ist, er verflucht seine eigene Mutter, die ihn geboren hat, er verflucht Himmel und Erde. Es nagt in seinem Herzen, dass er das Geld für Christus in Empfang genommen hat, welches ihn verführt hätte, wofür er verdammt sei und in der Hölle brennen werde. Darauf hebt er den ihm vorgelegten Strick auf, er sagt, für ihn gäbe es keine Hilfe

mehr, seine Seele sei gefangen. Er erhängt sich. (Bei der Aufführung in Emmersdorf (1905) war die Szene anders. Es trat nur ein Teufel auf, was auf die Zensur zurückzuführen ist. Der Auftritt des Judas war von einem Engel begleitet, der ihn stumm anflehte und sich um seine Bekehrung bemühte. Diesem entgegen trieb der Teufel durch Hinlegen des Strickes Judas in den Freitod.) (Vorhang schnell zu.) (Vgl. Kotnik, Diss., S. 92.)

13. Auftritt. Judas hängt am Baum, (eigentlich an einem Balken). Ein Teufel zieht ihn bei den Haaren und streckt seine Zunge weit heraus. (Nach der Aufführung in Emmersdorf 1905.) Nach dem Text aber kommen 3 Teufel zum Vorschein. Erster: „Ins Feuer muss er jetzt kommen und gebraten werden. Jetzt wird er unseren Wein trinken, weil er falschen Herzens war." Zweiter: „Die Hölle steht dir noch offen. Wir werden dich hineinwerfen und niemals mehr heraus lassen." Dritter: „Der Baum muss umgehauen werden und zu uns in die Hölle kommen, denn er trägt keine guten Früchte mehr. Führen wir ihn nur schnell davon!" (Vgl. Kotnik, Diss., S. 92, re, und S. 93, li.)

14. Auftritt. Nikodemus kommt und beschwört die Judasseele, aus der Hölle herauszukommen, indem er dreimal mit dem Fuß auf den Boden stampft und spricht. „Veni foras!" Die Teufel in der Hölle brüllen laut: „Veni foras!"

15. Auftritt. Drei Teufel führen die Judasseele in Ketten geschlagen herbei. Die Judasseele erzählt nun, wie es in der Hölle zugeht. 1770 Jahre seien bereits verflossen, seit sie dort brenne. (Die Zahlen ändern sich natürlich nach dem Jahr der Aufführung.) Kain werde schon über fünftausend Jahre gepeinigt. Schlecht ergehe es dem reichen Prasser und Absalon. Die Ju-

dasseele preist in einer Ansprache die Seelen glücklich, die sich noch helfen könnten, denn es sei noch Zeit, dem Feuer zu entfliehen. Sowohl für den geistlichen als auch für den weltlichen Stand sei das ewige Feuer entfacht. Er selbst sei sogar ein Jünger Jesu gewesen, leide aber trotzdem darinnen. Die Geldgier habe ihn verdammt, und so werde auch ein jeder, der Geld und Gut begehrt, in der Hölle brennen. (Vgl. Kotnik, Diss., S. 93.)

III. Akt. 1. Auftritt. (Pilatus, Juden, Kaiphas, Annas, Mahias, Abulon, Remax, 1. Schreiber und Christus.) Christus wird vor Pilatus geführt, der die Versammelten um einen Grund zur Verurteilung fragt, die Verschiedenes anführen. Da er in Galiläa geboren ist, überlässt ihn Pilatus ganz und gar dem Herodes. (Wie aus der Abschrift A (1841) auf S. 24 ersichtlich ist, ist das der Sohn des Kindermörders Herodes.)

2. Auftritt. Der zweite Schreiber bringt Herodes die Nachricht, dass Christus vorgeführt werde.

3. Auftritt. Herodes meint in einem Monolog, dass er von Christus ein Wunder sehen müsse.

4. Auftritt. Christus wird vorgeführt. Herodes verhöhnt ihn. Die Juden bedrängen ihn, zu reden und ein Wunder zu wirken. Sie misshandeln ihn. Auf Befehl des Herodes ziehen sie ihm ein weißes Gewand an und verspotten ihn. Herodes überlässt ihn dem Pilatus. Unter Kniebeugung und Verhöhnung der Juden wird Christus abgeführt. (Vgl. Kotnik, Diss., S. 93, re.)

5. Auftritt. Pilatus befiehlt den Juden, Christus zu geißeln, weil er keinen Grund für ein Todesurteil finden kann.

6. Auftritt. Die Juden führen Christus herbei, binden ihn an eine Säule und geißeln ihn unter lauter Verhöhnung.

7. Auftritt. Christus liegt am Boden. Es kommen Maria und Johannes, die Jesus beweinen und die Sünder auffordern, nicht mehr zu sündigen, da Christus so viel leiden müsse.

8. Auftritt. Der Hauptmann meint, sie sollten seinen zerfleischten Körper in Ruhe lassen. Jesus müsse sein blutiges Gewand aufheben. Sie müssten ihn, falls sie ihn als König anerkennen wollten, auch krönen. Sie krönen ihn mit einer Dornenkrone und verhöhnen ihn; sie fallen vor ihm auf die Knie.

9. Auftritt. Jesus sitzt gekrönt da. Ein Engel kommt, der ihn dem Volk zeigt und es zur Bekehrung auffordert.

10. Auftritt. (Rat vor Pilatus.) Pilatus will die Verantwortung des Todesurteils nicht übernehmen, deshalb überlässt er Christus den anderen. (Ab.) (Vgl. Kotnik, Diss., S. 94.)

11. Auftritt. Kaiphas, Annas und der Hauptmann wundern sich darüber. Kaiphas will selbst das Urteil vollstrecken.

12. Auftritt. Pilatus kehrt wieder zurück und sagt, dass Christus für die Missetaten, die er begangen hat, schon genug gelitten hätte. Er will ihn entlassen. Doch die Juden schreien: „Kreuzige ihn!“ Pilatus fragt Christus wieder nach seiner Herkunft. Doch dieser schweigt. Auf die Frage, ob Christus nicht wisse, dass er die Gewalt besitze, ihn zum Tod zu verurteilen, entgegnet Christus, er hätte keine Gewalt, wenn sie ihm nicht von oben gegeben wäre. Pilatus will den Stab über ihn nicht brechen. Annas, Dores und Roboam sind für das Todesurteil und sprechen gegen Jesus. Josef von Arimathäa und Nikodemus verteidigen ihn. Pilatus meint, dass er ihren König kreuzigen lassen könnte, worauf die Juden antworten, sie hätten keinen König, sondern nur einen Kaiser. Pilatus willigt schließlich in das Todesurteil ein, aber nicht auf Grund seines Willens, sondern auf Grund des Volkswillens. Ein Edelknabe geht, um

Wasser und ein Handtuch zu holen. Pilatus erzählt noch, dass es an diesem Tag Gewohnheit wäre, einen Frevler frei zu lassen. Deshalb sollten sich alle äußern, ob sie Christus zu sehen wünschen oder den Barabbas, worauf sich alle unter Geschrei für Barabbas entscheiden. (Vgl. Kotnik, Diss., S. 94, re, und S. 95, li.)

13. Auftritt. Die Magd des Pilatus kommt und erzählt, dessen Frau hätte wegen dieses Unschuldigen einen schweren Traum gehabt. Die Juden schieben sie jedoch beiseite.

14. Auftritt. Pilatus will unschuldig sein am Blut Christi und wäscht sich die Hände. Die Juden antworten: „Sein Blut komme über uns und unsere Kinder." Unter [Kreischen] der Menge verkündet nun Pilatus das Todesurteil und bricht den Stab.

IV. Akt. Die Juden bringen Christus das Kreuz, welches er küsst. Der Hauptmann erteilt seine Befehle. (Bis hierher geht die Handlung auf der Bühne vor sich. Die weitere Handlung spielt sich auf dem Weg vom Theater auf den Kalvarienberg und auf diesem ab.[91] Unter Begleitung der Spieler und des gesamten Volkes wird Jesus fortgeführt. (Vgl. Kotnik, Diss., S. 95.)

Als Jesus zum zweiten Mal unter dem Kreuz fällt, begegnet ihm seine Mutter, die von den Juden davongejagt wird.

Als er zum dritten Mal fällt, meint der Freimann [Henker], Christus müsse, um das Kreuz tragen zu können, Hilfe bekommen. Der Jude Primax packt Simon von Zyrene und zwingt ihn, Christus das Kreuz tragen zu helfen. Dieser meint, er habe Feldarbeit zu verrichten. Er wird aber von den Juden misshandelt und willigt schließlich ein.

---

[91] Kotnik unterlässt ab hier die Einteilung in Szenen und die Nummerierung nach Kreuzwegstationen.

Maria kommt und beklagt ihren Sohn.

Jesus fällt zum vierten Mal.

Veronika reicht ihm das Schweißtuch. Nachdem der Meister sein Antlitz in dasselbe eingedrückt hat, gibt er es ihr zurück. Sie fordert die Menge auf, Gott zu ehren, und zeigt das Schweißtuch, das Gottes Abbild enthält. Der Aufforderung folgen Maria, Martha und Magdalena. Der Hauptmann ist über das „Plaudern" der Frauen erbost und jagt sie davon.

Die Juden misshandeln wieder den Herrn, sodass er das fünfte Mal unter dem Kreuz zusammensinkt. Sie ziehen ihn bei den Haaren und fordern auch Simon auf, am Kreuz zu ziehen, sodass der Rücken des Herrn krachen solle.

Christus fällt das sechste Mal unter dem Kreuz. Maria weint und bittet um Hilfe. Christus tröstet die Frauen. Sie sollten nicht über ihn weinen, sondern über sich und ihre Kinder. (Vgl. Kotnik, Diss., S. 95, re, und S. 96, li.)

Darüber sind die Juden aufgebracht und misshandeln ihn, sodass er zum siebenten Mal unter dem Kreuz niedersinkt.

Remax fragt den Hauptmann um Rat, was zu tun sei. Dieser antwortet, man solle ihn fortzerren, doch Acht geben, dass er nicht schon auf dem Weg sterbe, denn er müsse noch gekreuzigt werden.

Der 5. Jude zeigt den Frauen die Kreuznägel und wirft Maria vor, sie hätte ihn schlecht erzogen, weshalb es so weit gekommen sei. Auf Johannes' Rat entfernen sich die Frauen samt dem Jünger.

Jetzt nehmen die Juden Christus das Kreuz von der Schulter herab. Sie bleiben stehen. Pilatus spricht den Juden Lob dafür aus, dass sie alles so gut vollendet hätten. Ein Schreiber verfertigt die Kreuzesaufschrift „I.N.R.J.“. Pilatus befiehlt die Kreuzigung.

Der Freimann gibt den Befehl, Christus der Kleider zu entblößen. Die Juden setzen sich und spielen um seine Kleider, welche dem 6. Juden anheimfallen, da er die höchstmögliche Augenzahl (3x6 = 18) wirft.

Jesus wird Essig als Trank gereicht, worauf er auf das Kreuz geworfen wird. (Vgl. Kotnik, Diss., S. 96, li.)

Als Primax den ersten Nagel einschlagen will, wirft sich Maria vor den Juden auf die Knie nieder und bittet um Schonung für ihren Sohn. Doch vergebens. Sie nageln ihn an und erhöhen das Kreuz. Annas und Stahus wollen jetzt die Kreuzesaufschrift entfernen, da Jesus doch nicht König der Juden sei, doch Pilatus lässt das nicht zu.

Christus spricht das „erste Wort“, Gott möge seinen Feinden verzeihen, denn sie wüssten nicht, was sie tun.

Gesimas, der linke Schächer, verspottet Christus, weil er sich nicht helfen könne, obwohl er Gottes Sohn sei. Dismas, der rechte Schächer, belehrt den linken, dass Christus unschuldig leide, während sie zwei schuld seien. Christus sagt darauf: „Wahrlich, ich sage dir, noch heute wirst du mit mir im Paradies sein.“

Magdalena, die unter dem Kreuz steht, wünscht für sich dasselbe. Maria weint, denn der Abschied von ihrem Sohn fällt ihr schwer. Ihre Seele ist voller Trauer. Christus spricht das dritte Wort, indem er dem Johannes Maria als Mutter empfiehlt und der Mutter den Johannes als Sohn. Johannes ist glücklich darüber, dass er Maria als Mutter besitzt.

Christus spricht das 4. Wort: „Eli, Eli, Lama sabatani.“

Stahus, Annas und Abulon verspotten ihn noch. (Vgl. Kotnik, Diss., S. 96, re.)

Christus spricht das fünfte Wort: „Mich dürstet", worauf ihm Annas einen Essigschwamm reicht.

Christus spricht das sechste Wort.

Maria möchte mit ihm noch gerne reden, doch es ist zu spät. Sie wünscht ihm gute Nacht. Johannes redet ihr zu, sie solle ihren Sohn zum letzten Mal ansehen, denn er senke schon sein Haupt.

Christus spricht das siebente Wort, in dem er seine Seele Gott, dem Vater, befiehlt. Es entsteht ein Erdbeben. (Wird durch Pöllersalven angedeutet.)

Alles flieht, nur Longinus, der Hauptmann, Josef von Arimathäa und Nikodemus bleiben. Der Hauptmann wundert sich, warum es so tönt. Longinus meint, Christus werde seine Zaubereien noch weiter betreiben, denn die Toten ständen auf, weshalb ein solcher Schrecken verbreitet worden sei. Deshalb solle man Acht geben. Nikodemus erzählt nun, dass im Tempel der Vorhang zerrissen und die Felsen gespalten worden seien. Er ist fest überzeugt, dass Gott selbst leidet.

Longinus durchsticht Christus die Seite, aus welcher Blut und Wasser fließt, wovon er etwas in die Augen bekommt und sofort erblindet. Er wirft sich unter das Kreuz auf die Knie nieder und bittet, dass er durch das Erlösungsblut sein Augenlicht wieder bekommen möge. (Ob er geheilt wird, ist aus der Abschrift nicht ersichtlich.) (Vgl. Kotnik, Diss., S. 97.)

Johannes, Nikodemus und Josef von Arimathäa nehmen den Leichnam Jesu vom Kreuz. Martha entfernt die Dornenkrone. Darauf wird der Leichnam in den Schoß Mariens gelegt. Ein

Engel zeigt die Wunden und sagt, die Feinde würden im Spott verbleiben, denn Christus habe den Tod überwunden.

Maria bittet die Umstehenden, den Sohn von ihrem Schoß zu nehmen und ins Grab zu legen. (Jesus wird davongetragen, gesalbt und ins Grab gelegt. Das wird in der Abschrift erzählend angedeutet.) (Vgl. Kotnik, Diss., S. 97, re.)

Literatur zum Köstenberger Passionsspiel: Anton Trstenjak: „Slovensko gledališče", 1892. – „Mir" vom 15. und 25. März 1886. – „Mir" vom 25. April 1887. – Brief von Pfarrer Georg Jerman vom 13. Feber 1906. – „Mir", [Osterzeit] 1905. – Bericht von Martin Rumpolt. – „Mir" vom 10. März 1889, Nr. 5. – „Mir" vom 10. März 1890. – Unbekannter Berichterstatter in „Mir", [Osterzeit] 1890, S. 49/50. – Dr. Anton Schlossar: „Deutsche Volksschauspiele". In Steiermark gesammelt. Mit Anmerkungen und Erläuterungen nebst einem Anhang: „Das Leiden-Christi-Spiel aus dem Gurktal in Kärnten." 2 Bände. Halle, Max Niemeyer, 1891. – Rudolf Waizer: „Kulturbilder aus Kärnten." Neue Folge. Klagenfurt, 1890. – [Dr. Karl] Weinhold: „Weihnachts-Spiele und Lieder aus Süddeutschland und Schlesien." Grnetz, 1853.

Das slowenische Passionsspiel aus Eisenkappel

Dann untersuchte France Kotnik das Verhältnis der slowenischen Kärntner Passionsspiele zum Köstenberger Spiel und kommentiert das slowenische Passionsspiel aus [Bad] Eisenkappel sehr ausführlich.

Stefan Singer fand in [Bad] Eisenkappel die HS eines slowenischen Passionsspieles im Format 4° [Quartformat, Buchrücken Höhe 23-26 cm], mit 146 Seiten. Der Titel lautet:

> „Komödia od Kristusouiga Terplinja. Katiro so nekidei na te ueliki zhetertig inu na te ueli[ko]nozhni Pondelik v Kappli spilali."[92]
> (France Kotnik, Diss., S. 97, re.)
> Komedija od Kristusovega trpljenja, ki so jo nekdaj na veliki četrtek in velikonočni ponedeljek v [Železni] Kapli zaigrali. (Ütr. LMR.)
> Komödie von Christi Leiden, die seinerzeit am Gründonnerstag und Ostermontag in [Bad] Eisenkappel gespielt wurde. (Übs. LMR.)

Das Spiel umfasst drei Teile und ein Nachspiel. Der erste Teil wurde während des Tages am Gründonnerstag gespielt, der zweite Teil diente als Abendvorstellung, der dritte Teil und das Nachspiel ging am Ostermontag über die Bühne. Wie aus

---

[92] Ergänzungen zu LMR: Das Passionsspiel ... St. Stefan bei Finkenstein, 1931. Klagenfurt: Hermagoras Verlag, 2007, S. 35, S. 142. – LMR: Verurteilt zum Tod am Kreuz. ... Klagenfurt: Verlag des Kärntner Landesarchivs, 2011/12, S. 69-85. – LMR: Geboren zum Leiden und Sterben. ... Remscheid (D): Verlag Re Di Roma, 2015, S. 17 f., S. 34-72, S. 306 f. – Neueste Forschungsergebnisse in Slowenisch finden sich im Buch Erich Prunč (und andere): „Kapelski pasijon." Ljubljana: ZRC SAZU und Celjska Mohorjeva založba, 2016. (Wissenschaftskritische Edition der Passionskomödie.)

der HS zu ersehen ist, ging das Spiel nur auf der Bühne vonstatten und nicht im Freien.[93]

Die HS ist jedenfalls noch älter als die älteste Köstenberger Abschrift A (1841). Einige Stellen sind von späterer Hand geschrieben, daher jünger. An der inneren Seite des Umschlags steht: „2 fl 45 x 1816“, was Kotnik so deutete: die HS stammt aus dem Jahr 1816. Der Betreffende, der sie kaufte, gab für dieselbe 2 Gulden 45 Kreuzer aus. Auf S. 115 der HS findet sich der Vermerk: „für die Bruderschaft Familie Kasper Briznick, Maria Krovitz“, rechts steht: „Kappel, den 8ten Februar 1863.“ Diese Schriftzüge sind viel jünger als die HS.

Zum Zweck des Vergleiches führt Kotnik den Inhalt des Spieles an: (Vgl. Kotnik, Diss., S. 98, li.)

I. Teil. [Gründonnerstag, am Tag.] In der Vorrede erscheint eine Person auf der Bühne, die das Leiden Christi bis zur Kreuztragung kurz erzählt und die Zuschauer auffordert, sich während der Vorstellung sittsam zu verhalten und dann zu Hause das Leiden Christi im Geiste zu betrachten.

Das Spiel beginnt mit der Abendmahlszene. Christus befiehlt, zum Wirt zu gehen, das Abendmahl und das Gemach für dasselbe zu bestellen. Der Wirt willigt ein.

Nach der Abendmahlszene ist die Ratszene. Die Hohenpriester bewegen Judas zum Verrat und zahlen ihm dafür 30 Silberlinge.

Hierauf Abschiedsszene von seiner Mutter Maria.

---

[93] Hier irrt sich France Kotnik. Pavle Zablatnik führt sehr deutlich aus, dass die Bühne beim vulgo Dunej am Unteren Platz in Bad Eisenkappel im Freien stand und der Kreuzweg zur Kirche Maria im Dorn hinaufführte, wo Christus gekreuzigt wurde. (Vgl. Čar letnih časov, 1984, S. 100. LMR.)

Christus geht mit Petrus und Johannes auf den Ölberg. Ölbergszene. Judas‘ Verrat. Die Juden ergreifen Christus, führen ihn vor Annas, vor Pilatus, vor Herodes und wieder zu Pilatus.

Es folgt die Geißelung.

Judas empfindet Reue und verflucht das Geld. Er erhängt sich mittels eines Strickes, den ihm Luzifer überreichte. 2 Teufelszenen. Nachdem noch zuvor ein Teufel Judas‘ Eingeweide herausgeworfen hat, tragen sie ihn davon.

Christus wird mit einer Dornenkrone gekrönt.

Pilatus‘ Frau tritt auf und erzählt den schweren Traum, den sie wegen des Gerechten gehabt hätte. Sie schickt ihre Magd zum Gemahl, die ihm den Traum erzählt. Pilatus sagt, seine Frau solle selbst zu ihm kommen. Sie kommt und erzählt. Darauf bemüht sich Pilatus vergebens Christus frei zu lassen. Er muss auf Drängen des Volkes das Todesurteil verkünden.

Mit einem Epilog, in welchem die Zuschauer aufgefordert werden, an Christus zu glauben und ihm zu vertrauen, schließt der I. Teil. (Vgl. Kotnik, Diss., S. 98, re, und S. 99, li.)

II. Teil. Die abendliche Vorstellung. In der Vorrede wird der Inhalt angegeben und das Publikum aufgefordert, Jesu und Mariens Schmerzen reuig zu betrachten.

Vier Juden sind im Hof. Sie fordern eine Magd auf, glühende Kohlen herbeizuschaffen, um ein Feuer zu machen. Sie bringt sie. Da kommt die zweite Magd. Es wird recht interessant gestritten, ob die Männer oder Weiber bessere Leute seien.

Petrus verleugnet seinen Herrn.

3 Juden bewachen den Herrn im Kerker. 2 gehen weg, um die Kreuzigung vorzubereiten. Es entspinnt sich ein Dialog zwischen dem Juden, Christus im Kerker und einem Engel.

Die Juden kommen wieder herein, legen Jesus ein Gewand an. Einer überreicht ihm das Kreuz.

Jesus fällt zum ersten Mal unter der Kreuzeslast.

Maria, Magdalena und Johannes kommen. Maria beklagt ihren Sohn. Christus wird fort geführt. Maria wendet sich zum Volk, jammert und fällt in Ohnmacht. Johannes tröstet sie. Sie gehen ab.

Die Juden kommen wieder mit Christus. Simon von Zyrene wird gezwungen, das Kreuz tragen zu helfen.

Veronika begegnet Christus und reicht ihm das Schweißtuch. Sie zeigt es dem Volk und fordert dieses auf, Christus im Herzen zu behalten.

Christus fällt zum zweiten Mal unter dem Kreuz.

Petrus erweckt vor dem Publikum in einem langen Monolog Reue über seine Sünden.

Magdalena, Jacoba und Maria Salome beweinen Christus. Dieser sagt, sie sollten nicht über ihn weinen, sondern über sich und ihre Kinder.

Jesus fällt zum dritten Mal.

Er wird ans Kreuz genagelt.

Seinen Mantel teilt ein Jude in vier Teile und verteilt dieselben unter Zank der Beteiligten. Um das Gewand wird gewürfelt. Diese Szene ist recht volkstümlich gehalten.

Christus hängt am Kreuz. Es wird ein Gesang angestimmt. Der Hauptmann verspottet den Gekreuzigten.

Ein Engel kommt und moralisiert, indem er Christus dem Volk zeigt.

Die Juden verspotten Jesus. Dieser spricht das erste Wort, und der Reihe nach die anderen Worte.

Maria ist in Sorge, wohin der Leichnam kommen werde. Die Juden wollen ihn herunternehmen. Da kommt Longinus, der von Pontius Pilatus geschickt wurde, um nachzusehen, ob Christus tot wäre, und durchsticht ihm die Seite. Longinus bereut seine Handlung vor dem Volk.

Nikodemus und Josef von Arimathäa kommen zu Maria, Magdalena und Johannes, die unter dem Kreuz stehen, und nehmen den Leichnam herunter.

(Der Vorhang wird schnell fallen gelassen.)

Ein Lied wird angestimmt. Maria betrauert ihren Sohn, der auf ihrem Schoß liegt. Ein Sünder tritt auf, der seine Sünden bereut. Maria tröstet ihn. Josef von Arimathäa möchte Christus begraben. (Vgl. Kotnik, Diss., S. 99 und S. 100, li.)

III. Teil. Am Ostermontag. Wieder ein Prolog, in dem der Inhalt wiedergegeben und zum Gebet und frommen Leben aufgefordert wird.

Zwei Engel treten auf. Einer erzählt vom reichen Prasser, der in der Hölle brennt. Man müsse daher den Tod vor Augen haben und fromm leben. Da zeigt der eine Engel den Tod, der bis dahin noch hinter dem Vorhang war. Der Engel geht ab. Der Tod kommt mit langen Schritten hervor und spricht zum Volk. Er hat eine Sense in der Hand, zum Zeichen, dass er jeden abmäht. Er erklärt, was das bedeutet, dass er ohne Nase, ohne Augen ist. In der Hand hält er eine Uhr. Der zweite Engel kommt wieder und moralisiert. Danach spricht wieder der Tod in belehrendem Ton.

Ratszene. Kaiphas erzählt, welche Wunder beim Tod Jesu geschahen. Annas meint, man dürfe das Grab nicht allein lassen. Kaiphas ist dafür, dass man bei Pilatus um eine Nachtwache fürsprechen solle. Die Pharisäer meinen, man solle ihn auch um seine Siegel bitten und damit das Grab versiegeln, damit es auch wirklich sicher sei.

Der Rat kommt zu Pilatus und fordert von ihm die Nachtwache und das Siegel. Pilatus meint, ob sie nicht genug Wunder gesehen hätten. Sie drohen ihm mit der Anzeige beim römischen Kaiser. Nach langem Drängen bewilligt er die Wache.

4 Soldaten bewachen das Grab und plaudern. Sie bestimmen durch Würfeln den Wachdienst. Die anderen legen sich nieder. Der erste steht auf Wache. Aus Langeweile singt er ein Lied.[94] Es wird ihm zu kalt. Er kann nicht weiter singen.

Der wachhabende Soldat ruft die Hausmagd. Dinna kommt. Er bittet sie um Feuer. Sie meint aber, ob er nicht wisse, dass das Holz heuer teuer sei. Wenn sie solche Hosen trüge wie er, wollte sie anders warm und heiß sein. Die Magd entfernt sich und bringt glühende Kohlen. Sie sagt, er habe sie nur deswegen gerufen, weil er sich auf der Wache fürchte. Er solle zusehen, dass er sich nicht den Bart anbrennt und durch den Gestank seine Kameraden aufweckt. Die Magd geht ab.

Der Soldat will sich zu den Kameraden niederlegen, doch da stinkt es ihm zu sehr. Er legt sich weiter weg nieder. Da schlafen alle 4 Soldaten tief. Magdalena kommt herfür und redet. (Ihre Rede fehlt jedoch im Text.)

2 Engel preisen Maria als Mutter des Auferstandenen. Der auferstandene Jesus erscheint ihr. Er verweilt nicht lange bei ihr und verschwindet bald.

---

[94] „Pesem koker jo je Shounier per Gruobu peu.“ – Pesem, kakor jo je vojak pri grobu zapel. – Das Lied, das der Soldat am Grab sang. – Vgl. LMR: Geboren zum Leiden und Sterben. … Remscheid: Verlag Re Di Roma, 2015, S. 60, [130].

Die erwachten Soldaten schauen ins Grab und finden, dass der Heiland verschwunden ist und der Stein vom Grab gewälzt ist. Einer schiebt die Schuld auf den anderen. Sie überlegen, wie sie das Pilatus melden sollen. Sie gehen ab. Pilatus mit dem Bedienten kommt. (Fehlt in der HS wieder.)

Magdalena, Jacoba und Salome kommen zum Grab. Ein Engel erscheint und verkündet, dass Christus bereits auferstanden sei. Als diese weggehen wollen, kommt Petrus herbei. Maria Magdalena erzählt nun den beiden Jüngern, was geschehen ist. Die Jünger sehen, dass das Siegel noch am Grab ist, aber Christus nicht mehr im Grab. Es wird ein Gesang angestimmt. (Vgl. Kotnik, Diss., S. 100, S. 101 und S. 102, li.)

Das Nachspiel. Personen: Christus als Richter, die Seele, Luzifer, Engel Michael, Maria, mehrere Teufel.

Luzifer erzählt, dass die Seele nicht gehorchen wollte, deswegen werde sie in der Hölle brennen.

Die Seele weiß nicht, was zu tun sei. Sie kniet vor Maria nieder, vor der alle Teufel zittern, und bittet sie, sie möge bei ihrem Sohn Fürsprecherin sein. Maria bittet nun ihren Sohn für die Seele. Sie hätte zwar gesündigt, aber trotzdem jeden Tag zu Ehren Mariens einen Rosenkranz gebetet und an Freitagen gefastet.

Christus als Richter sagt, die Teufel hätten sich bei ihm über die Seele beklagt. Er werde sehen, ob sie genug gute Werke vollbracht hätte. Wenn aber nicht genug gute Werke vorhanden seien, so werden Marias Fürbitten sie retten.

Der Teufel schwärzt die Seele vor Gericht an, da sie hoffärtig war, nicht in die Kirche ging und die Gebote nicht beobachtete. Maria nimmt sich der Seele an.

Christus ruft nun den Engel Michael und beauftragt ihn, die guten und schlechten Werke der Seele mit einer gerechten Waage zu wägen. Er wägt. Die Missetaten sind ohne Zahl und Ende. Er meint, sie werde niemals ins Paradies kommen.

Maria kniet vor Christus nieder. Der Herr sagt, sie solle aufstehen und ihren Wunsch äußern. Sie wünscht ein gnädiges Gericht für die Seele, damit sie auf ewige Zeiten ihren Herrn loben könnte. Daraufhin legt sie den Rosenkranz der Seele auf die Waage. Christus sagt nun, der Rosenkranz hätte die höllische Macht überwunden, deshalb sollten die Teufel abziehen. Die Seele wendet sich nun gegen das Publikum und lobt den Herrn und Maria.

Ein Engel kommt und belehrt das Volk, dass es gut sei, wenn man Maria verehre. Marias Fürbitte und das eifrige Rosenkranzgebet hätten die Seele gerettet, deshalb solle auch das Volk so handeln, damit es in den Himmel komme. Schluss. (Vgl. Kotnik, Diss., S. 102.)

Aus dieser Inhaltsangabe schließt France Kotnik, dass das Eisenkappler Passionsspiel ganz anders gestaltet ist als das Köstenberger, dass zwischen diesen beiden slowenischen Passionsspielen also gar kein Zusammenhang besteht. (Vgl. Kotnik, Diss., S. 102, re.)

Im Unterkapitel **Schlussfolgerungen** vergleicht France Kotnik die beiden Passionsspieltexte aus [Bad] Eisenkappel und Köstenberg, wobei sich keinerlei Textgleichheit ergibt.

Das Eisenkappler Spiel hat eine ganz andere Quelle. Es dürfte eine Übersetzung aus dem Deutschen sein, da ja die Spielanleitung deutsch ist, wie sie im Mittelalter bei deutschen Spielen etwa in lateinisch war. Das viele Moralisieren verrät einen Geistlichen, wahrscheinlich Jesuiten als Verfasser, dem es nur ein Mittel zum Zweck war. Interessant ist aber, dass in das Spiel 2 derbe Soldatenszenen eingedrungen sind, die gesunden Volkshumor und kärtnerischen Volkscharakter zeigen.

France Kotnik ging auf das Eisenkappler Spiel nicht näher ein. Er wollte einfach nur zeigen, dass die Kärntner Slowenen am Anfang des 19. Jahrhunderts 2 Passionsspiele in slowenischer Sprache aufweisen konnten, die nicht übereinstimmen und von verschiedenen Autoren stammen.

Dann fasst France Kotnik das Ergebnis seiner Forschung im Bezug auf das Verhältnis von drei deutschen Kärntner Passionsspielen zum Drabosenig Spiel zusammen.

Das Gurktaler Spiel zeichnet sich durch seine modernisierte Fassung aus. Der Grundtext dürfte nach Anton Schlossar (Band II, S. 399 ff.) wohl schon im 16. oder 17. Jahrhundert entstanden sein. Zu Ende des 18. oder Anfang des 19. Jahrhunderts hat es eine umfassende Bearbeitung erfahren, wobei umfangreiche Einschiebungen und Veränderungen erfolgt sind. Schon das Versmaß ist anders. Während in den anderen Volksschauspielen Reimpaare „aa bb cc“ vorhanden sind, ist im Gurktaler Spiel „ab ab“ angewendet. Inhaltlich stimmt es mit dem Köstenberger Spiel im Großen und Ganzen überein, aber nicht wörtlich. (Vgl. Kotnik, Diss., S. 103.)

Ein anderes Kärntner Passionsspiel ist das aus Glanhofen, dessen Inhalt Rudolf Waizer wiedergibt. Es reicht auch bis zur Kreuzabnahme wie das Schuster-Spiel. Glanhofen liegt nicht weit von Köstenberg, deshalb ist der Vergleich schon wegen der Nähe der beiden Ortschaften interessant. Ein Vergleich mit den veröffentlichten Stellen zeigt aber, dass das Spiel in keinem Zusammenhang steht; nur der Gang der Handlung ist im Großen und Ganzen derselbe.

Das Glantaler Spiel aus Sörg, von dem Franz Franzisci (S. 77-79) berichtet, ist dasselbe wie das Glanhofner Spiel. Der veröffentlichte Text stimmt mit dem von Rudolf Waizer veröffentlichten überein. (Vgl. Kotnik, Diss., S. 103, re.)

Damit schloss France Kotnik das Kapitel über Schusters Wirken aus Zeitmangel ab. Er suchte in der kaiserlich-königlichen Lyzeumsbibliothek in Klagenfurt und im Archiv des Geschichtsvereines für Kärnten nach Handschriften deutscher Passionsspiele, fand dort aber keine.

Um das Köstenberger Passionsspiel richtig würdigen zu können, bedürfen vor Allem die deutschen Kärntner Passionsspiele eingehender Studien, die aber bis 1907 fehlten.

Um Schusters Wirken richtig würdigen zu können, müsste nach Ansicht von France Kotnik noch Folgendes geleistet werden:

1. Eine Untersuchung seiner Sprache, Einfluss des Schriftslowenischen und Eigentümlichkeiten im Dialekt.

2. Eine metrische Untersuchung aller Drabosenig Gedichte unter Einbeziehung der Akzentuierung.

3. Der Einfluss der Bibel auf das Passionsspiel und der Einfluss des „Christi-Leben-Buches“ von P. Martin Cochem auf das Drabosenig Passionsspiel.

4. Forschung nach anderen deutschen Kärntner Passionsspielen und gedruckten Passionsspielen überhaupt.

Die Lösung all dieser Fragen behielt sich France Kotnik als zukünftiges Forschungsvorhaben vor. (Vgl. Kotnik, Diss., S. 104, li.)

Zum Schluss wies France Kotnik noch auf das akrostichisch verwendete ABC in anderen Literaturen hin. Andreas Schuster wandte das ABC als Akrostichon in zwei Büchern an: 1. im Svovenji OBAC, das in Versen abgefasst ist, und 2. in der Marienpassion, die in Prosa geschrieben ist. (Vgl. Kotnik, Diss., S. 104, re, bis S. 108, re.) Diese umfangreiche Studie von France Kotnik ist jedoch nur für Spezialisten unter den Literaturwissenschaftern interessant, die Altgriechisch, Latein und (Alt-)Russisch beherrschen und sich hauptberuflich mit solchen Sonderfragen beschäftigen.

Literatur zur Schlussfolgerungen: Dr. Anton Schlossar: „Deutsche Volksschauspiele". In Steiermark gesammelt. Mit Anmerkungen und Erläuterungen nebst einem Anhang: „Das Leiden-Christi-Spiel aus dem Gurktal in Kärnten." 2 Bände. Halle, Max Niemeyer, 1891. – Rudolf Waizer: „Kulturbilder aus Kärnten." Neue Folge. Klagenfurt, 1890. – Franz Franzisci: „Kultur-Studien über Volksleben, Sitten und Bräuche in Kärnten." Herausgegeben vom Grillparzer Verein, 2., verbesserte Auflage, Leipzig, Naumburg, 1902.

Im Unterkapitel **Schusters Bedeutung für die slowenische Literatur** führt France Kotnik aus, dass man Andreas Schuster nicht vom Standpunkt seiner Zeitgenossen Valentin Vodnik und Urban Jarnik[95] beurteilen darf, die höhere Bildung genossen haben, denn Andreas Schuster-Drabosenig war ein Mann aus dem Volk, der selbst den Pflug führte, Reime „verfertigte" und Bücher herausgab.

Obwohl der größte Inhalt derselben ein religiöser ist, und er selbst auch religiös war, ist andererseits ein Fortschrittsgedanke bei ihm bemerkbar, indem er kein gedankenloser Anhänger der Geistlichkeit ist und mit derber Satire ihr schwelgerisches Leben geißelt. Er trennt sehr gut die Sache von der Person.

In Krain und Steiermark wurden in dieser Zeit viele religiöse Bücher gedruckt, in Kärnten tauchen neben diesen auch Schusters Svovenji OBAC, die Weiber-Litanei usw. auf, die in den anderen slowenischen Landstrichen wohl nicht hätten erscheinen können.

Andreas Schuster hätte, falls ihm noch mehr Bildung zugekommen wäre, Bedeutendes geleistet. Er ist ein hervorragendes Talent, das in einer einsamen Waldheimat wirkte. Und deswe-

---

[95] Valentin Vodnik (1758-1819), besuchte das Gymnasium in Laibach, studierte dort Philosophie und Theologie, wurde Franziskaner unter dem Namen Pater Marcelijan, lernte Italienisch und Französisch, verließ 1784 den Orden, wirkte als Priester in Bled, unterrichtete am Gymnasium in Laibach und wurde dort Direktor, Schulinspektor für die Volks- und Berufsschulen, gehörte zum Aufklärerkreis um Žiga Zois, schrieb Literatur und Grammatiken, wurde 1815 von den Franzosen frühzeitig pensioniert. – Urban Jarnik (1784-1844), aus dem Gailtal gebürtig, besuchte das Gymnasium in Klagenfurt, studierte dort Philosophie und Theologie, war Kaplan und Pfarrer in Klagenfurt, wurde 1827 Pfarrer von Moosburg, protestierte gegen das Deutschtum der Habsburger und gegen die napoleonische Verwaltung, war Aufklärer, verfasste Schulbücher und volkskundliche Schriften.

gen gebührt ihm ein Ehrenplatz in der slowenischen Literaturgeschichte. (Vgl. Kotnik, Diss., S. 108, re, und S. 109, li.)

Kotniks Dissertation enthält noch einen Nachtrag zu Schusters Tod aus dem Sterberegister der Pfarre Damtschach, was aber schon auf S. 15 f. in den Lebenslauf eingearbeitet wurde. Auf Grund der Differenz im Lebensalter muss das nicht unser Volkspoet gewesen sein. (Vgl. Kotnik, Diss., S. 109.)

Kotnik gibt noch einen Nachtrag in Slowenisch zum Lied des 1. Wächters am Grab aus der Eisenkappler Passion, was hier aber nicht von Bedeutung ist. (Vgl. Kotnik, Diss., S. 110.)

France Kotnik veröffentlichte Ausschnitte aus seiner Dissertation als Beiträge zur Kärntner Volksliteratur 1910 und Artikel seiner weiteren Passionsspiel- und Drabosenig-Forschung 1911 und später in den auch bereits auf S. 36 erwähnten Zeitungen und Zeitschriften.

Alle bisherigen Forschungsergebnisse zum Thema religiöse Kärntner Volksschauspiele in Slowenisch zueinander in Relation zu setzen, würde den Rahmen dieses Buches bei Weitem sprengen.[96]

---

[96] Vgl. Katja Sturm-Schnabl und Bojan-Ilija Schnabl: „Enzyklopädie der slowenischen Kulturgeschichte in Kärnten/Koroška. Von den Anfängen bis 1941." (In Deutsch.) Band 1: A-I, Band 2: J-PL, Band 3: PO-Z. Wien: Böhlau Verlag, 2016.

3.3 Bildmaterial zu Dr. France Kotnik

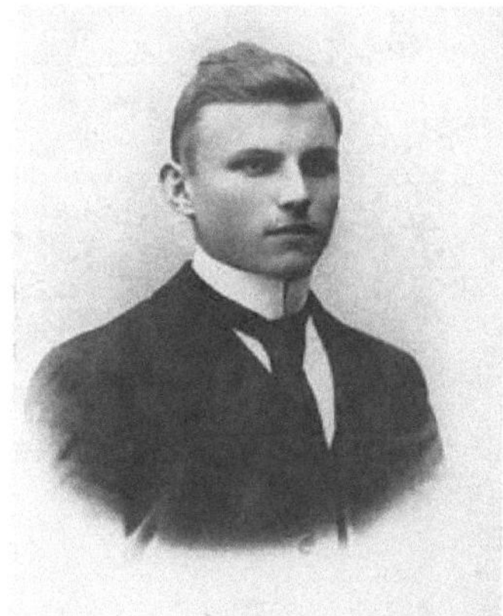

Dr. France Kotnik,Volkskundler. Aus https://sl.wikipedia.org/wiki/, Zugriff: 24.02.2018, 23:45 Uhr.

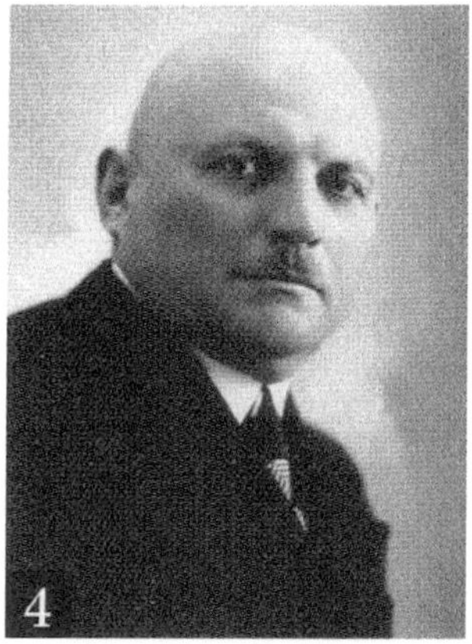

Dr. Franc Kotnik, Volkskundler. Quelle: Vončina und Šuler Pandev, bukovniki in vižarji, 2011, S. 29.

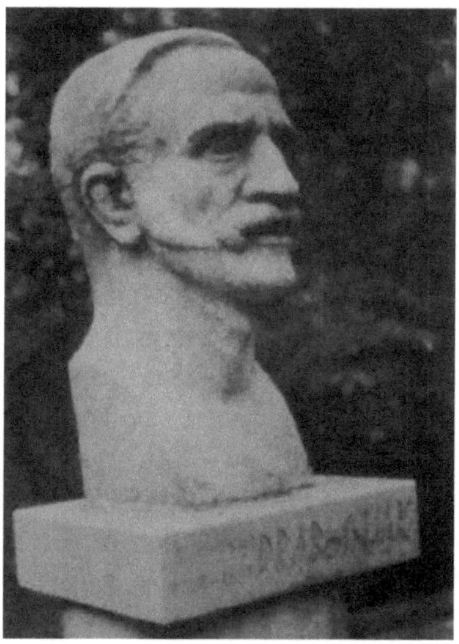

Andrej Šuster-Drabosnjak. Büste von France Gorše, Sveče. Aus: Družina in dom, 5/1988, S. 5.

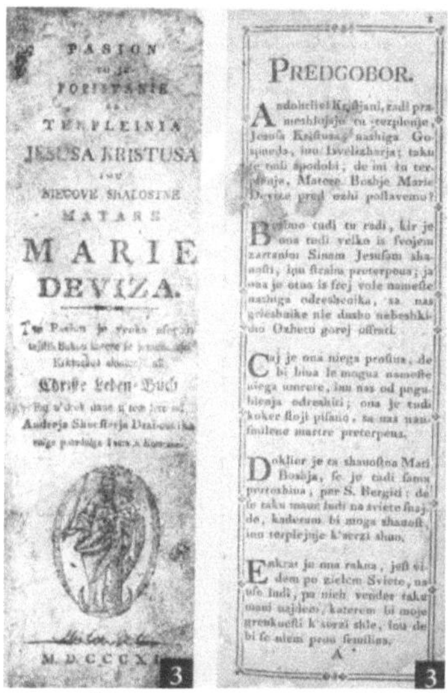

Andrej Šuster-Drabosnjak: Marijin pasion. Aus: Vončina und Šuler Pandev, bukovniki ..., 2011, S. 15.

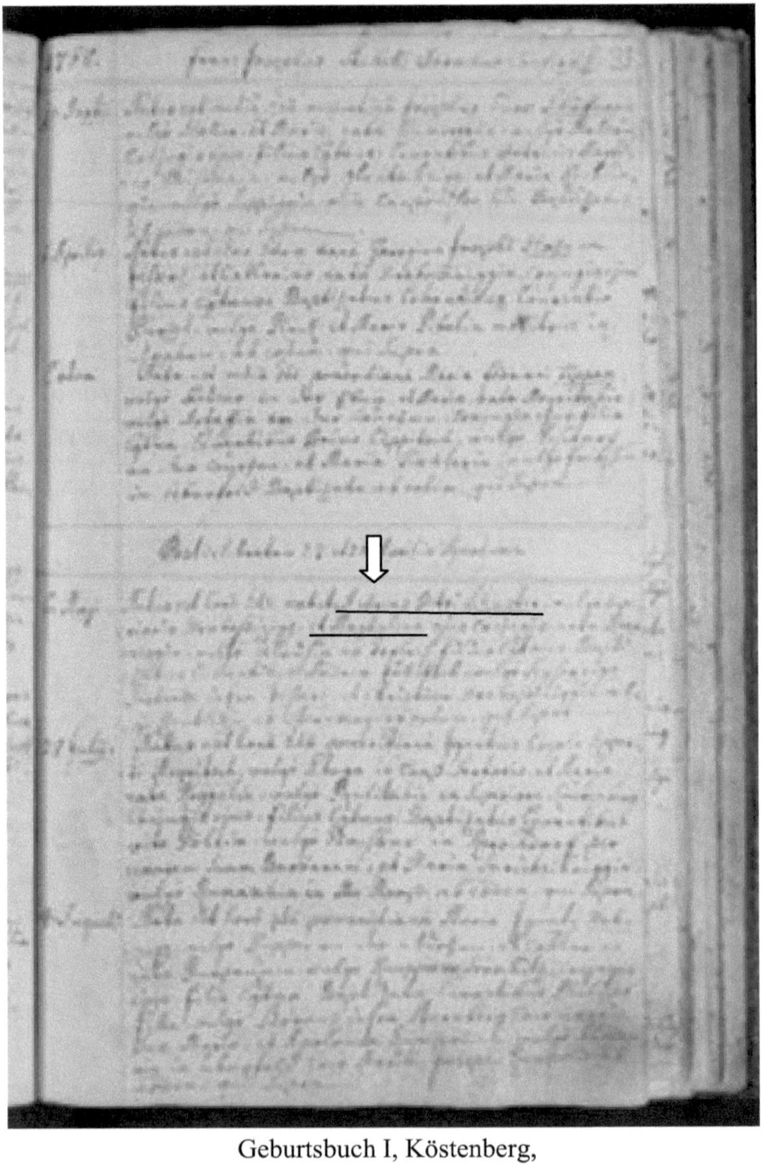

Geburtsbuch I, Köstenberg,
K32_001-1, 4-14-4837_00070,
Andreas Schuster, *6. Mai 1768.

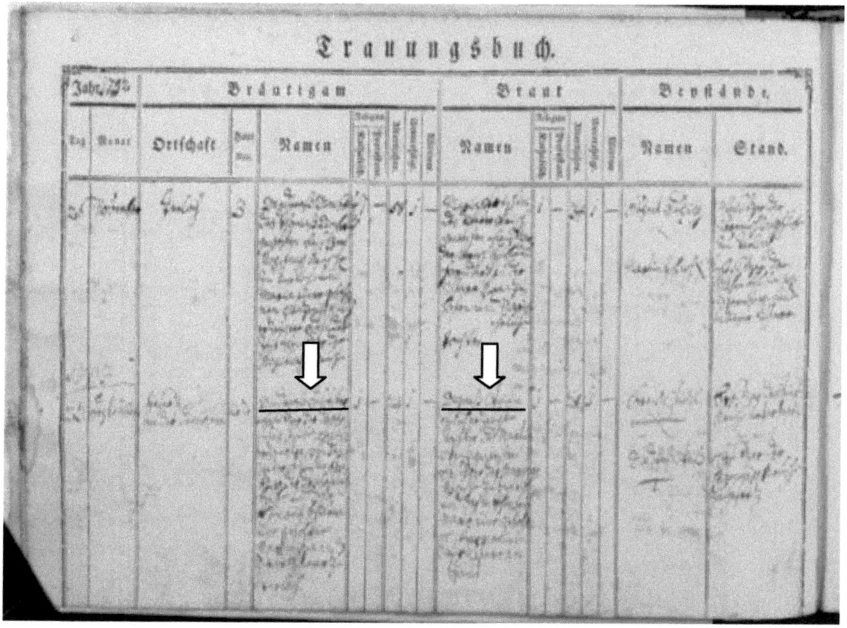

Trauungsbuch III, Sternberg-Strmec,linke Seite,
S89_008-1, 3-7-3448_00008, ∞23.09.1793,
Andreas Schuster und Agnes Weißin.

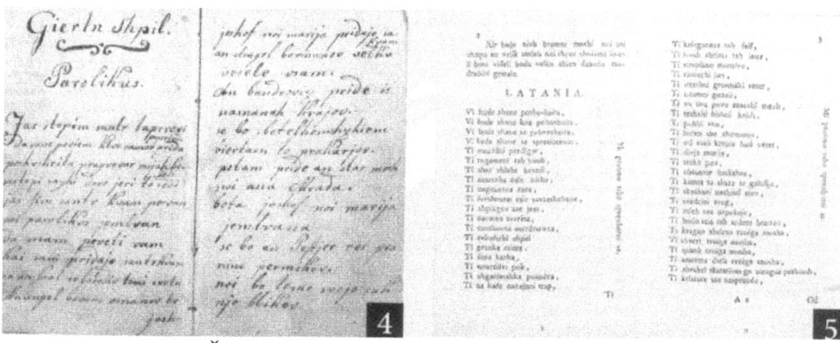

Andrej Šuster-Drabosnjak: Giertn Shpil und Latania.
Quelle: Vončina und Šuler Pandev, bukovniki in vižarji, 2011, S. 15.

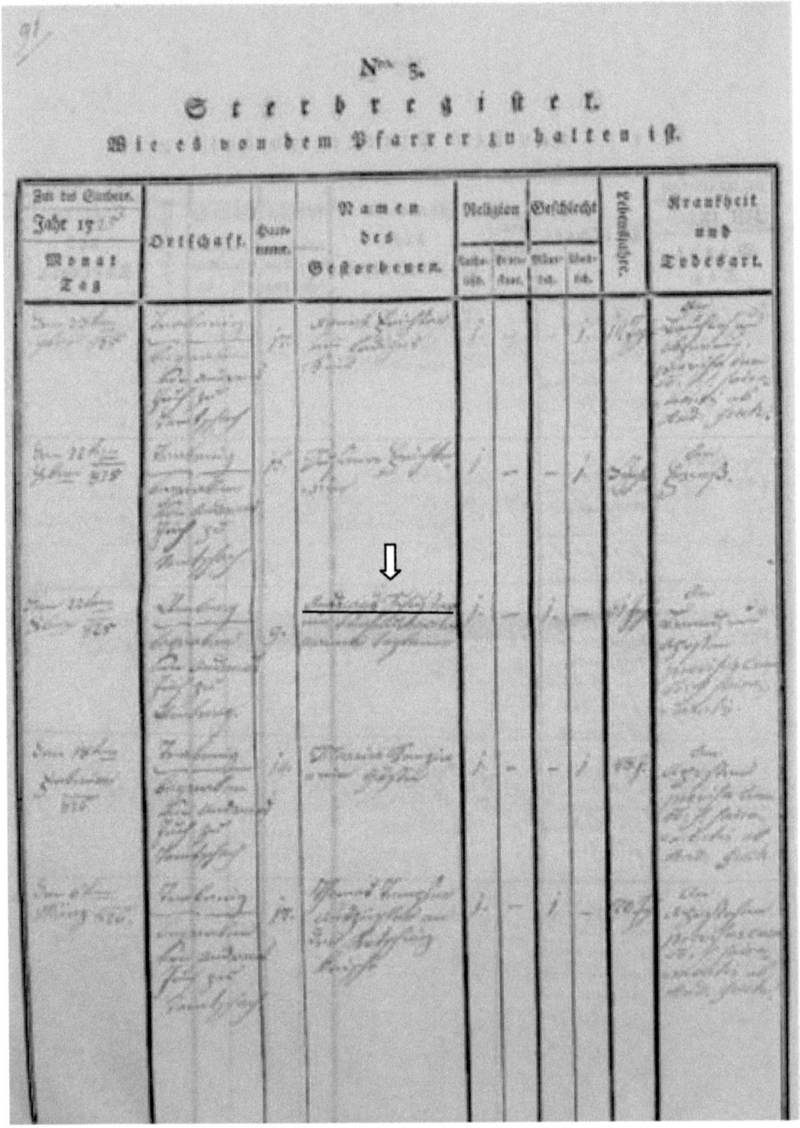

Sterbbuch I, Damtschach,
D01_012-1, 3-7-277_00100,
Andreas Schuster, †22.Dez.1825.

Familie des Andreas Schuster,
vulgo Oberer Drabosenig in Oberjeserz, Haus Nr. 22

Großvater: Simon Schuster, †21. März 1768, 73 Jahre alt

Eltern: Peter Schuster, †19. Sept. 1797, 66 Jahre alt
∞ mit Magdalena Karpniggin, ungeprüfte Hebamme

Geschwister:
1. Maria *9. Aug. 1757
2. Luzia *9. Dez. 1759
3. Christina *30. März 1761
4. Mathäus *15. Sept. 1763, †15. Sept. 1767
5. Kaspar *1. Dez. 1765
6. **Andreas Schuster** *6. Mai 1768, †22. Dez. 1825
übernimmt den Hof vom Vater kurz vor seiner Heirat
∞23. Sept. 1793, **Agnes Weißin**, 21 Jahre alt

Kinder:
1. Gregor *12.09.1794
2. Josef *21.12.1795
3. Elisabeth *16.09.1797, †gleich nach der Taufe
4. Simon *21.09.1798
5. Gregor *20.03.1800,
6. Maria *28. Jänner 1802
7. Elisabeth *12. Juni 1803
8. Johannes (Evangelist) *29. Dezember 1805, †10.08.1806
9. Johannes *12. August 1807
10. Sophie *13.03.1809
11. Martin *24.10.1810

(Erstellt von LMR zu S. 15 f. und S. 51 ff.)

kade se Kna bu takn grozontno mraz.
Je pisčam klar, da gre oky včeti se
De se vouthn zvo ferdriena se."

In naiver Weise streiten noch eine Zeit lang die beiden, wer der bessere Sänger sei. Hanjar sagt z.B.:

„Tise nkoli ne postopiš popriada pote,
Al bičce pa več več ta ietkaste mele."

Sie legen sich zum Schlafe, da ja Hanzele auf der Wache steht.

Als sie eingeschlafen, kommt Hanzele und klagt über die Kälte. Er weckt die beiden auf. Alle drei wundern sich über die erleuchtete Nacht.

Nachdem sich Hanzele zu den beiden Kameraden auf den Boden hingestreckt hatte, kommt ein Engel und verkündet den Hirten die Geburt Christi. Riepl fragt ihn, auf welchem Wege sie wandern sollten, um das Kind anzutreffen. Der Engel antwortet, sie sollen gegen Betlehem gehen, in einem Stalle auf der Alm würden sie es finden. Die
Die Hirten singen noch zwei Lieder und ziehen von dannen.

IV.

Herodes und sein Page treten auf. Der König rühmt sich seiner Macht und Stärke. Jedoch ein Traum läßt ihn oft nicht zur Ruhe kommen:

„Al kaj opomieni ta sice,
Al kaj le mna stuov an tak polič..
Prav strašn senj je mna pried pršo

Ta jes kna viem kam bi ada šov."
(Sie gehen ab)

V.

Josef und Maria treten auf. Maria klagt über die große Kälte und die Leiden des Kindes. Da klopft jemand an die Türe. Es sind die armen Hirten. Dreimal singen dieselben, immer etwas höher:

„Najta nam tanti k vam
nam pastircam",¹) worauf Josef dreimal, immer mit höherem Tone antwortet:

„Pojta sante, pojta sante, vi
pastirci."

Nachdem die Hirten eingelassen worden waren, unterreden sie sich noch eine Zeit lang, worauf sie ihre Opferung dem Kinde darbringen. Sie opfern ihresgleichen und bitten um Segen und Gnade.

Riepl bittet das Kind, es möge ihn vor allem Bösen bewahren und opfert ihm das feisteste Schaf. Tušin bittet es, daß im Frühjahre nur weiße Lämmer geworfen werden sollten, denn solche habe es am liebsten. Das Kind erhört ihn. Deshalb will er es in seine Hirtenhütte

¹) Die Melodie, die ich nur merkte, setzte Dr. Bezj. Iparic folgendermaßen in Noten um:

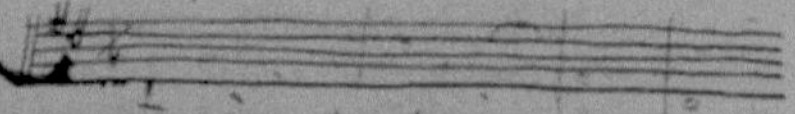

Naj - ta nam tam - ti k vam nam pa - stir - cam

France Kotnik, Dissertation, Universität Graz 1907, S. 49.
Köstenberger Hirten- und Dreikönigs-Spiel, HS-Scan.
Quelle: Slowenisches Volkskundeinstitut Urban Jarnik, Klagenfurt.

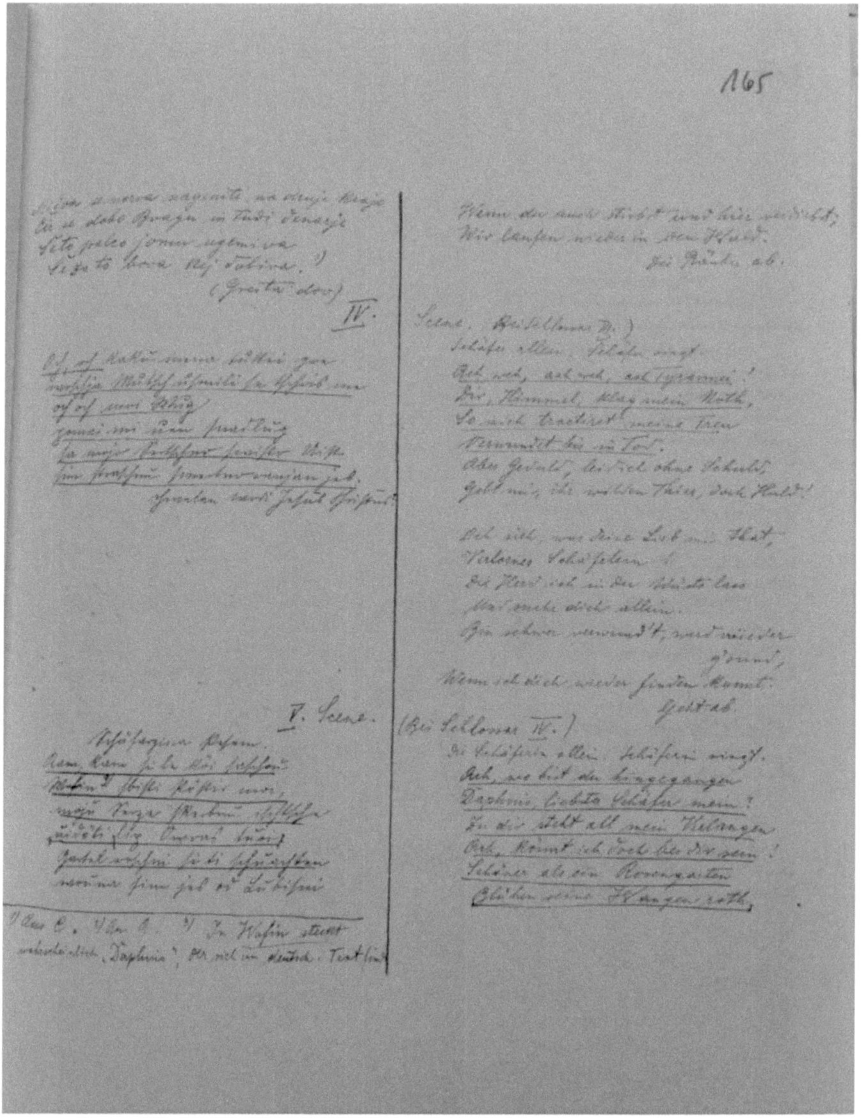

France Kotnik, Dissertation, Universität Graz 1907, S. 83.
Schäferspiel als Vorspiel zum Köstenberger Passionsspiel, HS-Scan.
Quelle: Slowenisches Volkskundeinstitut Urban Jarnik, Klagenfurt.

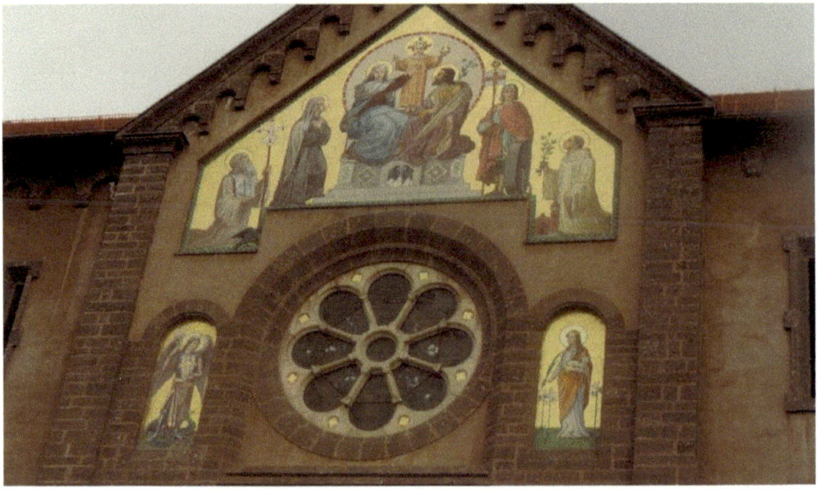

Gymnasium Tanzenberg, Kirche, Hauptfassade.
Quelle: LMR, 25.05.2014.

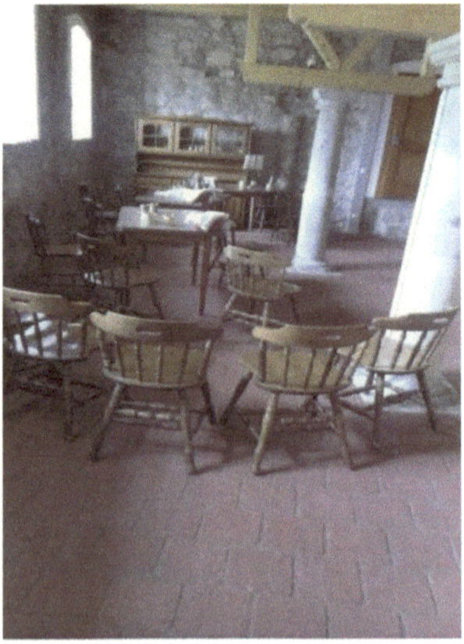

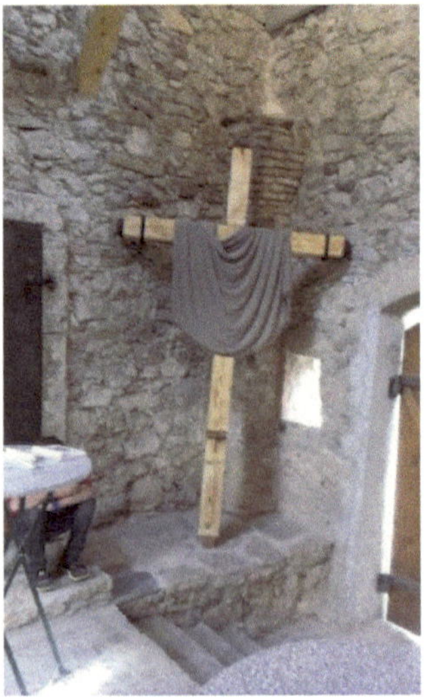

Klosterruine Arnoldstein,
Abendmahlsaal. Kreuz.
Beide Fotos: LMR, 21.08.2015.

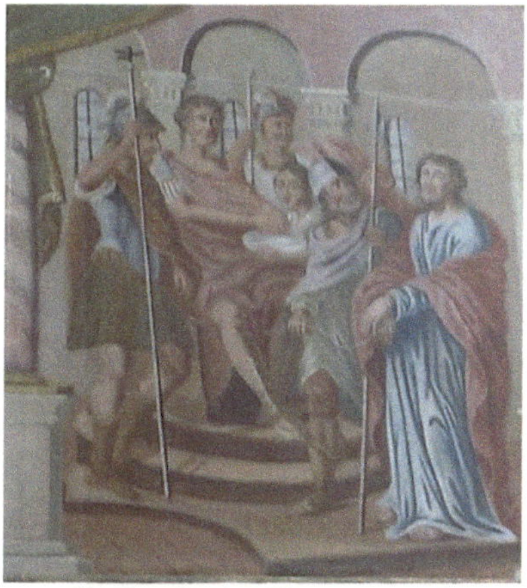

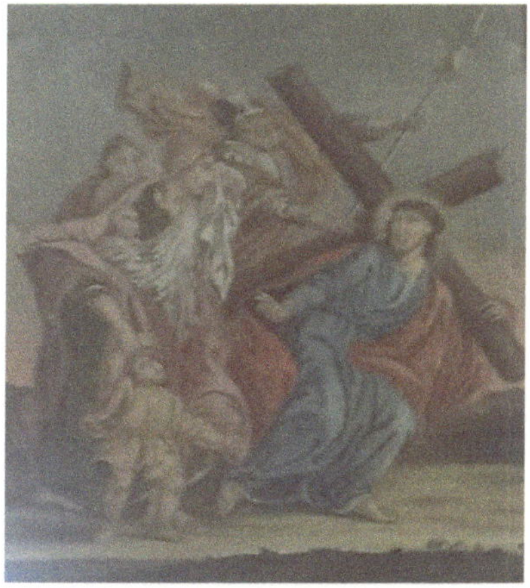

Gurker Dom, Kreuzweg, I. Gurker Dom, Kreuzweg, VIII.
I. Station: Christus wird zum Tod verurteilt. VIII. Station: Christus tröstet und bedauert die ihn beweinenden Frauen. Beide Fotos: LMR, 01.06.2014.

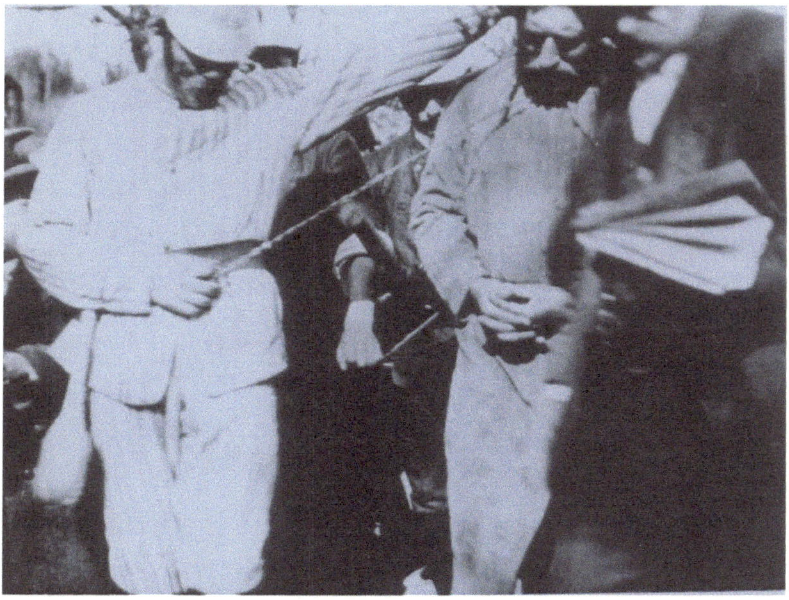

Passionsspiel Obermühlbach, Kärnten, 1933, Gefangennahme Christi.
Quelle: Michael Henker, ...: Hört, sehet, weint und liebt. ..., 1990, S. 327.

4 Der Volkskundler P. Dr. Romuald Pramberger

4.1 Sein Leben und Werk

Julius Pramberger[97] wurde am 12. April 1877 in Pöchlarn als Sohn des Kaufmannes Gottfried Pramberger und seiner Ehefrau Maria, geborene Geyrhofer, geboren. Der Vater von Julius hatte seine zweite Ehefrau nach kurzer Witwerschaft 1876 geheiratet. Er starb 1883 im Alter von 67 Jahren. Julius hatte noch einen Halbbruder. Julius maturierte 1899 am Gymnasium der Melker Benediktiner.

Am ersten September 1899 trat Julius in Melk als Novize ein. Er erhielt den Ordensnamen Richard. Ab 1890 weilte er zum Studium am Jesuitenkolleg in Innsbruck. Am fünften Feber 1902 bat er um Entlassung aus dem Melker Benediktinerorden. Darauf wollte Julius Pramberger verschiedene Klöster kennenlernen und trat ins Linzer Priesterseminar ein. Im September 1902 wurde er von den Benediktinern in St. Paul im Lavanttal aufgenommen. Dort erhielt er den Ordensnamen Romuald. Er konnte sein Priesterstudium in Rom fortsetzen. Nachdem es aber auch in St. Paul im Lavanttal Meinungsverschiedenheiten zwischen ihm und dem Orden gab, trat er am 19. Oktober 1903 ins Stift St. Lambrecht ein. Dann setzte er sein Studium in Salzburg fort und legte am 12. Juli 1904 auch in St. Lambrecht die feierliche Profess ab. Er wurde am 14. Juli 1904 zum Priester geweiht, seine Primiz fand am 26. Juli 1904 statt.

Pater Romuald war sich einerseits seiner Berufung zum Priester nicht sicher und andererseits hatte er einen großen

---

[97] Vgl. Benedikt Plank: Pramberger. In: transcript 2013, S. 507-518. Vgl. auch Helga Drusowitsch: Pramberger. Univ. Graz, Diss., 1978.

Kropf, weshalb es immer wieder zu Unstimmigkeiten zwischen ihm und seinen Vorgesetzten und Mitbrüdern kam. In den Jahren 1908 und 1909 erlebte er eine tiefe Identitätskrise, weil nicht er, sondern P. Othmar Wonisch, zum Archivstudium ins Österreichische Institut für Geschichtsforschung entsandt wurde. P. Romuald wurde von Aflenz, wo er damals beschäftigt war, in ein Grazer Ordenssanatorium und danach in die Ordenspflegeanstalt in Kainbach gesandt. Dort entschloss er sich zur umfangreichen volkskundlichen Sammeltätigkeit.

P. Dr. Romuald Pramberger unterrichtete am Sängerknabenkonvikt und wurde in verschiedenen Pfarren zu zahlreichen Vertretungen von Ordens- und Weltpriestern eingesetzt, sodass er nie längere Zeit an einem Ort verbringen musste. Auf diese Weise besaß er genug Freizeit, um seinen volkskundlichen Studien nachzugehen und ungezählte Gegenstände zu sammeln. Er hatte als Priester einen besonderen Draht zu den einfachen Leuten, wohingegen er mit dem harten Kern der Katholiken nicht zu Recht kam. Seine große Leidenschaft war das Schreiben.

Allein über die Alltagskultur verfasste er drei umfangreiche Handschriften.

1. Volkskunde des Oberen Mur- und Metnitztales, Mittel- und Oststeiermark, Oberösterreich, Salzburg. 1911-1927 geschrieben, 1948 ergänzt. 45 Folianten in der Volkskundlichen Sammlung des Universalmuseums Joanneum in Graz.

2. Eine umfangreiche volkskundliche Sammlung von alltäglichen Gegenständen, die sich im Stift St. Lambrecht befindet.

3. Die Haus- und Familiengeschichten von St. Blasen, Karchau, St. Lambrecht Markt und Landgemeinde. Entstanden 1933 und 1934, aufbewahrt in den Gemeindearchiven von St.

Blasen und St. Lambrecht. Die Grundlage für dieses dritte Werk bildeten Urkunden, grundherrschaftliche Akten und Matrikeln der gesamten Pfarre St. Lambrecht, ergänzt durch Skizzen, Bilder und Fotos der einzelnen Anwesen.

Neben diesen drei erwähnten Handschriften publizierte er Aufsätze, Artikel und Beiträge in Zeitschriften, Zeitungen und Kalendern. Er hielt Vorträge und organisierte Volks- und Brauchtumsfeste, so zum Beispiel im September 1921 das Volksfest zur 400-jährigen Zugehörigkeit des Stiftes St. Lambrecht zur Steiermark. Bei diesem Fest trug er nicht sein Ordensgewand, sondern einen Steireranzug, denn er war ein ausgezeichneter Kenner der Volkstänze.

1921 erschien im Selbstverlag des Stiftes St. Lambrecht in Graz seine Dokumentationsschrift „Das Volkskundemuseum in St. Lambrecht“, in der er festhält, dass er mit seiner Sammlertätigkeit 1912 nach einem volkskundlichen Besuch auf zwei Bauernhöfen im Herbst 1911 begonnen hat. P. Dr. Romuald Pramberger wurde sowohl von seinem Abt, P. Severin Kalcher, als auch von Herrn Viktor von Geramb gefördert. Das gesamte Material wurde im Stift St. Lambrecht in verschiedenen Räumlichkeiten ausgestellt und bis 1950 immer wieder überarbeitet, obwohl die Sammlung bereits 1920 abgeschlossen war. Die letzte Neugestaltung wurde 2003 im „Pramberger-Jahr“ vorgenommen, wobei sich jetzt viele Exponate aber nur in Depotverwahrung befinden. Wegen seiner Sammeltätigkeit erhielt P. Dr. Romuald Pramberger schon sehr früh den Spitznamen „Graffelpater“ (Kraflpater/Gerümpelpater).

P. Richard Pramberger wurde in seiner Melker Zeit als Nachhilfelehrer zum Mentor des jungen österreichischen Schriftstellers mit dem Pseudonym Albert Paris Gütersloh (geboren als Albert Kiehtreiber). Später verfasste P. Romuald Pramberger auch selber Lyrik, Romane und Dramen. Diese befinden sich als Manuskripte beziehungsweise Typoskripte in seinem Nachlass im Stift St. Lambrecht. Einige seiner Geschichten veröffentlichte er unter dem Pseusonym „Walter von Elfenau“. Solche Geschichten sind: „Der Pfleger auf Stein“, „Die Lambertuszelle“, „Die Kreuzfahrer“, „Abt Hartmann“ und „Die Marienmine“. Er zeichnete viele Sagen, Märchen, Geschichten, Mythen, Schnurren, Sprüche und „Sager“ (Weisheitssprüche) des einfachen Volkes auf[98] und dokumentierte die Biografie seiner Informanten. In diese Sparte fallen die 1935 von P. Romuald Pramberger veröffentlichten „Märchen aus der Steiermark“ und 1937 „Burgsagen aus Steiermark“. Der genannte Märchenband erlebte einige Neuauflagen.

P. Dr. Romuald Pramberger führte von 1895 bis kurz vor seinem Tod ein Tagebuch, dem er Originalschriften und Dokumente beilegte. Diese Autobiografie umfasst 73 Bände und Ordner. Dazu verfasste er zwischen 1948 und 1966 ein Typoskript in 18 Bänden mit dem Titel „Erinnerungen“.

In den 1930-er Jahren befand sich das Stift St. Lambrecht in wirtschaftlichen Schwierigkeiten, bevor es von den Nationalsozialisten 1938 geschlossen wurde. Damals war P. Romuald Pramberger als Priester in St. Marein im Mürztal tätig, später als Kurator im Meyer-Melnhoffschen Schloss Pfannberg bei

[98] Vgl. Gero von Wilpert: Sachwörterbuch der Literatur, Stuttgart: Kröner, 7. Aufl., 1989. Siehe „Einfache Formen nach A. Jolles“ als Volkserzählungen: Sage, Märchen, Geschichte, Mythe, Schnurre/Posse/Schwank, Spruch/ Weisheitsspruch. Die Sage erzählt Unwahres mit Wahrheitsgehalt, das Märchen phantastisch wunderbare Begebenheiten, die Geschichte Historisches, die Mythe mythische Ereignisse, die Schnurre Komisches, der Spruch enthält die kurzbündige Aussage einer Erkenntnis oder Weisheit.

Fronleiten. Ab 1943 war er dann freier Mitarbeiter auf Schloss Anif bei Salzburg, zwischen 1947 und 1956 war er von der Familie Auersberg in Schloss Weitwörth in Nußdorf bei Haunsberg angestellt.

Durch den Status seiner Exklaustration konnte er am Märchen- und Sagenprojekt mitarbeiten, was ihm einen gewissen finanziellen Erfolg bescherte. Er blieb auch nach 1946, als das Stift St. Lambrecht seiner ursprünglichen Bestimmung wieder nachkommen konnte, im Status der Exklaustration. Ab 1950 erhielt er vom Land Steiermark eine Ehrenrente für seine Verdienste um die steirische Volkskunde, nachdem er die entsprechenden 45 Folianten der Volkskundeabteilung im Universalmuseum Joanneum in Graz überlassen hatte.

1956 übersiedelte er mit seiner Nichte und Wirtschäfterin Elisabeth Woisetschläger in eine Wohnung ihrer Schwester Maria Stanzinger nach Mautern in der Steiermark. 1952 und 1954 wurde P. Dr. Romuald Pramberger von den Gemeinden St. Blasen und St. Lambrecht zum Ehrenbürger ernannt.

Schließlich übersiedelte P. Romuald auf den Heimathof seines Abtes, P. Severin Kalcher, zum vulgo Moar in Lessiach. Dort feierte er sein Goldenes Priesterjubiläum, sein Diamantenes Priesterjubiläum zelebrierte er in Mautern, an dem auch der neue Abt von St. Lambrecht, P. Maximilian Aichern, teilgenommen hat.

P. Dr. Romuald Pramberger, geboren als Julius, im Stift Melk in Pater Richard umbenannt, starb am 7. April 1967 in Mauterndorf. Einen Tag vor seinem 90. Geburtstag wurde er am Konventfriedhof von St. Lambrecht begraben.

4.2 Prambergers Volksschauspiel-Sammlung

Wie bereits oben erwähnt, befindet sich Prambergers überaus umfangreiche Handschriften-Sammlung in der Abteilung Volkskunde im Universalmuseum Joanneum in Graz. Davon sind für die Erforschung der geistlichen Volksschauspiele die Bände 15 bis 17 von Bedeutung.

In Band 15 sammelte der steirische Volkskundler P. Dr. Romuald Pramberger unter Anderem folgende Weihnachtsspiele:

1. die Paradeisspiele von Obdach, Lassnitz (Steirisch Laßnitz), St. Georgen (ob Murau) und Groß Lobming;
2. das Hirtenspiel aus Ingolsthal von Silvester Wietinger vom 19.12.1896 mit Liedern und Regienotizen aus den Jahren 1894, 1896, 1900 und 1904;
3. das Metnitzer Hirtenspiel aus der Zeit vor 1896;
4. das Ingolsthaler Hirtenspiel (Bruchstück, 1802);
5. die Hirtenspiele aus St. Georgen ob Murau, Laßnitz (alte und neue Form), St. Peter ob Judenburg.[99]

Im Band 16 dokumentierte P. Dr. Romuald Pramberger unter anderen Texten die folgenden Osterspiele:

1. das Christi-Leiden-Spiel aus dem Metnitztal aus den Jahren 1863 und 1870 (Besprechung und Text);
2. Reste vom Passionsspiel aus Ingolsthal aus dem Jahr 1802 und
3. das Metnitzer Passionsspiel aus dem Jahr [1901].[100]

---

[99] Ergänzungen zu LMR: Geboren zum Leiden und Sterben. … Remscheid: Verlag Re Di Roma, 2015, S. 190 sowie Unterkapitel 4.2, S. 190 ff.

[100] Ergänzungen zu LMR: Geboren zum Leiden und Sterben. … Remscheid: Verlag Re Di Roma, 2015, S. 146 sowie Unterkapitel 3.4, S. 143 ff. – Romuald Pramberger führt immer das Spieljahr an, hier also 1902.

Auch im „Nachwort“ auf S. 471 im Band 17[101] beklagt sich Pramberger über den mangelnden Eifer der Spieler und über die Unfähigkeit von Spielleitern, nur Sylvester Wietinger hebt er lobend hervor. Und Pramberger verfolgt als Volkskundler ganz eigene und sehr weit ausladende Thesen zur Klassifizierung von (Volks-)Schauspielen.[102]

Dieses Buch verfolgt den Zweck, alte, noch nicht veröffentlichte Kärntner Hirten- beziehungsweise Christi-Leiden-Spiele samt Vor- und Zwischen- sowie möglichem Nachspiel zu erfassen, um sich den Ursprüngen dieser geistlichen Volksschauspiele um das Jahr 1800 anzunähern.

Deshalb wurden im ersten Teil dieses Buches das Hirten- und Dreikönigs-Spiel sowie die Passionskomödie des Andreas Schuster-Drabosenig aus Köstenberg an Hand der Dissertation von France Kotnik (1907) ausführlich vorgestellt.

Zum zweiten Teil dieses Buches hat Edith Maria Prieler in ihrer Diplomarbeit im Jahr 1994, ebenfalls an der Universität Graz eingereicht, und in ihrem erweiterten Buch[103] wesentliche Vorarbeit geleistet. Darin bespricht sie die Sammler- und Forschertätigkeit von Karl Weinhold, Matthias Lexer, Franz Ilwolf, Anton Schlossar, Johann Reinhold Bünker, Leopold

---

[101] Die Seiten wurden in den Bänden 15 bis 17 mit Bleistift nummeriert. Da diese nachträglich angebrachten Seitenzahlen auf den mir zur Verfügung stehenden Scans nicht durchgehend ersichtlich sind, werden sie hier auch einfach weggelassen. Die Seiten werden pro Spiel von der Verfasserin neu nummeriert und zusätzlich wird der Zeitraum der Dokumentation durch P. Dr. Romuald Pramberger angegeben.

[102] Vgl. LMR: Geboren zum Leiden und Sterben. … 2015, Remscheid: Re Di Roma Verlag, S. 190.

[103] Edith Maria Prieler: Volksschauspiel in Lassnitz. … Erweiterte Diplomarbeit. Anif-Salzburg: Verlag Müller-Speiser, 1996.

Kretzenbacher, Karl Konrad Polheim und P. Romuald Pramberger.[104]

Edith Maria Prieler dokumentiert in ihrem oben erwähnten Buch folgende Stubenspiele:

1. Der ägyptische Josef (Metnitz 1924),
2. Der geduldige Job und
3. Der bayrische Hiasl (S. 37);
4. Die Hirlanda/Das Spiel vom Sieg der Unschuld;
5. a) Das Spiel vom reichen Prasser und vom armen Lazarus (S. 43 ff.) und
5. b) Das Schäferspiel (S. 85 ff.);
6. a) Das Paradeisspiel (S. 115 ff.) und
6. b) Das Hirtenspiel (S. 148 ff.);
7. Das Genovevaspiel (S. 241 ff.).

Edith Maria Prieler sicherte damit die bei Raphael Bacher, Spielleiter der Laßnitzer Volksschauspiele, vorhandenen Texte für die Nachwelt, sie vergleicht Obermurtaler mit Obermetnitztaler Stubenspielen, untersucht Liedertexte und Melodien im Schäferspiel, beschreibt und erklärt Kostüme und wertet die Texte auf verschiedenen wissenschaftlichen Ebenen aus. Sie führt außerdem ein Kalendarium der Laßnitzer Aufführungen an. Danach unterliegen sie einem 3 Jahres-Rhythmus: I. das Prasser- und das Schäfer-Spiel, II. das Paradeis- und das Hirten-Spiel, III. das Genoveva-Spiel.[105]

---

[104] Vgl. Edith Maria Prieler: Volksschauspiel in Lassnitz. … 1996, S. 14. Vgl. dazu Anton Dörrer und Viktor Geramb in der Österreichischen Zeitschrift für Volkskunde, Band 51. Wien, 1948. Siehe Paradeisspiele und Passionsspiel. Aus http://volkskundemuseum.at/jart/prj3/.../OEZV_1948.pdf, S. 50-75 und S. 76 ff. Zugriff: 17.06.2018, 23:45 Uhr.

[105] Mit Christi-Leiden- und anderen Oster-Spielen beschäftigt sich Edith Maria Prieler in obigem Buch nicht.

Zu den Laßnitzer Volksschauspielen gibt es zahlreiche Internetseiten. Hier werden jene zwei Portale erwähnt, welche die Laßnitzer Volksssschauspiele als Immaterielles Kulturerbe in Österreich präsentieren und eine Homepage der Kleinen Zeitung[106], auf der Erhard Bacher als Volksschauspieler dargestellt ist. Er ist ein Cousin von Raphael Bacher, der die Volksschauspiele in Steirisch Laßnitz derzeit (2018) noch immer leitet.

Die von Edith Maria Prieler dokumentierten Laßnitzer Spiele werden hier nicht weiter besprochen. Und da zwischen den Laßnitzer einerseits und den Metnitzer beziehungsweise Ingolsthaler Spielen andererseits eine enge Textverwandtschaft als sicher angenommen wird, werden auch von den folgenden geistlichen Volksschauspielen aus der Pramberger-Handschriftensammlung keine Texte übernommen, sondern nur deren Beurteilung des steirischen Volkskundlers zitiert:

A) aus Obdach:
das Paradeisspiel 1870 aus Band 15.

B) aus Ingolsthal:
das Hirtenspiel 1896 aus Band 15.

C) aus Metnitz:
1. das Hirtenspiel vor 1896 aus Band 15;
2. das Passionsspiel aus 1863/1870 und
3. das Passionsspiel aus 1901/1902 aus Band 16.

---

[106] Vgl. https://www.unesco.at/kultur/immaterielles-kulturerbe/, Lassnitzer Volksschauspiele, Zugriff: 16.06.2018, 07:50 Uhr. – Immaterielles Kulturerbe aus http://www.volkskultur.steiermark.at/, Zugriff: 16.06.2018, 07:45 Uhr. – Vgl. https://kleinezeitung.at/kaertnerdestages/4012194/, 27.12.2012, Vom Engel zum Soldaten, Zugriff: 17.06.2018, 23:15 Uhr.

4.3 Das Paradeisspiel aus Obdach (1870)

Die Paradeisspiele von Obdach, Lassnitz und St. Georgen (ob Murau) leitet P. Romuald Pramberger folgendermaßen ein:

> Die Paradeisspiele sind Darstellungen eines äußerst schwierigen Stoffes, nämlich die Schöpfung der Welt, des ersten Menschen und seiner Lebensgefährtin; ferner stellen sie das erste Gebot und den ersten Sündenfall vor.
> Um diesem Erfolg eine dramatische Entwicklung vorauszuschicken, führte das Volk einen teuflischen Rat ein, der vom Entsetzen über Gottes Schöpfung übergeht bis zum ersten Erfolg: der Hoffnung auf einen Sieg.
> Dann die Freude im höllischen Rat, als Satan der Schlag gelang. Luzifer nimmt auf seinem Teufelsthron Platz.
> Ein kleiner Übergang ist der Dialog zwischen Gott Vater und Adam und die darauffolgende Bestrafung des ersten Menschenpaares.
> Eine prächtige Gegenüberstellung ist der Thron Gottes in der nächsten Szene und das Gericht über die Menschen, wobei der herrliche Widerstreit zwischen Gerechtigkeit und Barmherzigkeit stattfindet und mit dem Sieg der letzteren endet.
> Die Zeitschrift für österreichische Volkskunde 1899 nun brachte auf S. 23 die Nachricht, dass die Murtaler geistlichen Volksspiele verboten worden seien, das „Paradeisspiel", das „Hirtenspiel" und der „ägyptische Joseph", denen noch 1898 die Aufführung bewilligt worden sei. Wie schon in der Haupteinleitung bemerkt, so wird wohl auch hier die Geistlichkeit Ursache des Verbotes gewesen sein, und zwar nicht wegen interner Ursachen noch wegen der Art und Weise der Aufführ-

rung, sondern wegen einiger dummer jugendlicher Zuschauer. Denn das Auftreten der Gottheit ist so gemessen, so eingehalten, die Rede so langsam und würdevoll, dass nur ein vollends unwissender zelotischer Mensch diese Rolle streichen oder überhaupt auf das Verbot der Aufführung dringen konnte.
Zaghaft treten die ersten Menschen auf, ernst, ohne Erregung; nur Evas Weinen ist das einzige Zeichen nachträglicher Gemütserregung. Ernst und gemessen ist auch der Auftritt der zwei Genien.
Freilich erregen die Teufel mit ihrer tiefen, langgezogenen Rede, ihren Interjektionen, ihren Sprüngen, und wenn der Engel sie vertreibt, mit ihren Purzelbäumen die Heiterkeit der Zuschauer.
Aber das Volk sucht ja bei sehr ernsten Stücken durch komische Szenen den allzugroßen Eindruck abzuschwächen, wenn auch nicht überall.
(P. Romuald Pramberger, HS, Bd. 15, S. 2-3, 10.+11. 03.1922.)

Auf S. 4 folgt dann „Das Paradeisspiel von Obdach“ mit einer kurzen Vorrede:

Vorstellung, Schöpfer dieser Welt oder Auszug der Heiligen Schrift. Zusammengetragen und [als] Komödie [gestaltet], das sogenannte Paradeis- und Schäferspiel, wie im Buch [in der Bibel] geschrieben ist.
Von der Erschaffung im ersten Kapitel,
Von der Verführung des Adam im dritten,
Von der Schäferei bei Johannes (10,11) zu lesen
Wie auch der höllische Rat.
Und mit sehr schönen Liedern bekräftigt und geziert, 1870, Johann Baumgartner.

> [Vorstellung] der Personen: Gott [Vater], mittelmäßig; Gott Sohn, guter Hirt, klein; Barmherzigkeit, Baralikus, klein; Gerechtigkeit, Pilger, groß; Engel, klein; Adam, Tod, Götter, Teufel, mittelmäßig; Eva, Schäferin, mittelmäßig; Luzifer, Schäfer [Guter Hirte], groß; Satan, Schlange, Götter, mittelmäßig; Belial, Tod, Götter, groß.
> (P. Romuald Pramberger, HS, Bd. 15, S. 4, 23.11. 1920.)

Dann dokumentiert Pramberger den Text des Paradeisspieles (S. 4-27) und anschließend beschreibt er noch die Herkunft des Obdacher Paradeisspiels:

> Wie schon im Titel angegeben, folgt dem Paradeisspiel ein Schäferspiel, das ich [P. Romuald Pramberger] auch hier gleich anschließend folgen lasse.
> Die Kostümvorschriften für beide Spiele habe ich dem Schäferspiel angegliedert. (S. 27.)
> Die erste Kunde, dass hier in Obdach gespielt wurde, wurde mir am 20. Okt. 1920 vom alten Spießganger Kraus, einem 84-jährigen Greis [überbracht]. Er gab an, dass [um 1840] gespielt wurde, und zwar sowohl das Paradeis- wie auch das Hirtenspiel.
>
> **1847:** Da haben die Besitzer von größeren Bauernhöfen, zum Beispiel der Rurmoar im Predal, mit dem Spielleiter einen bestimmten Tag ausgemacht und ließen dann in der Nachbarschaft [weitersagen], an diesem und diesem Tag wird bei mir in der Stuben das Paradeisspiel gespielt.
> Und am bestimmten Tag kamen dann die Spieler dorthin. Jeder [brachte] seine eigenen Kostüme mit und im nebenanliegenden Stübel zogen sie sich an. In der Stu-

ben saßen die Leute an der Fensterwand und sahen der Aufführung zu, welche in der Stuben ohne Bühne, Kulissen oder Vorhang stattfand. Wer abtrat, verschwand in der Tür des Stübels, wer auftreten musste, kam von dort heraus. „Aber ich sag Ihna, es haben die Leute damals weit mehr und andächtiger zuglost [zugehört], als sie 's heut beim schönsten Stückel tun."
Geld haben die Spieler keines angenommen, sondern nach dem Spiel gab es ein gutes Mittagmahl oder eine gute Jause, und bedürftige Spieler haben noch Esswaren mitgebracht; das ist besonders gern beim Hirtenspiel geschehen, wo sich die Leute der Nachbarschaft den Hirten anschlossen und ein kleines Opfer zur Krippe hinlegten.
Ich fragte dann den alten Spießganger noch, wo die alten Bücher sind. Er wies mich zum Malermeister Singler, und von dort kam ich zum Moarweber, wo ich das Paradeis- und Schäferspiel zur Abschrift und endlich auch ein Rollenbüchel von 1847 fand. Es enthält die Rollen für den Adam, To[d, die G]ötter und Teufel und wurde im Jänner 1847 von Johann Mayer geschrieben. Die Schrift in diesem Quartheft ist schön und deutlich leserlich, doch ist die freie Rückseite sehr abgegriffen, ein Zeichen der vielen Benutzung.
Es sind auch drinnen schon Paradeis- und Schäferspiel in einem verbunden. Der Text ist mit dem von 1870 vollends gleich. Nur Folgendes wäre anzumerken:
Z. 257: „Adam beißt in den Apfel und wirft ihn weg."
Z. 259: „Ist wohl alles wahr, was die Schlange sagt."
Z. 700: „vertrauerte", „weinete."
Z. 728: „hört die Wort eures Vaters und ..."
Z. 743: „Heiland zu sehen."
Z. 778: „tust ... meiden."
Z. 782: „ererben."

1870: Wie [wohl] uns das Rollenheft 1847 ein Weg[weis]er ist, wann das Spiel aufgeführt wurde, umsomehr ist es das Textbuch, das Johann Baumgartner 1870 geschrieben hat. Das Spiel wurde in obigem Jahr gespielt, und zwar wie eine Bleistiftnotiz angibt, unter folgender Rollenverteilung: Johann Kuttner, Schuhmacher, gab den Satan und die Schlange, Johann Schlacher den Engel, Peter N. N. den Luzifer, Franz Baumgartner den Belial, Franz Rauscher die Gerechtigkeit, Egydius Sommerschmid die Barmherzigkeit, Georg Kuttner den Adam, Franz Kuttner den Gott, Dor[o]thea Reiter die Eva; Ignaz Baumgartner scheint der Spielleiter gewesen zu sein.
Als Rollenbücher scheinen noch die Hefte von 1847 gedient zu haben, das Textbuch aber wurde in einen Folioband mit steifem Papp[en]deckeleinband, 25 Blatt stark, geschrieben. Die Schrift ist leicht leserlich und gar nicht so fehlerhaft.
Das Textbuch selbst ist ein Folioband, in grauer Pappe gebunden, mit zwei langen Riemen zum Zusammenbinden. Es umfasst 26 Blatt, wovon das Paradeisspiel 12 Blatt umfasst. Die Schrift ist leicht leserlich und hat auch gar nicht viel Interpunktionsfehler.
Das Buch, das an den Ecken ziemlich abgestoßen ist, wird nun von Mayer Weber in Obdach als Heiligtum aufbewahrt.
(P. Romuald Pramberger, HS, Bd. 15, S. 4-30, 23.-27. 11. und 1.12.1920, 818 Verszeilen, teilweise in Prosa.)

Auftritte im Paradeisspiel aus Obdach: Engel. Der Himmel geht auf. Der höllische Rat. Adam und Eva. Engel als Baralikus [Prologus]. Adam. Adam macht das Testament. – Dazwischen gibt es einige Lieder.

4.4 Die Hirtenspiele aus Ingolsthal und Metnitz

Das Hirtenspiel aus Ingolsthal (1896) trägt den Titel: „Die Hirtenspiel-Komödie samt den dazupassenden Liedern." Geschrieben von Sylvester Wietinger in Metnitz, am 19.12.1896.

> Dieses Spiel [aus Ingolsthal] ist dem Hirtenspiel von Metnitz sehr ähnlich. Dennoch glaubte Prof. Dr. Karl Polheim, es wäre gut, wenn ich auch dieses voll und ganz abschreiben würde. Ich habe dieses Spiel in St. Salvator am 9. Jänner 1921 mit Dr. Geramb, Dr. Polheim samt Frau, Dr. Mautner, Dr. Reicher und Dr. Mell wie auch ... angesehen; deshalb will ich auch hier in Blautinte [mit Tintenbleistift, ohne nass zu machen] die entsprechenden Regienotizen beifügen.
> Dieses Spiel haben aufgeführt: Der Ober-Spielleiter Sylvester Wietinger war abwesend. Spielleiter war sein Bruder Josef Wietinger, Zimmermann in Zienitzen, Post St. Salvator bei Friesach.
> Die übrigen Notizen siehe [Spiel-Text]; zum Schluss werden noch einige historische [Erläuterungen] geboten.
> Der Wirtshaussaal des Gasthofes Möstl, ein nicht gar großer Raum, war dadurch verdunkelt, dass man mit Tüchern und Kotzen [Decken] die Fenster verhängte. Nur das elektrische Licht sollte die Beleuchtung geben. Da die Tür im Eck war, hat man den Spielplatz entlang der Diagonale des Raumes ausgewählt und diesen mit Bänken vom Zuschauerraum abgegrenzt.
> Am Ende dieses Spielraumes, der gegenüber dem Zuschauerraum nicht erhöht war, war das Eck [an der Schmalseite gegenüber der Tür] mit einem verschiebbaren Vorhang verhängt, und dahinter standen Bank und Tisch, darüber befand sich ein Strohstern.

> Die Leute [strömten in Massen herbei, sodass in dem Saal ungefähr 300 Leute anwesend waren, wobei außer den Bänken keine Sitzplätze vorhanden waren.] Auf den Sitzbänken nahmen wir, die Lehrerschaft und bessere Leute der Gegend Platz, und Jung und Alt drängten sich auf den Stehplätzen eng aneinander.
> In der Mitte dieses Sitzplatzes sitzt der „Buchhalter“, das ist der Souffleur mit dem geschriebenen Textbuch. Dies ist ein in dunkles Leinen gebundener Oktavband, der schön geschrieben das Spiel und die von Sylvester Wietinger sorgfältig ausgewählten Lieder enthält. Dieser Sylvester ist jener wackere Bauer, vulgo Oberer Nieperle in Metnitz, der so viele Verdienste für das Volksspiel überhaupt [erworben] hat.
> (P. Romuald Pramberger, HS, Bd. 15, S. 2-3, 08.+09. 02.1921. Deckblatt auf S. 1 vom 11.03.1922.)

Es folgt das Hirtenspiel mit 1.443 Versen Sprechtext und 729 Versen in 20 Liedern, ohne die Wiederholungen in den Refrains gezählt (S. 4-93, aufgeschrieben 8.-16.2., 18.-23.2., 6.-11.3.1921). Im Text gibt es Regieanweisungen, Kostüm- und Requisitenbeschreibungen, aus denen hier teilweise zitiert wird. Wer sich mit dem Hirtenspiel als Theaterfachmann (Regisseur, Dramaturg, Bühnenbildner, Kostümausstatter und dergleichen) beschäftigen will, muss sich entweder ein Textoriginal oder die entsprechende Pramberger-HS besorgen, denn darin befinden sich Skizzen zu Spielerpositionen, zum Hirtenhut und zum Quarten-Singen. Für dieses Buch sind jedoch nur die Kostüme und Requisiten sowie die besonders geschilderte Vortragsweise von Bedeutung.

Die einzelnen Auftritte: I. Die Verkündigung. II. Der Hofrat. III. Die Reise nach Bethlehem, Herbergsuche und Geburt Jesu.

IV. Die Verkündigung der Geburt Jesu den Hirten auf dem Feld. V. [Die Hirten opfern.] VI. Die 3 Könige bei König Herodes und dem Schriftgelehrten. VII. Die Könige kommen zu den Hirten. VIII. Die Könige opfern. IX. Die Flucht nach Ägypten. X. Der Mord [an den] unschuldigen Knäblein.

Personen: Prologus, Engel, Maria, Josef, [das Jesuskind], Kaiser Augustus/August, der Pasche (Page), der Wirt, der Handwerksmann/-bursch, die 3 Hirten Riepel/Riepl, Hansele/Hansl/Hanserle und Hauser, die 3 Könige Kaspar/Kasper, Melchior/Melchori und Balthasar/Balthauser, König Herodes, der Platzer/der Pasche, die 3 Ratsherren/der Rat/Hofrat: der Hofmarschall, der Hofkanzler und der Hofmeister, die Schriftgelehrten Dominax und Kriminax, der Räubermeister, die 7 Räuber Malbus, Wanus (und noch 5 Räuber), die Kriegsknechte Palbus und Lambus, Rachel/das Weib.

Die Kostüme und Vortragsweise der Auftretenden werden von P. Romuald Pramberger folgendermaßen beschrieben:

> Prologus ist scharlachrot gekleidet, hat einen Dienerfrack an und trägt einen Zweispitz auf dem Kopf, alles mit Goldborten verziert. Scharfen Schrittes mit gezücktem Säbel tritt er herein und geht scharf hin und her und nach jedem zweiten Vers bleibt er stehen, bis er den Vers zu Ende gesprochen hat. Am Schluss des zweiten Verses fällt er um eine Quart, und so spricht er, der kirchlichen Rezitation nicht unähnlich, an die 50 Verse. (I. Auftritt, S. 4.)
>
> Der Engel ist ein weiß gekleidetes Mädchen, ein Diadem auf dem aufgelösten Haar, Flügel an den Schultern, hält die Hände so auseinander wie der Priester beim Lesen der Messe. Er macht eine Verbeugung und

rezitiert seine Rolle. Am Schluss macht er wieder eine Verbeugung und geht bei der Tür hinaus. (I., S. 5-6.) Maria ist weiß gekleidet, am Kopf liegt ein rotes Tuch und darüber ist ein blauer, lang hinabwallender Schleier gebreitet. Sie hält die Hände gefaltet und tritt langsam auf und wendet sich vor dem Vorhang um, spielt, langsam zurückgehend und wieder zurückkehrend, bis sie zu Ende gesprochen hat. Wieder vorn beim Vorhang angelangt, dreht sie sich um, bleibt stehen, hebt die Augen und sieht dem kommenden Engel entgegen. (I., S. 8-9.) – Engel: Wieder mit ausgebreiteten Händen tritt er herein, bleibt 4 Schritte vor Maria stehen und verbeugt sich. (I., S. 9.)

Maria: Zuerst geht der Engel nach seiner Verbeugung, dann geht langsam Maria hinaus. (I., S. 10.)

Kaiser Augustus kommt und spricht, der Pasche kommt mit. Der Kaiser, ein großer Mann mit einem weißen Vollbart, trägt eine große Blechkrone. Er ist mit einem roten Kleid angetan, hat einen langen Mantel um. Einen Säbel hat er umgeschnallt, ein Zepter in der Rechten, die immer zittert, wie er überhaupt den Eindruck eines lebensmüden, ehrwürdigen Greises macht. – Auch der Pasche ist rot gekleidet. (II., S. 10.) – Augustus spricht wie der Prologus in Quartfällen am Schluss jedes zweiten Verses; doch geht er nicht hin und her, sondern er geht bis zum Vorhang vor und dreht sich dem Spielplatz zu. (II., S. 10-11.) – Der Pasche bleibt in Habt-acht-[Stellung] mit gezücktem Säbel nebenan stehen. – Der Kaiser setzt sich auf einen Sessel[107], den man kurzerhand einem der sitzenden Zuschauer auf Dauer der Szene entzogen hat. – Der Pa-

[107] Anachronismen im Spielverlauf werden hier nicht korrigiert.

sche tritt dem Kaiser gegenüber, verbeugt sich ... Er verbeugt sich[108] und geht, währenddessen bringt der Buchhalter eine Bank herein, die er einstweilen seitwärts hinstellt[109]. (II., S. 11.) – Der Rat kommt, alle sind rot angekleidet, verbeugen sich vor dem Kaiser und sprechen in Quarten. (II., S. 11.) – Der Kaiser setzt sich nieder; die drei Ratsherren ... setzen sich nieder, 1. der Hofmarschall, 2. der Hofkanzler, 3. der Hofmeister. (II., S. 12.) – Zuerst gehen die drei Ratsherren ab, und nach ihnen, 10 Schritte später, der zitternde Kaiser und der Pasche. (II., S. 13.)

Josef ist ein ziemlich großer Mann, der langsamen, mühsamen, ... bedenklichen Schrittes [in den Spielraum] kommt. Er hat einen bis unter die Knie graugrünen Rock, kurze Hosen und blaue Strümpfe an und trägt ein [schmal]krämpiges Hütlein. Ein langer, weißer Bart umrahmt sein Gesicht. Am linken Arm trägt er einen Zögger [Korb], in der Rechten hält er einen langen Gehstock. (II., S. 15.) – Der Engel bleibt mit ausgebreitenen [Armen] 4 Schritte vor Josef stehen; dieser hat es sich bei seinem langsamen Hin- und Hergehen einteilen müssen, dass er sich gerade [bei einem bestimmten] Wort vor dem [Vor]hang umdreht. (III., S. 16.)

Der Platzer ist der Pasche, angetan mit roter Hose, schwarzem, mit Borten versehenen Rock (Uniform des 18. Jahrhunderts); mit gezücktem Säbel tritt er scharf, schneidig und rasch herein, während Josef und Maria vor dem Vorhang stehen. Wichtig tuend dreht ihnen

[108] Normale Auftritte und Abgänge sowie Verbeugungen werden nur noch selten angeführt, denn alle Personen verbeugen sich vor dem Kaiser.
[109] Ebenso werden weitere Bühnenarbeiten weggelassen.

der Platzer den Rücken zu und schreit mit lauter Stimme. – Er stampft fest mit dem Fuß nieder, dann stürmt er wieder hinaus. Wieder beginnen nun Josef und Maria hin und her zu gehen. (III., S. 17.)

Der Wirt tritt sehr geschäftig herein, einen Schlüsselbund in der Hand, und klirrt beständig damit. Er trägt kurze Hosen, ein Leibl, einen aufgesteckten, weißen Schurz [Schürze], er hat keinen Rock an, auf dem Kopf einen roten Fetz [sic!]. – Seit der Kaiser Augustus abgetreten ist, ist keine Rede mehr mit Quarten [vorgetragen worden]. – Während der Wirt spricht, geht er geschäftig hin und her. (III., S. 18.)

Der Handwerksmann kommt herein und singt. Mittelgroß gebaut hat er einen etwas verdrückten Zylinder auf, er hat eine schwarze, lange Hose und einen Salonrock an, ein grünes Felleisen umgehängt. Er trägt schwarze Augengläser und einen Gehstock [in der Hand]. (III., S. 19.) – Er nimmt die Schnupftabakdose heraus; nimmt selbst eine Prise und läßt auch die Zuschauer daraus schnupfen. – Auf dem Rücken und auf der Achsel hat er Sägespäne, nach denen er greift; bei „Da haben sie ihren Gang, / Da kann ich noch immer einen Wutzel [Floh] außerfang." kratzt er sich und wirft Sägespäne unter die Zuschauer. (III., S. 20.) – Der Wirt packt ihn bei den Schultern und schiebt ihn hinaus. – Der Handwerksmann wirft zornig das Felleisen vor die Füße. (III., S. 21.) – Der Wirt stößt das Felleisen verächtlich beiseite, nach ihm trägt es der Buchhalter hinaus. (III., S. 22.)
Josef und Maria treten auf, und der Wirt kommt nach. Der Wirt tritt ihnen geschäftig [gegenüber]; Josef und Maria stehen vor ihm. Josef nimmt den Stock in den

Arm und bittet mit gefalteten Händen [um Herberge]. (III., S. 23.)

Die Wirtin ist steirisch gekleidet mit schwarzem Mieder und rotem Kittel. Die Wirtin wendet sich dem Wirt zu, während Josef und Maria auf einer Kotzen [Decke] knien bleiben. (III., S. 25.)

Josef steht nun auf und tritt etwas beiseite, wodurch auf dem Tisch ein Ställchen von [0,5 m Länge mal Breite mal Höhe] sichtbar wird, auf vier Holzsäulen steht ein Dach. In der Mitte steht eine kleine, ungefähr 20 cm lange Krippe und darinnen liegt Stroh. Ein Ochs und ein Esel aus Holz, jedes [Tier] 30 cm lang, stehen zu beiden Seiten. (III., S. 28.) – Josef tritt aus dem Stall. – Josef geht in den Stall, setzt sich nieder ... – Maria legt ein [spannen]langes Fatschkinderl [in Windeln gewickeltes Kindlein] in die Krippe. – Maria nimmt das Kindlein mit und hält es zart in der Hand. (III., S. 29.)

Der Hirte Riepel hat einen hohen Hut auf, der mit bunten Bändern verziert ist; an der Spitze hat derselbe eine kleine Schelle [Glöckchen]. Ferner hat er einen Speckbacherrock[110] an, eine kurze, über die Knie hinabreichende Hose, graue Strümpfe und einen nicht sehr langen, weißen Bart. Über der Achsel trägt er einen zotterten [zerlumpten] Rock und mit beiden Händen stützt er sich auf einen sehr mächtigen Ringstecken. Beim Hereingehen stößt er rasch zweimal auf den Boden und springt dann mit Hilfe des Steckens einen Meter wei-

---

[110] Josef Speckbacher (1767-1820) war unter Andreas Hofer Tiroler Freiheitskämpfer und nahm 1809 an den 3 Schlachten am Bergisel teil. Aus https://de.wikipedia.org/wiki/, Zugriff: 23.08.2018, 10:50 Uhr.

ter. Das gibt freilich einen imposanten Lärm. – Er setzt sich nieder und sucht in seinen Säcken nach Nadel und Zwirn. Dann legt er seinen zotterten Rock vor seinen Schoß, um sich für das Nähen zu rüsten. – Er nimmt vom Hut die Nadel, fädelt ein und beginnt zu nähen. Da kein Knopf am Faden[ende] ist, zieht er diesen [wieder ganz heraus] und sticht die nahe Sitzenden fest in die Waden hinein; dabei dreht er sich immerzu um, um bei seinem eifrigen Nähen auch den anderen hineinzustechen. (IV., S. 30.) – Jetzt bügelt er mit dem Stecken ... – Er steht mit Hilfe des Ringsteckens recht mühselig auf. (IV., S. 31.) – Er liegt nieder. Ein Kotzen wird vom Buchhalter ausgebreitet, und darauf legt er sich der Quere nach hin; eine reine Quere [im Winkel von 90 Grad zur Spielplatz-Diagonale] ist wegen des schmalen Raumes unmöglich. – Da kommt in gleicher Weise wie der Riepel der Hansele herein und indem er mit dem Ringstecken an ihm anstößt, fällt er fast über den Riepel. (IV., S. 32.) – Auch der Hauser springt ähnlich herein, wenn auch viel schwieriger; er ist auch gebeugt und hat einen langen, weißen Bart, gekleidet ist er wie die zwei anderen. (IV., S. 35.) – Riepel springt mit dem klirrenden Ringstecken geradeso hinaus, wie sie hereingesprungen sind. – Der Riepel brummt einen Ton, der Hauser hört zu und brummt dann auch. Nach einer ganz[en Reihe von] Brummversuchen beginnen [alle drei Hirten] gemeinsam [zu singen], auf ihre Ringstecken gestützt. (IV., S. 36.) – Hauser hat ein Bockshorn umgehängt und in das bläst er hinein, freilich ist 's ein recht armseliger Ton. (IV., S. 39.) – Riepel und Hauser legen sich der Quere nach knapp nebeneinander nieder, und zwar ziemlich langsam und mühselig, mit Hilfe des Ringsteckens. – Hansele geht sehr langsam und fällt während des Singens fast über die zwei Liegenden. (IV., S. 41.) – Er springt mit dem Stecken über sie und bläst in sein Bockshorn. Er stößt auf die beiden und schiebt mit dem Ringstecken die beiden auseinander. (IV., S. 42.) – Er stößt auf sie. – Er schiebt mit dem Ringstecken beide mit Kraft auseinander und legt sich hineinzwängend zwischen beide hinein. (IV., S. 43.) – Die Hirten bleiben auch beim Widersang liegen, ohne sich zu rühren. (IV., S. 44.) – Die Hirten stehen auf. – Nachdem Riepl und Hansl sich mit Hilfe ihrer Ringstecken ziemlich rasch erhoben haben, schieben sie einen Ringstecken unter den Hauser und heben diesen mit dem Stecken auf. Dann stellen sie sich zusammen, um zu singen. (IV., S. 46.) – Während der ganzen Hirtenszene saßen schon Josef und Maria auf einer Bank hinter dem Vorhang im Eck. – Nun zünden sie zwei Kerzen zu beiden Seiten des kleinen Stalles auf dem Tisch hinter dem Vorhang an. Noch bleibt der Vorhang beim nächsten Lied geschlossen, und im Zwischenakt hat sich Hanserle als Tenor hinter den Vorhang gestellt. (IV., S. 49.)

Josef und Maria gehen in den Stall [kleiner Raum hinter dem Vorhang in der der Tür gegenüberliegenden Ecke, mit dem Tisch und dem kleinen Stall] und ... – Josef und Maria ziehen nur den Vorhang weg, und der Hirte Hansele [geht] unauffällig hinaus. – Josef geht mit seinem Stecken mühselig zur Tür. (V., S. 50.) – Die 3 Hirten rufen vor der Saaltür. – Josef geht bis zur Mitte des Saales. – Dann geht er zurück und setzt sich neben der Krippe nieder. – Diesmal springen die 3 Hirten nur mit ihrem Ringstecken bei der Tür herein, dann bleiben sie stehen; Riepel singt seine Strophe. Dann [machen sie] wieder ein paar langsame Schritte, dann singt Hauser; dann wieder ein paar Schritte, darauf singt Hansele. Endlich kommen sie bei der Krippe an, dann singen alle drei. Jeder hat eine Gabe mit, der Riepel ein hölzernes Lämmlein, der Hauser ein Säckchen und ein zugedecktes Körblein, Hansele ein kleines Bündel Wolle. (V., S. 51.) – Riepel opfert. Er kniet nieder, die anderen ziehen ihm den Hut vom Kopf und nehmen ihm den Ringstecken ab. (V., S. 54.) – Riepel küsst das Kindlein; dann steht er auf, setzt den Hut auf und nimmt den Ringstecken. – Dann kniet Hauser nieder, die gleiche Prozedur mit Hut und Stecken. – Dann steht er auf und Hanserle kniet hinzu; die gleiche Prozedur. – Er steht auf, nimmt den Hut vom Ringstecken herab und will gleich fort. (V., S. 55.) – Zuerst springen die Hirten mit ihren Ringstecken hinaus; dann erst gehen schön langsam Josef und Maria (mit dem Kindlein in der Hand) ab. (V., S. 57.)

Herodes tritt allein auf. Die 3 Könige kommen nach, der Balthasar etwas voraus. – Die 3 Könige haben rotes Gewand an; lange, rote Hosen, einen roten Rock, einen bunten Mantel. Vom Hinterkopf wallt ein buntes Seidentuch über die Schultern, und eine schwere Metallkrone [thront] auf dem Haupt. In der Hand hat ein jeder eine Gabe, zur Linken hängt ein Säbel herab. Kaspar, der schwarze, hat einen schwarzen Schleier vor das Gesicht gehängt. Balthasar hat einen Vollbart, Melchior einen Schnurrbart. – Herodes, genauso gekleidet wie Augustus, hat nur einen rotbraunen Knebelbart. – Ein Pasche stellt sich neben ihn, während sich Herodes auf einem Sessel niedersetzt. – Für die 3 Könige gibt es keine Sitze. (VI., S. 59.)
Die Schriftgelehrten tragen die Kopfbedeckung der Priester, mit den 2 Spitzen, haben jeder eine kurze Alba an, sind umgürtet mit einem Zingulum und haben

rote Krägen (wie an den Ministrantengewändern). Sie tragen lange Bärte und große Hornbrillen. Kriminax, der ein Buch unter dem Arm hält, zittert nervös am ganzen Leib. – Sie sprechen, nachdem sie angekommen sind, und eine Bank hinter sie geschoben wurde, in Quarten. (VI., S. 65.) – Dominax und Kriminax schlagen das große Buch auf und schauen hinein. – Sie stehen auf, machen eine große Verbeugung vor dem König Herodes und, die Bank wegschiebend, gehen sie zitternd hinaus. (VI., S. 66.)

Die Hirten treten auf, indem sie wieder auf ihren Hirtenstecken hereinspringen. – Die Könige kommen zu der Tür und singen abwechselnd mit den Hirten das Lied vom ... schwarzen Kappel. (VII., S. 68.) – Die Könige kommen langsam näher, dabei singen sie langsamer als die Hirten und um einen Ton ... höher. (VII., S. 69.) – Stellung der Könige und Hirten, nachdem sie zusammengekommen sind; die Hirten auf ihre Ringstecken gestützt. (VII., S. 72.)

Josef und Maria treten auf. Der Stall wird aufgetan. Maria und Josef sitzen zu beiden Seiten des kleinen Stalles, das Kindlein in der Krippe. (VIII., S. 75.)

Kaspar kniet sich hin; die beiden anderen heben seine Schleierkrone vom Haupt und halten sie. Das Gleiche auch bei den anderen. (VIII., S. 76.) – Josef packt, nachdem die Könige bei der Tür hinaus[gegangen sind], die beiden Tiere in seinen Zögger, Maria nimmt das Kindlein, und beide gehen ab. – Wenn sie draußen sind, trägt der Buchhalter den Stall hinaus und zieht den Eckvorhang vor. (VIII., S. 78.)

Die anderen Räuber springen herein. (IX., S. 78.) – Der Räubermeister unterscheidet sich in seiner Kleidung durch nichts von den anderen sieben Räubern. – Sie haben lange Nasen, lange Haare, rauhe Bärte aus Werch [Hanf], Pelzleibchen, die Wolle nach außen, die Hosen verschnürt. Einen Säbel in der Hand. – Mit lautem Gestampfe, die Fäuste in die Seiten gestemmt, den Säbel gezückt, springen sie herein und scharren und brüllen. – Die Räuber stellen sich in zwei Reihen gegenüber auf, heben die Säbel und dann kreuzen einander je 2 Säbel, und zwar je ein Gegenüber, so dass vier Säbelpaare bei jedem Versfuß kreuzen, sodass das taktmäßig klirrt. Bei den letzten zwei Versen fahren alle 8 Klingen in einem senkrechten Bündel zusammen, dann fahren sie hoch auf [bei bestimmten Wörtern], halten die Klingen hoch in die Luft und senken sie blitzschnell [bei anderen Schlüsselwörtern]. (IX., S. 79.) – Die Räuber gehen ab. Dabei schnarren und brüllen sie und trampeln beim Hinausgehen. – Maria und Josef treten auf. Josef hat im Zögger Ochs und Eselein, Maria in der Hand das Christkind. (IX., S. 81.) – Der Räuber Malbus kommt herein, die Hände wie ein Fleischhauer mit aufgestrickten [zurückgestülpten] Ärmeln und gezücktem Säbel. (IX., S. 83.) – Bisher hat [Malbus den Josef] in Ausfallstellung mit großen Augen und schneidigem Schnurrbart fixiert; nun umfasst er ihn mit der Linken, reißt ihn hin und her und wirft ihn zu Boden, während Maria unbeweglich dasteht, die Augen, wie immer gesenkt, das gefatschte Kindlein in der Hand. – Der Räubermeister zieht Malbus von Josef weg. (IX., S. 84.) – Malbus lässt von Josef ab, greift mit der Linken nach dem rechten Oberarm und biegt ihn. – Der Räubermeister führt Josef und Maria ab und kommt wieder. (IX., S. 85.)

Die Kriegsknechte kommen, zwei Mann; sie tragen rote Hosen, einen schwarzen Uniformrock, der Helm aus Pappe ist schwarz, weiß und blau. (X., S. 87.) – Rachel tritt auf, einfach steirisch gekleidet, und trägt am Arm im Handknie [am angewinkelten Unterarm] eine Holzpuppe. [Rachel ist eine Frau, mit ihrem neugeborenen Sohn im Arm.] (X., S. 88.) – Palbus reißt der Rachel das Kind weg. (X., S. 89.) – Die Kriegsknechte kommen herein, mit gezückten Säbeln, und auf den Spitzen stecken nackte Holzpuppen. (X., S. 91.) – Herodes nimmt den schwarzen Geldbeutel, die Kriegsknechte halten ihm die Helme hin, und er zählt ihnen das Geld hinein. – Hier improvisierten Balbus und Lambus zum Volk. [Die beiden Kriegsknechte interpretierten ihren vorgegebenen Text, wie folgt:]
Palbus: Bedank mich, königliche Majestät,
Das ist ein schöner Lohn.
[Änderung:] Mir scheint, ich hab nicht viel empfangen.
Lambus: Bedank mich, königliche Majestät,
Es fehlt kein Heller.
[Änderung:] Das ist wohl gar ein schmaler Lohn.
[Oder:] Bedank mich, königliche Majestät,
Für die Gelbweisen.
Es ist eh das halbe zum Wegschmeißen. (X., S. 92.)

P. Romuald Pramberger fügt diesem Ingolsthaler Hirtenspiel noch „Ein Schäferspiel oder Die Parabel vom Guten Hirten" als Anhang an, das 207 Textzeilen und 5 Lieder mit 135 Versen umfasst. Vom Sprechtext sind jeweils die ersten 34 und die letzten 34 Verse in Reimform gehalten, der übrige Text, also 139 Zeilen, ist in Prosa verfasst (S. 93-104, 11.-14.3.1921).

Es treten folgende Personen auf: der Schäfer, die Räuber Malweiß und Wanus, der Pilgram und der Abkünder.

Das Ingolsthaler Schäferspiel wurde nicht näher untersucht, weil es schon auf den ersten Blick ganz anders zu sein scheint als die bisher gesichteten Schäferspiele, zumal ja schon im ersten Teil dieses Buches der Textzusammenhang zwischen dem Gurktaler Schäferspiel bei Anton Schlossar und dem Köstenberger bei Andreas Schuster-Drabosenig ausführlich dokumentiert wurde. (S. 145 ff.)

Dann folgt auf S. 105 ein „Anhang von zum Hirtenspiel passenden Liedern", wo P. Romuald Pramberger 26 weitere Liedtitel anführt.

1. Still, o Erden, still, o Himmel
2. O edle, liebreiche, erwünschliche Nacht
3. Was schlafest, mein Thomale
4. Ich war einmal im Feld
5. He, Riepel, lass dir sagen
6. Lasst, ihr Hirten, lasst euch sagen
7. I weiß nicht, wie das heut kommt
8. Ich als Hirt treib mein Schäfelein
9. Meine Lieben, meine Nachbarn
10. Es glänzt kein Licht im Sternensaal
11. O Jubel, o Freud'
12. Riepel, musst gschwind aufstehen
13. Maria, du schönste Schäferin
14. Treu lieben will ich allezeit
15. Ihr Schäflein, kommt, euch nicht verweilet
16. Auf, auf, lieber Urberl
17. He, Riepel, höre
18. Frohlocket, ihr Christen
19. Ihr Hirten, hört Wunder
20. Das Gloria in excelsis [Deo]
21. Als zu Bethlehem auf dem Felde
22. Schauts, Buamen, was muaß denn

23. Grabeslied: Schlaf, o Jesu, ruh im Grab!
24. Wächterlied: Ihr Wächter, lasst mich ein!
25. Kreuzeslied: Ihr Sünder, kommt gegangen
26. Jesulied: Wenn ich mein Gott betracht

Der Vollständigkeit halber werden hier die von Silvester Wietinger im Ingolsthaler Hirtenspiel verwendeten Lieder gesondert angeführt.

Adventlied: Gegrüßet seist du, Maria (S. 6-8, 11x8 Verse)
Gebotlied: Als das Gebot war angestellt (S. 14-15, 6x10 Verse)
Handwerker: Bin ich ein armer Mann (S. 19, 5x3 Verse)
Herbergslied: Liebster Herr Vater mein (S. 22-23, 8x5, 1x4 V.)
Riepel: Dort droben auf grüner Auen (S. 30-31, 8x4 Verse)
Hirten: Der Hansele ist zum Schlafen gang (S. 37, 3x8 Verse)
Hirten: Lustige Hirten, fröhliche Knaben (S. 40-41, 8x6 Verse)
Hansele: Nicht schlafet, nur wachet (S. 41-42, 2x9 Verse)
Maienlied: Es blühen die Maien (S. 43-44, 5x10 Verse)
Hirten: Wo ist denn der Bua hinkemm (S. 46, 2x4 Verse)
Chor: Still, still, weils Kindlein ruhen will (S. 48-49, 6x6 V.)
Stalllied: Nun, so sei gegrüßt, o Jesulein (S. 49-50, 4x8 Verse)
Hirten: Ihr lieben Hirten, lost nur grad (S. 52-53, 4x8 Verse)
Hirten: Jetzt sehen mir schon zu der Hütten … (S. 53, 2x4 V.)
Hirten: Wann ich mein Schäflein (S. 55-56, 5x6 Verse)
Chor: Wenn ich mein Schäflein tu weiden (S. 58-59, 5x8 V.)
Hirten: Lieber Bruder, tu mir sagen (S. 69, 3x6 Verse)
Könige/Hirten: Liebe Bauern, gschwind … (S. 69-72, 13x6 V.)
Chor: Still, o Erden, still, o Himmel (S. 74-75, 5x8 Verse)
Räuber: Es gibt ja gar kein schöners Leben (S. 79-80, 5x8 V.)
(Manche Verse wurden nicht eindeutig als Sprechtext erkannt.)

Danach listet Pramberger Regie-Anweisungen des Silvester Wietinger aus Metnitz für 1894, 1896, 1900 und 1904 auf.

Regie-Notizen, von Wietinger selbst gemacht. Dieses [Ingolsthaler], nach einem alten (dem Metnitzer Hirtenspiel) überarbeiteten Spiel wurde von Sylvester Wietinger zum ersten Mal 1894 gegeben.
(P. Romuald Pramberger, HS, Bd. 15, S. 106, 16.3. 1921.)

1894[/95]

Verzeichnis der Hirtenspieler:

1. Konrad Schurz, Knecht beim Seppmüller, war Hofrat, König Balthauser, Räuber, Kriegsknecht und Schäfer.
2. Franz Färcher, Schüler beim Seppmüllner, war Engel.
3. Juliana Färcher, Schülerin beim Seppmüllner, war Maria.
4. Maria Eder, Kellnerin beim Seppmüllner, war Wirtin und Rachel.
5. Adalbert Wurzer, Knecht beim Sagmeister, war Josef, Räuber und Pilgram.
6. Josef Gradnig, Knecht beim Sagmeister, war Hofrat, König Melchior und Räuber.
7. Augustin Klaming, Knecht beim Turnig, war Hofrat, König Kaspar, Räuber und Kriegsknecht.
8. Stefan Reibnegger, Schoaß in Vellach, war Hirte Riepel, Dominax und Räubermeister.
9. Franz Reibnegger, Knecht beim Mayrhofer in Vellach, war Hirte Hauser, Kriminax und Räuber.
10. Johann Mosser, Knecht beim Reichenauer in Webering, war Hirte, Hansele, Pasche, Platzer, Handwerksmann und Räuber.
11. Sylvester Wietinger, Zimmermann, war Ankünder, Kaiser Augustus, Wirt, König Herodes und Räuber Malbus.

[Ausgaben:]Von den Spielsachen [Kostümen und Requisiten] waren einige Stücke und auch die Kronen beim Kerschhagl. Das Gewand kauften [die Spieler] durch eigene Beiträge. Das kostete samt den Reparaturen 10 Gulden 67 Kreuzer. Das Gesuch um Erlaubnis zum Spielen kostete 71 Kreuzer.

Gespielt wurde am:	[Einnahmen]	
23.12.1894 beim Färber in Metnitz	[111] 13 fl.	98 kr.
24.12.1894 beim Spatzwirt in Metnitz	7	37
26.12.1894 beim Ebner in Webring	4	31
30.12.1894 beim Bergner in Unteralpe	9	19
5.1.1895 beim Wiesenschuster in Oberhof	8	97
13.1.1895 beim Zechner in Teuchel	4	55
20.1.1895 beim Baumgartner in Preining	5	21
24.1.1895 beim Senger in Klachel	5	81
27.1.1895 beim Schoaß in Vellach	3	18
2.2.1895 beim Mittleren Wandlitzer	4 fl.	73 kr.
Summe	67 fl.	30 kr.

1896[/97]

Verzeichnis der Hirtenspieler:

1. Konrad Schurz, Knecht beim Morhofer in V., Hofrat, Kaspar, Räuber, Kriegsknecht, Schäfer.
2. Vinzenz Schurz, Zimmermann in Wandlitz, Hofrat, Melchior, Räuber, Kriegsknecht.
3. Georg Lechner, Knecht beim Klein Jauernegger, Hofrat, Handwerksmann, Balthauser, Räuber.
4. Joh[ann] Fritz, Knecht beim Lendl in Klachel, [Kaiser] August, Wirt, Herodes, Räuber.
5. Stefan Reibnegger, Schoaß in Vellach, Riepel, Dominax, Räubermeister.
6. Franz Fritz, Knecht beim Baumgartner in Vellach, Hauser, Kriminax, Räuber.

[111] fl. = Gulden, kr. = Kreuzer. 1 Gulden = 100 Kreuzer.

7. David Jauernegger, Knecht beim Katzes in Vellach, Pasche, Platzer, Hansele, Räuber.
8. Konrad Grabner, beim Senger in Teuchel, Engel.
9. Anastasia Rabensteiner, Magd beim Senger in der Teuchel, Wirtin, Rachel.
10. Klara Wolfger, Stampfertochter, Maria.
11. Silvester Wietinger, Zimmermann, beim Kauder, Ankünder, Josef, Malbus, Pilgram.

Gespielt wurde am:	[Einnahmen]	
20.12.1896 beim Kauder in Teuchel	5 fl.	7 kr.
Christnacht beim Spatzwirt in Metnitz	9	66
3.1.1897 beim Obern Wandlitzer	5	12
10.1.1897 beim Lager in Teuchel	4	95
19.1.1897 beim Preismoar in Preining	6	38
24.1.1897 beim Pirker in Vellach	5	30
31.1.1897 beim Perte in Dörfl, Webering	6	10
2.2.1897 beim Lendl in Klachl	5 fl.	69 kr.
Summe	48 fl.	27 kr.

1900[/01]

Verzeichnis der Hirtenspieler:

1. Konrad Schurz oder Lichtenegger, beim Strohschneider, Hofrat, Kaspar, Räuber, Kriegsknecht, Schäfer.
2. Vinzenz Schurz, Zimmermann in Wandlitz, Hofrat, Melchior, Räuber, Kriegsknecht.
3. Nikolaus Zechner, Knecht beim Mayrhofer, Teuchel, Hofrat, Balthauser, Räuber.
4. Anton Fuchs, Knecht beim Neuwirter, Preining, Kaiser August, Herodes, Räuber.
5. Thomas Geier, Knecht beim Kleinjauernegger, Josef und Pilgram.
6. Stefan Reibnegger, Schoaß in Vellach, Riepel, Dominax, Räubermeister.

7. Franz Fritz, Knecht beim Baumgartner, Vellach, Hauser, Kriminax, Räuber.
8. Georg Lechner, Knecht beim Größinger, Hansele, Platzer, Handwerksbursch, Räuber.
9. Johanna Grasser, Magd beim Neuwirter, Maria.
10. Johanna Schoaß, Magd beim Lager, Wirtin und Rachel.
11. Georg Auer, bei Anton Dörfler, Webring, Engel und Pasche; wurde krank.
12. Romann Kreuzer, beim Duller, Engel.
13. Silvester Wietinger, beim Schlosser in Metnitz, Ankünder, Wirt, Räuber.

Gespielt wurde am:	[Einnahmen]	
15.12.1900 beim Wurzer in Vellach	4 fl.	12 kr.
Christnacht beim Lebzelter im Markt	11	2
30.12.1900 beim Valte im Graben	5	58
5.1.1901 beim Neuwirt in Grades	8	11
19.1.1901 beim Baumgartner, Preining	3	15
24.1.1901 beim Mayr in Teuchel	5	13
27.1.1901 beim Robbes in Unteralm	7	54
2.2.1901 beim Stiegenwirt	9 fl.	91 kr.
Summe	54 fl.	56 kr.

[Ausgaben:] Für diese Spiele wurden neue Mäntel, Blusen [Röcke] und Hosen, „Vürtücher“ [Vorbindschürzen] [gekauft] und Manches repariert, aus eigenen Beiträgen. Das kostete beiläufig 22 Gulden. Es musste jeder im Vorhinein 2 fl. erlegen.

1904[/05]

Verzeichnis der Hirtenspieler:

1. Georg Lechner, Knecht beim Mayr in Teuchel, Hofrat, Handwerksmann, Balthauser, Räuber.
2. Heinrich Schoaß, Birkersohn in Vellach, Räuber, Hofrat, Kaspar, Kriegsknecht.

3. Felix Holzer, Knecht beim Obern Grabner in Vellach, Hofrat, Melchior, Kriegsknecht, Räuber.
4. Andreas Auer, Knecht beim Birker in Vellach, Riepel, Dominax, Räuber.
5. Franz Fritz, Knecht beim Steiner in Vellach, Hauser, Kriminax, Räuber und Schäfer.
6. Andreas Grasser, Knecht beim Bergner in Unteralpe, Hansele, Platzer, Pasche, Räuber.
7. Anton Fuchs, Pechmann in Webring, Kaiser August, Herodes.
8. Thomas Geier, Knecht beim Mosser in Vellach, Josef und Pilgram.
9. Anna Bergner, Bergnertochter, Unteralpe, Maria.
10. Sofia Leitner, Santnertochter in Teuchl, Wirtin, Rachel.
11. Paulina Hartenberger, Magd beim Lager, Teuchl, Engel.
12. Silvester Wietinger, Ankünder, Wirt, Räuber.

Ausgaben: Gold- und Silberschnur		90 kr.
Engelkleid und Königsmantel repariert	2 fl.	60 kr.
Goldborten, blaues Tuch für Maria	5	28
3 Stück Bärte	2	10
neue Engelflügel	2	46
Anstreichen von Zepter und Opfer[gaben]		50
Stempel für Gesuch [und Trinkgeld]	1 fl.	00 kr.
Summe	14 fl.	84 kr.

Jeder Spieler musste 2 Gulden einzahlen; dies wurde am 8. Jänner [1905] zurück bezahlt.

„Ich will jedem nachfolgenden Spielleiter den Rat geben, ein Spiel nicht zu oft nacheinander aufzuführen. Man leiert sonst ein Spiel aus, und die Auslagen kann man ja leichter bestreiten, wenn man das Spielen längere Zeit auslässt.“ [Aussage von Sylvester Wietinger.]

Gespielt wurde am:

18.12.1904 beim Senger in Teuchel	4 fl. 41 kr.
Christnacht beim Stiegenwirt	6 75
26.12.1905 beim Baumgartner, Preining	4 85
30.12.1905 beim Schmelzer	3 41
8.1.1905 beim Bergner, Unteralm	3 88
22.1.1905 beim Wurzer in Vellach	3 fl. 44 kr.
Summe	26 fl. 74 kr.

Am Lichtmesstag [2.2.1905] sollte beim Färber gespielt werden, waren aber zu wenig Leut.
Die Lehr davon ist:
„Ein Spiel nacheinander nicht zu oft aufführen, und ich möchte dieses jedem Spielleiter ins Ohr schreien!“ [Aussage von Silvester Wietinger.]
(P. Romuald Pramberger, HS, Bd. 15., S. 106-110, 16. 3.1921.)

Das Hirtenspiel aus Metnitz (vor 1896) ist im Großen und Ganzen dem Ingolsthaler Spiel ähnlich. (Vgl. Pramberger, HS, Bd. 15, S. 2 und Titelblatt auf S. 1, 11.3.1922.)

Ich unterschied beide in dieser Weise, weil ich das Textbuch des Metnitzer Hirtenspieles beim Sagmeister einer Metnitzer Säge fand, das Textbuch des Ingolsthaler Spieles jedoch durch einen Ingolsthaler erhielt.
Wie bei vielen Volksspielen spielten auch beim Ingolsthaler Hirtenspiel Metnitzer und Ingolsthaler gemeinsam, und beide Textbücher sind im Besitze von Metnitzern.
Das Ingolsthaler Hirtenspiel ist das von Sylvester Wietinger umgearbeitete Metnitzer Spiel. Jenes wurde in seiner Form zum ersten Mal 1894 aufgeführt.
Hernach soll noch einmal das Metnitzer aufgeführt worden sein. Um 1880 geschrieben, tat das Metnitzer

Spiel ungefähr 10 Jahre als Textbuch wichtige Dienste. Es diente hernach bis in die neueste Zeit als Buch zum Rollenlernen. Dieses ältere Textbuch wurde von einem Metnitzer Bauern von einem alten, leider verloren gegangenen Textbuch abgeschrieben, das im Besitz des Reibnegger, vulgo Schoaß in Vellach, war und auch, wie das Christi-Leiden-Spiel, um 1860 geschrieben worden sein [soll].

Diesem Text liegt ein armseliger Text eines sehr alten Spieles bei, und zwar die 1802 geschriebene Rolle des Hofmarschalls. Ich fand diesen Zettel bei Richard Kerschbaumer in Ingolsthal.

Dies ist der Beweis, das dieses Spiel im Metnitztal über hundert Jahre gebräuchlich war, und mindestens in jeder Generation [einmal] gespielt wurde, daraus und aus dem Vergleich mit anderen Hirtenspielen ergibt sich, dass das Spiel alten Überlieferungen getreu gespielt wurde.

Wann das Spiel vor 1894 aufgeführt wurde, lässt sich mangels Aufschreibungen nicht darlegen.

(P. Romuald Pramberger, HS, Bd. 15, S. 2-3, 13.3. 1922.)

Der Text des Metnitzer Hirtenspieles wurde mit dem Ingolsthaler nicht verglichen, weil im älteren Metnitzer Spiel Textteile fehlen und weil das für dieses Buch nicht relevant wäre (S. 4-65, 13., 20., 22.-23., 25., 27.9.1920, soweit die Datumsangaben Prambergers auf den Scans ersichtlich sind). Ebenso wird der kurze Auszug aus der Spielrolle des Hofmarschalls aus dem Jahr 1802 nicht weiter kommentiert (S. 66, 7.12. 1921.)

Der Text des Metnitzer Hirtenspieles (vor 1896) umfasst 1653 Verse Sprechtext und 3 Hirtenlieder mit 91 Verszeilen.

Im Vergleich dazu zählt das Ingolsthaler Hirtenspiel (1896) 1443 Verse Sprechtext und 20 Lieder mit 729 Versen. Während das Metnitzer Hirtenspiel auf 1744 Gesamtverse kommt, umfasst das von Silvester Wietinger verfasste Ingolsthaler Hirtenspiel 2.172 Gesamtverse, also um 428 Verse mehr als das ältere Hirtenspiel aus Metnitz.

> Das Textbuch ist leider ein sehr zerfetztes, um 1880 geschriebenes Geschäftsbuch (hoch und schmal), mit roten Rubriklinien versehen. Manches fehlt bereits, manches ist geradezu unleserlich geschrieben.
> (P. Romuald Pramberger, HS, Bd. 15, S. 65, 27.9. 1920.)

4.5 Die Passionsspiele aus Metnitz (1863, 1901)

Mit dem Metnitzer Christi-Leiden-Spiel des Silvester Wietinger, Text 1911, Aufführungen 1912 und 1928, befasste ich mich bereits in meinen bisher veröffentlichten Büchern ausführlich, und zwar dokumentierte ich 2012 den Passionsspieltext und 2015 die dazugehörige Passionsspielchronik.[112] In diesem Buch bespreche ich die beiden Metnitzer Vorläuferspiele aus den Jahren 1863/1870 und 1901/1902. Die erste Frage gilt der Gestaltung derselben und die zweite, inwiefern sie mit dem Köstenberger Text des Andreas Schuster-Drabosenig verwandt sind und möglicherweise auf einen gemeinsamen „Urtext" hinweisen. Ich halte ausdrücklich fest, dass man bei so einem Thema nie zu einem Ende kommt und dass sich im Laufe der Erforschung immer wieder Neuigkeiten ergeben, die man vorher so noch nicht erkannt hat.

Ich beziehe mich in meiner Bearbeitung zunächst auf die Ausführungen des P. Romuald Pramberger in Band 16 seiner Handschriftensammlung, wobei ich die mir von der Volkskundeabteilung im Universalmuseum Joanneum in Graz durch Frau Mag. Martina Edler übermittelten Scans durchlaufend neu nummeriert habe, weil die mit Bleistift angegebenen Seitenzahlen nicht durchgehend ersichtlich sind. Dann liste ich die Auftritte auf und stelle eine Spielerliste zusammen. Schließlich untersuche ich die Texte auf Ähnlichkeiten.

---

[112] Ergänzungen zu LMR: Das Passionsspiel … St. Stefan bei Finkenstein, 1931. Klagenfurt: Hermagoras Verlag, 2007, S. 30, S. 34, S. 58 f., S. 138. – LMR: Verurteilt zum Tod am Kreuz. … Klagenfurt: Verlag des Kärntner Landesarchivs, 2011/12, S. 16, S. 20, S. 24 f., S. 29, S. 36 f., S. 85 ff. – LMR: Geboren zum Leiden und Sterben. … Remscheid (D): Verlag Re Di Roma, 2015, S. 20 f., S. 147, S. 308, S. 316, S. 318. – LMR: Kärntner Passionsspiele. Remscheid (D), Verlag Rediroma, 2018, S. 12 ff.

Das Christi-Leiden-Spiel aus dem Metnitztal

Die typischen Christi-Leiden-Spieler meines Forschungsgebietes sind jedenfalls die Metnitztaler.

Außer spärlichen Resten eines Passionsspieles von 1802 haben wir drei Spielbücher, eines von 1863, eines von [1901] und eines von [1911]. Jedes der drei Spielbücher hat das Eigenartige, dass es, von fremden Einflüssen veranlasst, eine Erweiterung des vorhergehenden ist.

Das letzte, [1911][113] geschriebene Spiel, wurde von Sylvester Wietinger unter Zuhilfenahme des gedruckten Eibistaler Textbuches verfasst, und ich trage deshalb noch immer Bedenken, ob ich dieses Konglomerat einheimischer und niederösterreichischer Spielform hier aufnehmen soll.

Er ist nicht mehr traditionell einheimisch, ist aber trotz aller Schwierigkeiten von Seiten Dr. Stepans nach einheimischer Art öfter aufgeführt worden.

Alle 10 Jahre sollte das Passionsspiel aufgeführt werden, und das lässt sich auch annähernd für ein halbes Jahrhundert nachweisen.

Nacheinander wurde es aufgeführt:

1802; – 1851, 1863, 1870, 1902, 1912.

Zwischen 1870 und 1902 wurde die Wiedererweckung des Spieles versucht, scheiterte aber an der allzu großen Eigenwilligkeit der Spieler.

Nun wären heuer wieder 10 Jahre [1922], es wäre an der Zeit, das Christi-Leiden-Spiel aufzuführen. Aber

[113] Silvester Wietinger verfasste ein handgeschriebenes Buch mit seinem Christi-Leiden-Spiel, das er am 25. Juli 1911 beendete und durch Lieder am 6. Feber 1916 und danach ergänzte. In diesem Buch befindet sich auch seine Passionsspielchronik zu den Aufführungen im Jahre 1912 und 1928, die am 15. August 1912 beginnt und am 13. Feber 1931 endet. Dieses Passionsspiel wurde also 1911 geschrieben und 1912 beziehungsweise 1928 aufgeführt.

von mir im Herbst 1921 darauf aufmerksam gemacht, erwiderte mir Sylvester Wietinger: „Abgesehen von den vielen Kränkungen, die ich hab erdulden müssen, vor, während und nach den Aufführungen, sehe ich jetzt bei dem so starken Überhandnehmen der Sozialdemokratie im Metnitztal gar [keine Chance], auch nur annähernd die Leute zum Spiel aufzubringen. Auch sind heutzutage die Leute viel widerspenstiger; ist ja schon ein jeder Bub bei der geringsten Mahnung wie ein aufgedrehtes Hundswürferl."
So unterblieb es in Metnitz.
Dafür wird die Passion im Oberen Murtal aufgeführt, Es scheint überhaupt, was die Passion betrifft, St. Georgen [ob Murau] das Metnitztal zu ergänzen, wie man aus früheren Aufführungen entnehmen kann.
(P. Romuald Pramberger, HS, Bd. 16, S. 2-3, 14.3. 1922; Titelblatt auf S. 1, 9.3.1922.)

Über das Metnitzer Passionsspiel 1863/70
Über das alte Passionsspiel in Ingolsthal fehlt jede genaue Überlieferung. Richard Kerschbaumer konnte nur erzählen, dass das Christi-Leiden-Spiel zu seines Ahnls [Großvater oder -mutter] Zeiten einmal in Ingolsthal aufgeführt wurde, und dass der Spielplatz hinterm Gatterer war, so ungefähr dort, wo der jetzige Stadl steht. Er spielte selbst auch mit.
Genauer sind schon die Nachrichten vom Metnitzer Spiel 1870. Das Spiel in Metnitz wurde ungemein stark besucht, und die Spieler wurden aufgefordert, das Spiel auch an anderen Orten aufzuführen, und so gingen sie nach Ingolsthal, nach St. Stefan und nach Friesach, wo es zu Füßen des Geiersberges stattfand. Ferner ging man nach Laßnitz. Bühne gab es damals keine, nur ein kleines, vorhangloses Podium.

Ob das Spiel von Metnitzern oder Ingolsthalern auch in den Jahren 1826, 1857 und 1868 gespielt wurde, darüber konnte mir mein greiser Gewährsmann keine Auskunft geben. Es mag aber sein, weil sonst diese Jahreszahlen nicht eingetragen worden wären.
1851, 1863 und 1870 wurde das Spiel von Metnitzern aufgeführt. Sind die zwei Zahlen 1857 und 1868 tatsächlich Aufführungszahlen, so muss ich glauben, dass die Ingolsthaler selber eine eigene Gruppe bildeten. Darüber den alten Kerschbaumer auszuforschen, übersah ich.
(P. Romuald Pramberger, HS, Bd. 16, S. 4-5, 14.3. 1922.)

Reste vom Passionsspiel 1802 aus Ingolsthal
Beim Richard Kerschbaumer in Ingolsthal fand ich 4 kleine Rollenbüchlein, wovon eines am Titelblatt den Vermerk trägt: „Nr. 10, 1802, F. R. M. Die Rollen sind zum Teil dem Metnitzer Passionsspiel ähnlich.
Diese Büchlein sind:
I. Mendax, 25.+26.11.1921, S. 6-8
II. Der 1. Jud, 26., 27., 29., 30.11., 1.12.1921, S. 9-16
III. Der 4. Jud, 1.-4.12.1921, S. 17-21
IV. Der Tod, 5.-7.12.1921, S. 22-24
V. Die Barmherzigkeit, 6.3.1922, S. 25
VI. Herodes, 7.+6.3.1922, S. 26-29
VII. Pilatus Frau, 6.+7.3.1922, S. 29-32
VIII. Das Diplom der Verurteilung Christi, 7.3.1922, S. 32-33
(P. Romuald Pramberger, HS, Bd. 16, S. 6, 25.11. 1921.)

Besonders interessieren mich von diesen Rollenbüchlein „Der Tod“ und „Das Diplom der Verurteilung Christi“. Die

Rolle des Todes wurde in Oktavformat verfasst, in ein Rollenbüchlein eingelegt und von O. M. M. am 13.3.1868 niedergeschrieben. Der Tod führt vier Monologe, in denen er gegen die Eitelkeit der ganzen Welt wettert, gegen Weisheit, Schönheit, Tugend, Stärke und Reichtum, Hochwürden und Potenz massiv zu Felde zieht, gegen alle Adamskinder mit Macht wütet, egal ob sie klein oder groß, hoch oder nieder, arm oder reich sind, denn alle werden zu Staub werden, und niemand kennt die Stunde, sogar Gottes Sohn muss sterben. Der Text ist großteils nicht gereimt. (Vgl. P. Romuald Pramberger, HS, Bd. 16, S. 22-24, 5.-7.12.1921.)

VIII. Das Diplom der Verurteilung Christi
Ich Pontius Pilatus, Ponn[-] und Blutrichter zu Jerusalem unter den allergroßmächtigsten Regenten kaiserlichen Oberhaupt Tiberi. Demnach aus gegenwärtiger Schrift Jesus von Nazareth in Galiläa gebürtig, von denen hohen Priester und Schriftgelehrten, wie auch von Ältesten und gesammten Judenvolk rathangig angeklagt worden ist, dass er, unangesehen von geringen Eltern geboren und sich demnach zum König der Juden aufgeworfen und gar zum wahren Messiam machen wollte, wie auch das Volk und gemeine Pöbel zur Aufruhr erweckte, den Kaiser den Zins zu geben verboten und dergleichen mehrere abscheuliche Laster verübet hat, als haben wir austragenden Amtspflichten und haben den kaiserlichen Macht, und dessen allen fleißig nachgeforscht, auch die Wahrheit zu sein befunden, als dass gegenwärtiger Übeltäter in Banko Juris kontimierten malifiz in Erwägung solcher schweren begangenen Missetaten ohne einziger Gnad und Barmherzigkeit lebendig mit 3 eisernen Nägel an das Kreuz genagelt und zwischen gleichmässigen zum Tod kon-

temnierten zweien Mördern aufgehenket und gekreuziget werden sollte, dergleichen Landrebell und Aufwühler zum einen abscheulichen Exempel und Beispiel zu verkünden, ist geschehen zu einen unwiderruflichen, niemals zurückgenommenen Worten; laut beigebrachten Verbrechen tun wir das Urteil über dich sprechen, nämlich dass du solltest sterben am Kreuzesstamm, wozu ich dich anjetzo verdamm, und zerbrich vor dreien und von allen hier gegenwärtigen Personen den Lebensstab, nämlich weil den Gewalt dich zu richten hab.
Actum et publicatum. Jerusalem
den 26. März 1826.   den 10. Mai
den 13. April 1857.
den 19. April 1868.
(P. Romuald Pramberger, HS, Bd. 6, S. 32-33, 7.3. 1922.

Hier wurde absichtlich der Original-Pramberger-Text wiedergegeben, damit man sieht, dass er von einem Mann aus dem Volk verfasst wurde, dem die Feinheiten der Schriftsprache nicht allzu geläufig waren. Die Datumsangaben weisen wohl auf die einzelnen Aufführungen hin, am 10. Mai 1826 wurde die Rolle vielleicht abgeschrieben.

Das Metnitzer Passionsspiel, Text 1863, 1870

Die alte Fassung des Passionsspieles trägt den Titel: „Leiden Christi. Trauerspiel, gehörig Jakob Reibnegger, vulgo Schoaß in Vellach, 1863."

Es ist ein großer Quartband, Steifdeckelband mit Leinwandrücken, mit 186 Seiten, wovon 176 das Passionsspiel einnimmt. Am Schluss hat Reibnegger 3 Lieder eingetragen, während der Spieltext von einer geübteren Hand stammt.

Das Spiel wurde (nach der Pfarrchronik) 1863 dreimal auf dem Maggauer Anger aufgeführt. Die Teufel, Judas und die Juden haben ihre Rollen am Besten gespielt.
Unter den Zuschauern sah man den Dechant, Propst Schiffer von Friesach, und den kaiserlich-königlichen Schulrat Močnik aus Graz.
Während des Zuges zur Richtstätte wurde von Spielern und Volk der schmerzhafte Rosenkranz gebetet.
Der Chronist, Kaplan Jos[ef] Hrobatic, schreibt darüber noch: „Man kann der Ansicht nicht absolut widersprechen, dass man Volksspiele begünstigen solle, indem sie manche gute Wirkung hervorbringen können, aber sie sollten auch gereinigt (!) und insofern auch beaufsichtigt werden, dass sich dabei nichts einschleicht, was gegen das Dekorum verstößt."
Im Jahr 1870 wurde es ein zweitesmal auf dem gleichen Platz aufgeführt, dann hörte ich, dass man auch für 1882 und 1892 lernte; ob es zu Stande kam, entgeht meiner bisherigen Kenntnis.
Das Spiel ist nicht in Aufzüge und Auftritte eingeteilt.
Der Text, der Sylv[ester] Wietinger 1901 vorlag, weicht von der Regie [Textvorlage] folgenderart ab:
(P. Romuald Pramberger, HS, Bd. 16, S. 34-35, 16.4. 1921.)

P. Romuald Pramberger verzeichnet nun in seiner HS nur die Textabweichungen auf den Seiten 35 bis 89, die ich einfach unberücksichtigt lasse. Er schrieb diese Seiten am 16., 18.-20., 22.-23.4. und vom 1. bis 7.5.1921 nieder.

Manchesmal unterließ ich es, einen Vers wieder zu schreiben, wenn ein anderes Bindewort als im Text [1901] steht.

Im Buch, auf der letzten Seite, ist noch ein Teil der Ausrüstung angeführt:
„Ein Knüttel, ein Panzer, Christuskrone, Titelblatt, Engelkreuz, Rauchfass, Mittenband für Christus, Nägel und das Osterlamm, Messer, Prügel zur Krönung, Stock zur Geißelung, Kreuzhackel."
(P. Romuald Pramberger, HS, Bd. 16, S. 89, 7.5.1921.)

Das Metnitzer Passionsspiel, Text [1901][114]
Titel: „Trauerspiel vom bitteren Leiden und Sterben unseres Herrn Jesu Christi. Geschrieben zu Metnitz, im Jahr 1901, Silvester Wietinger."
(P. Romuald Pramberger, HS, Bd. 16, S. 90, 29.9. 1920.)

Dann führt P. Romuald Pramberger den gesamten Text des Metnitzer Christi-Leiden-Spieles 1901 an. Dazu später mehr. Nach der folgenden Abschlussklausel reicht er noch eine Besprechung nach, die zum einen Teil eine Spielchronik und zum anderen Teil eine Lobpreisung des Spielleiters ist.

Ende. „Gulle Ursl, am 4. August 1901. Silvester Wietinger."
(P. Romuald Pramberger, HS, Bd. 16, S. 209, 27.10. 1920.)

Das Leiden-Christi-Spiel wurde aufgeführt unter Leitung des Silv[ester] Wietinger

im Jahr 1902	Einnahmen
Metnitz, am 6. April	166 fl. 13 kr.
Metnitz, am 13. April	113 55
Laßnitz, am 20. April	100 fl. 88 kr.

[114] Romuald Pramberger führt immer das Aufführungsjahr an, hier 1902.

Laßnitz, am 27. April	40 fl. 99 kr.
St. Salvator, am 4. Mai	151 30
St. Salvator, am 8. Mai	149 87
Bei der letzten Probe am 31. März	3 43
Durch eigene Beiträge von 43 Personen	215 fl. 00 kr.
Summe[115]	951 fl. 15 kr.

Die Ausgaben betragen:

Den 43 Personen die Einlage (à 5 fl.) wieder zurückgegeben	215 fl. 00 kr.
Eine jede Person	270 24
Verschiedene Ausgaben für Montur, Bier, Fuhrlohn etc.	465 fl. 91 kr.
Summe	951 fl. 15 kr.

Die Rollen- und Kostümverteilung

An dem Christi-Leiden-Spiel im Jahr 1902 haben sich folgende Personen unter folgenden Kostümen beteiligt:

Silvester Wietinger, Spielleiter.

Blasius Kauder, Mayr in Teichl, sein Stellvertreter.

Thomas Regger, Wegmacher, Christus. Leibfarbiges, eng anliegendes ganzes Kleid; rotbrauner, langer und weiter Rock, lichtgefärbter Mantel; als Narrenkleid roter Purpurmantel; Sandalen mit roter Schnur, Mittengurt, Schamtuch, 2 Badeschwämme, blecherne Brustplatten, Dornenkrone, Schweinsblase, großes, hohles Kreuz, drei eiserne Nägel.

Valentin Wurzer, Oberer Erler, Hauptmann. Rote Hose, schwarzer Waffenrock, Helm und Schild, Feldbinde, Schleppsäbel mit Portage, Lanze, Augenbinde, Halsbinde, Ordensauszeichnung, Pferd mit Reitzeug.

α) Pilatusfrau. Grüner Rock, ebenso Janker, türkischer Bund mit weißem Schleier.

β) Veronika. Grüner Anzug, blaues Übertuch, Schweißtuch.

[115] Rechenfehler oder Schreibfehler um 10 Gulden/fl.

Johanna Schoaß, Magd beim Seppmüller, Magdalena. Grüner Anzug, das Haar hängt [lose] herab.[116]
Ferner noch der Buchhalter (Souffleur) Josef Wagner, Schustermeister, und die zwei Sammler Michael Steger, vulgo Lager in der Teichl, und Anton Geier, vulgo Schmelzer.
(P. Romuald Pramberger, HS, Bd. 16, S. 210-211, 27., 29.10.1920.)

Eine Eigenart, der ich hier gedenken muss, in der Regie [Spielleitung], war die Behandlung des obersten Teufels von Seiten der anderen Teufel. Derselbe fiel beim Spiel aus Verzweiflung in Ohnmacht. Da kamen seine Untergebenen und beräucherten ihn mit Hufscharten [Abfälle bei der Hufpflege von Tieren] bei den Worten: „Tröstet mich!“ Das verbreitete natürlich einen entsetzlichen Gestank, sodass auch einigen zartbeseiteten Frauenspersonen unwohl wurde.
Die Entstehung dieses Spieles hängt derart mit dem Spielleiter Silvester Wietinger zusammen, dass ich mich veranlasst sehe, ihm hier das bescheidene Denkmal seiner Lebensgeschichte zu setzen.
Sylvester Wietinger wurde am 31. Dezember 1865 beim vulgo Lagler in der Preining als armes Dienstbotenkind geboren. Später kauften sich seine Eltern eine Keusche und erwarben dank ihrer Sparsamkeit 1883 das Bauerngut vulgo Oberer Nieperle ober Metnitz.

[116] Hier gibt es einen Einschnitt in der Dokumentation des P. Romuald Pramberger. Es fehlen die restlichen Männerrollen. Und die Frauenrollen beginnen mit der Nummerierung α und β für Pilatusfrau und Veronika, dann folgen noch Magdalena und der Buchhalter. Die Rollenverteilung wurde auf Grund der Darstellerliste 1902 (Bildmaterial) rekonstruiert und wird später angeführt. Einige Lücken in der Besetzung und mehrere Anachronismen konnten nicht mehr aufgeklärt werden.

Sylvester ging in Metnitz nicht ganz drei Jahre in die Schule und musste schon mit 10 Jahren in den Dienst wandern, nämlich zu Ostern 1876. Da musste er in der Klachl beim Bauern Schafe halten [hüten/weiden], und was er daheim in der Stube Lesbares fand, nahm er nach und nach mit und übte sich im Lesen, in den Wintermonaten aber auf den Zeitungsrändern im Schreiben. So wurde er schon mit vierzehn Jahren tüchtiger im Lesen und Schreiben als so Mancher, der acht Jahre die Schulbank drückte.

Danach schickte ihn sein Vater, als Silvester schon stärker war, zu einem Zimmermann in die Lehre, und er lernte dieses Gewerbe vollends aus.

Da kam eines Tages einer der Brüder Reibnegger[117] wegen einer Zimmererarbeit zu ihm, und wie sich halt das Gespräch so dreht, kamen sie auch auf die Volksspiele zu sprechen. Der Reibnegger sagte ihm, dass er wohl ein Hirtenspiel hätte.

Und so kam es, dass der junge Wietinger als einer, der schön schreiben konnte, daran ging, das alte Weihnachtsspiel[118] abzuschreiben; die Brüder Reibnegger trugen sich zwar mit der Absicht, das Spiel aufzuführen, hatten sich auch die Personen ausgewählt, dabei den Sylvester aber nicht [berücksichtigt].

Dieser aber schrieb nicht nur das Spiel ab, sondern agitierte auch eifrig für das Spiel und bewog tatsächlich die anfangs scheuen oder widerwilligen Leute zum Spielen; und so wurde das Hirtenspiel unter nomineller Leitung Reibneggers, aber tatsächlicher Führung Wietingers um die Jahreswende 1895/6 aufgeführt.

---

[117] Pramberger schreibt hier immer „Reibenegger".

[118] Die Verflechtung in Prambergers Erzählung von der Geschichte der Entstehung des Hirten- beziehungsweise Christi-Leiden-Spieles wurde hier absichtlich nicht voneinander getrennt.

Dann ließ man ein paar Jahre ruhen und führte es zur Jahrhundertwende[119] wieder auf, und zwar nach seiner Aussage in einem Tanzsaal im Markt und bei den Bauern in den Kachl- [Stube mit Kachelofen], ja auch in den Rauchstuben, und zum erstenmal jedes Mal in der Christnacht, nach der Mette. (Von 11 bis 12 war in Metnitz die Mette.[120]) Damit war das seit Jahrzehnten ruhende Volksspielleben des Metnitztales wieder geweckt; denn es spielten gleich darauf die Laßnitzer und später die Oberhofer das Spiel vom ägyptischen Joseph.

Im Jänner 1901 spielten die Hirtenspieler beim Blasius Kauder, vulgo Mayr in der Teichl,[121] und bei der Jause nachher kam man auf das Passionsspiel zu sprechen, wie es trotz mehrerer Versuche in den vergangenen Jahrzehnten stets misslungen sei.

Und ungefähr vierzehn Tage danach, als sie wieder über das Volksspiel sprachen, sagte Kauder zu Wietinger: „Aber Christi-Leiden-Spielen sollt's halt wieder einmal!“ Und dann machten sie miteinander aus, diese Sache gemeinsam anzufangen; denn Wietinger hätte die Leute nie allein dazu gekriegt [bewogen]. Er war ja nur ein gewöhnlicher Zimmermann, im Ansehen beim Volk nicht viel besser als ein Knecht. Da bedurfte es zum Nachtreiben, ja sogar zum Bewegen, mitzutun, und zum Anregen zum Lernen eines angesehenen Bauern.

Sylvester lieh sich das Spielbuch des Christi-Leiden-Spieles von den Brüdern Reibnegger aus, das der Lehrer Ratweger 1863 in ihrem Auftrag geschrieben hatte,

---

[119] Siehe S. 227 ff. Widersprechende Jahreszahlen können nicht mehr richtiggestellt werden. Pramberger dokumentiert die Spiele ca. 20 Jahre später.

[120] Siehe S. 228 ff. Meistens wurde auch schon vor der Christnacht gespielt.

[121] Siehe S. 230, am 24.1.1901.

und er schrieb es, das heißt arbeitete es auf der Almhütte Gugl Ursel um, oben im Stroh oder Heu, auf dem Bauch liegend, ein Brett als Tisch benützend, bei einem armseligen Unschlittkerzenlicht [Talglicht]. Im Spätherbst 1901 wurde Sylvester mit seiner Störarbeit[122] fertig, aber auch mit dem neu bearbeiteten Passionsspiel.
Dann wandte er sich Anfang Dezember an mehrere geeignete Leute mit der Frage, ob sie spielen wollten. Und unter der Befürwortung Kauders gelang ihm die Werbung. Fleißig schrieb Wietinger nun noch die Rollen [ab], und da er und Kauder doch nicht alles allein machen wollten, so gründeten sie einen Spielausschuss, in dem mehrere Besitzer saßen, die zwar nicht mitspielten, aber reges Interesse hatten.
Der Kerschhagel in Wöbring hatte noch einige Kostüme aus alter Zeit aufbewahrt, aber nur sehr wenige. Über die übrigen Kostüme befragte man alte Leute, die 1863 und[/oder] 1870 mitgespielt hatten; doch erfuhr man sehr wenig und so hat man Kostüme und Regie [Requisiten] beschafft, auch eine zweifache Bühne [wurde] nach eigener Phantasie und fremden Vorbildern [geschaffen].
Das Weitere über Wietinger siehe im Spiel 1812.
(P. Romuald Pramberger, HS, Bd. 16, S. 210-214, 14. 3.1922.)

Nach den ausführlichen Zitaten aus Prambergers Band 16 folgen nun eigene Untersuchungen zum Text des Metnitzer

[122] Störarbeit > Die Handwerker (Schuhmacher, Zimmerleute, Schneiderinnen, Näherinnen, …) verließen ihre Werkstatt und kamen auf einen fremden Hof, um dort zu arbeiten; sie „störten“ dort also die allgemeine Ordnung.

Christi-Leiden-Spieles aus dem Jahr 1901. Dieses Spiel gliedert sich in folgende **Szenen**:

1. Der himmlische Rat (Verse 1-249, 1.-25. Auftritt)
2. Der erste höllische Rat (Verse 250-320, 26.-30. Auftritt)
Zwischenakt: Der Tod (Verse 321-354, 31.+32. Auftritt)
3. Der erste jüdische Rat (Verse 355-516, 33.-45. Auftritt)
4. Zweiter höllischer Rat (Verse 517-643, 46.-59. Auftritt)
5. Der zweite jüdische Rat (Verse 644-691, 60.-65. Auftritt)
6. Die Beurlaubung [Abschied] Christi (Verse 692-815, 66.-79. Auftritt), das Abendmahl (Verse 816-958, 80.-100. Auftritt) und die Fußwaschung (Verse 959-980, 101.-108. Auftritt)
7. Die Juden beraten Christus zu fangen. (Verse 981-1092, 109.-136. Auftritt)
8. Christus wird gefangen genommen. (Verse 1093-1400, 137.-190.b Auftritt)
9. Christus wird dem Annas vorgestellt. (Verse 1402 [sic! Vers 1401 fehlt.]-1630, 191.-222. Auftritt)
Zwischenakt: Magdalena (Verse 1631-1660, 223.-229. Auftritt)
10. Christus wird dem Kaiphas vorgestellt. (Verse 1661-1777, 230.-245. Auftritt)
11. Petrus verleugnet Christus. (Verse 1778-1862, 246.-259. Auftritt)
12. Christus wird dem Pilatus vorgestellt. (Verse 1863-1930, 260.-277. Auftritt)
13. Christus wird dem Herodes vorgestellt. (Verse 1931-2110, 278.-298. Auftritt)

14. Christus wird abermals dem Pilatus vorgestellt. (Verse 2111-2149, 299.-311. Auftritt)
15. Die Geißelung (Verse 2150-2207, 312.-319. Auftritt) und [Dornen-]Krönung (Verse 2208-2314, 320.-335. Auftritt)
16. Pilatus Frau schläft. [Ihr Traum] (Verse 2315-2441, 336.-347. Auftritt)
17. Christus wird zum dritten Mal dem Pilatus vorgestellt (Verse 2442-2548, 348.-368. Auftritt). Das Todesurteil [über] Jesus (Verse 2549-2586, 369. Auftritt)
Zwischenakt: Die Schäferei (Verse 2587-2677, 370.-378. Auftritt)
18. Die Verzweiflung des Judas (Verse 2678-2827, 379.-396. Auftritt)
19. Der Kreuzweg. Veronika reicht Christus das Schweißtuch. Jesus fällt das 1. Mal unter dem Kreuz. Jesus begegnet seiner geliebten Mutter und weinenden Frauen. (Verse 2828-3137, 397.-448. Auftritt)
20. Die Kreuzigung Jesu. Das 1. Wort Christi am Kreuz, das 2. Wort, das 3. Wort, das 4. Wort, das 5. Wort, das 6. Wort, das 7. Wort Christi am Kreuz; Longinus oder Hauptmann; die Schäferin (Verse 3138-3522, 449.-506. Auftritt)
21. Die Abnahme Christi vom Kreuz und das Begräbnis (Verse 3523-3676, 507.-530. Auftritt)
(P. Romuald Pramberger, HS, Bd. 16. S. 90-209, 29.+30.9., 1.-18.10., 26.+27.10.1920.)

Die auftretenden Personen, zusammengefasst in Gruppen:
I. Hauptdarsteller: [Jesus] Christus, Judas [Ischariot], Petrus, Johannes, noch 2 Jünger, alle Jünger = 6 Männerrollen.
II. Frauen: Maria, Martha, Magdalena, Veronika, Judenmagd, Pilatus‘ Frau = 6 Frauenrollen.

III. Amtsträger: die Hohenpriester Kaiphas (Chaiphas) und Annas, auch Priesterschaft genannt; König Herodes; der römische Statthalter [Pontius] Pilatus; der Freimann [Henker]; Longinus oder der (Juden-)Hauptmann; 2 Rittmeister (der 1. und der 2.); der Portier; der Nachtwächter = 4 Personen mit Befehlsgewalt und 6 ausführende Untergebene = 10 Personenrollen.
IV. Juden: die Pharisäer Rabjam (Rabjan/Raban/Rabam) und Malchus; die Ratsherren Mendax, Falsuto (2. Jud), Nabolo (3. Jud/Rabolo) und Frandello (4. Jud/Frandelo), auch Judenrat oder der jüdische Rat genannt; der falsche Zeuge; Joseph von Arimathäa (Josef), Nikodemus, Simon von Zyrene = 10 Personenrollen + die Judenrotte.
V. Verbrecher: Barab[b]as, die zwei Schächer (der rechte und der linke) = 3 Personenrollen.
VI. Paradies-Figuren: Frolokus, Gott Vater, Gottes Sohn, die Barmherzigkeit, die Gerechtigkeit, der Geist Gottes, Adam; 2 Engel als Himmelsboten = 9 Rollen.
VII. Höllenabgesandte: Luzifer, Satan (1. Teufel), Belzebub (2. Teufel), Aschroth (3. Teufel), Hutzelbutz (4. Teufel) = 5 Rollen.
VIII. allegorische, nicht-biblische Personen: der Tod; der Schäfer, die Schäferin = 3 Rollen.

Das ergibt insgesamt 52 Personenrollen, darunter gibt es 6 männliche und 6 weibliche Hauptrollen, 4 Amtsträger mit Befehlsgewalt und 6 Untergebene, 10 Juden, 3 Verbrecher, 9 Paradies-Figuren, 5 Höllenabgesandte und 3 allegorische Figuren. Die 7 ausgesprochenen Frauenrollen verteilen sich auf Maria, Martha, Magdalena, Veronika, Judenmagd, Pilatus‘ Frau und die Schäferin, denn die Engel können auch von Burschen dargestellt werden.

An Hand des im Bildmaterial vorhandenen Spielerverzeichnisses aus dem Jahr 1902 und Angaben von P. Romuald Pramberger aus der Wietinger-Chronik wurde eine mögliche **Liste der Mitwirkenden** erstellt, wobei natürlich Schreib- und Entzifferungsfehler nicht ausgeschlossen sind.

1. Sylvester Wietinger, vulgo Oberer Nieperle in Teichl, als Spielleiter;
2. Josef Wagner, Schuhmachermeister, als Buchhalter und Souffleur;
3. Heinrich Meger;
4. Johann Bacher, vulgo Zechner in Teichl;
5. Johanna Tomaschitz, Bäckermeistersgattin in Metnitz [Bildmaterial; bei Pramberger: Johanna Schoaß, Magd beim Seppmüller], als Magdalena;
6. Maria Leitner, Marhofer in Teichl;
7. Elisabeth Senger, vulgo Unterer Dörfler in Wöbring;
8. Alois Grabner, vulgo Gruber in Klachl;
9. Blasius Kauder, vulgo Mar-Hube/Mayr in Teichl, als Spielleiter-Stellvertreter;
10. Josefa Bergner, Marhofer in Vellach;
11. ~~Vinzenz Wurzer, Zimmermann, vulgo Erler in Oberhof~~; (eingefügt wurde hier:) Fernand , Holzknecht;
12. Valentin Wurzer, vulgo Oberer Erler, als Hauptmann;
13. Johanna Prosaz, vulgo Glanzer;
14. Augustin Klamnig, Zimmermann;
15. Ignatius Wietinger, vulgo Oberer Niperl;
16. Roman Leitner, vulgo Marhofer inTeichl;
17. Alois Wolfger, vulgo Oberer Dörfler in Teichl;
18. Bergmann, vulgo Kerschhackl;
19. Konrad Grabner, vulgo Felferer in Preining;

20. Thomas Regger, Wegmacher, als Christus;

21. Aloisia Bacher, vulgo Zechner-Bäuerin in Teichl, als Maria;

22. (Judas) Thadäus Auer, vulgo Baumgartner-Hube in Preining, als Gott Vater;

23. Alois Grassl;

24. Bartl Kornabetter, Zimmermann;

25. Mathäus Steger;

26. Vinzenz Winkler;

27. Anton Geier, vulgo Schmölzer/Schmelzer, als Sammler;

28. Michael Steger, vulgo Lagler in Teichl, als Sammler;

29. Jakob Speckbauer, Gastwirt;

30. Andreas Bergner, vulgo Bergner in Unteralpe;

31. Anton Wurzer, vulgo Obere Bergner-Hube/Klein-Bergner in Unteralpe, als Pharisäer;

32. Anton Fuchs, Wöbring;

33. Simon ;

34. Thomas ;

~~35.~~

36. Wietinger Josef, vulgo Oberer Wurzer;

37. Andreas Auer, vulgo Waldner, als Christus [laut Teilnehmerliste Wietinger; war vielleicht Gott Sohn im Vorspiel];

38. Jakob ;

39. Georg , vulgo Merzner in Ober…;

40. Georg Grabner, vulgo Tonner in Klachl;

41. Konrad ;

42. Georg Auer, vulgo Kirschner in Metnitz, Sohn vom Unteren Dörfler in Wöbring, als jüdischer Ratsherr;

43. Klemens Leitner, vulgo Gurner in Unteralpe;

44. Adelbert Wurzer, Jäger;

45. Anton Engl, vulgo Zaming in Teichl;
46. Vinzenz Schurz, Zimmermeister;
47. Bartl Engl, vulgo Senger in Teichel;
48. Georg , Schuldiener;
49. Thomas , Zimmermann.

Abschließend wird festgestellt, dass Silvester Wietinger sein 1901 neu verfasstes Christi-Leiden-Spiel im Jahr 1902 mit 48 Personen aufgeführt hat, und zwar auf einer schlichten Bühne, in teilweise alten Kostümen und mit einem Text, den er nach einer alten Vorlage aus dem Jahr 1863 gestaltete. Beide Spieltexte enthalten nach Prambergers Angaben je 3.676 Verse (HS, Bd. 16, S. 89 und S. 209.)

Angemerkt wird noch, dass P. Romuald Pramberger studierter Theologe und praktizierender Priester war, also weder sprach- noch literaturwissenschaftliche Studien zu den geistlichen Metnitztaler Volksschauspielen verfasste, wohingegen France Kotnik promovierter Slawist und Kulturwissenschafter war. Pramberger wertet die Arbeit von Silvester Wietinger durchaus auch emotional, während Kotnik die Schriften von Andreas Schuster wissenschaftlich kommentiert. Dabei stellt man immer wieder fest, dass P. Romuald Pramberger gegen Einflüsse aus anderen Tälern oder Regionen auf die Metnitztaler geistlichen Volksschauspiele zum Weihnachts- und Osterfestkreis war.

4.6 Bildmaterial zu P. Dr. Romuald Pramberger

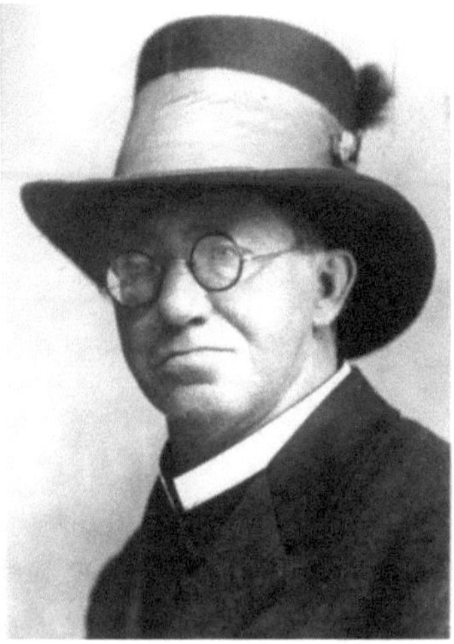

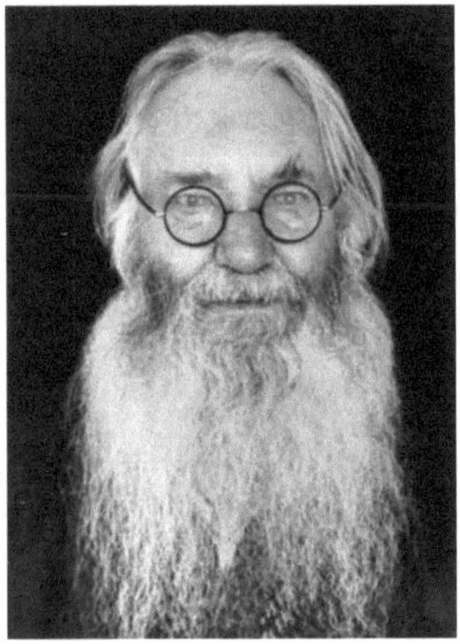

P. Dr. Romuald Pramberger,
Leiter des Köflacher Erntefestes 1930 bzw. 70. Geburtstag.
Quelle: Helga Drusowitsch, Diss., Graz, 1978, S. 282 und S. 499.

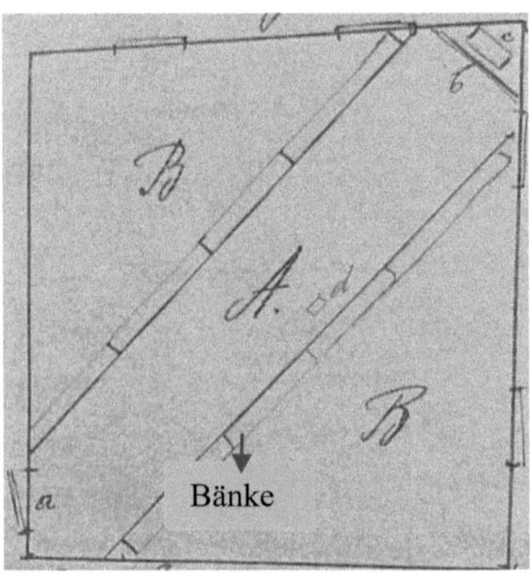

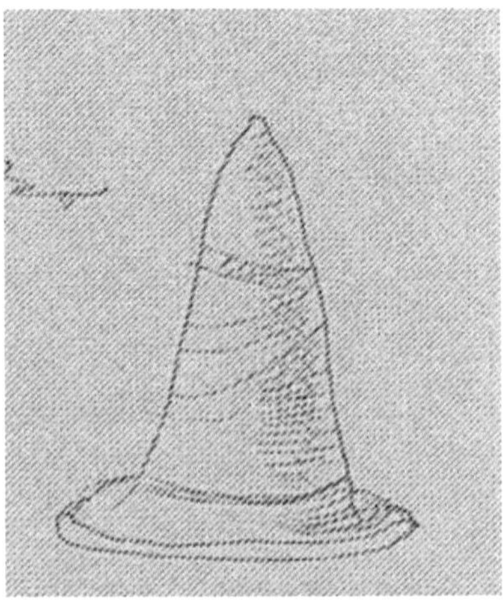

A – Spiel-, B- Zuschauerraum. S. 3. Hirtenhut. S. 30.
a – Tür, b – Vorhang, c – Tisch und Bank mit kleinem Stall, d – Sessel für Herodes. Quelle: Pramberger, HS, Bd. 15, Hirtenspiel Ingolsthal, 1896.

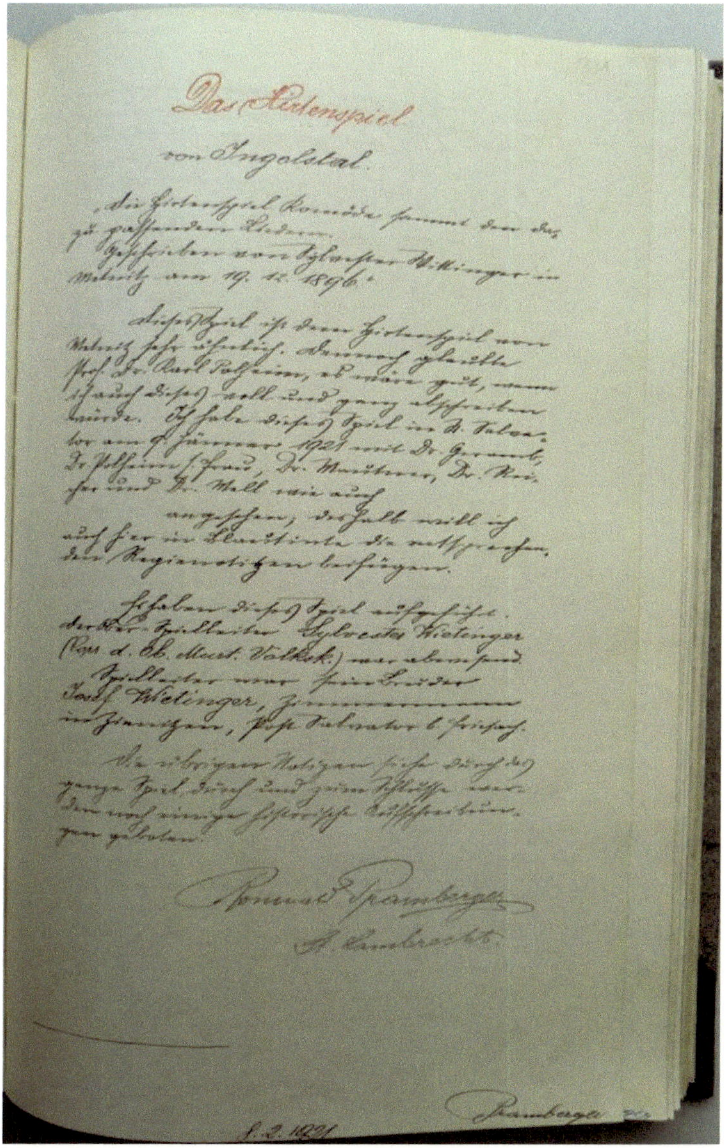

Das Hirtenspiel

von Ingolstal.

Das Ingolsthaler Hirtenspiel (von Silvester Wietinger, 19.12.1896).
P. Romuald Pramberger, 11.03.1922. HS-Scan, Bd. 15, (S. 330).
Quelle: Universalmuseum Joanneum, Graz, Volkskundesammlung.

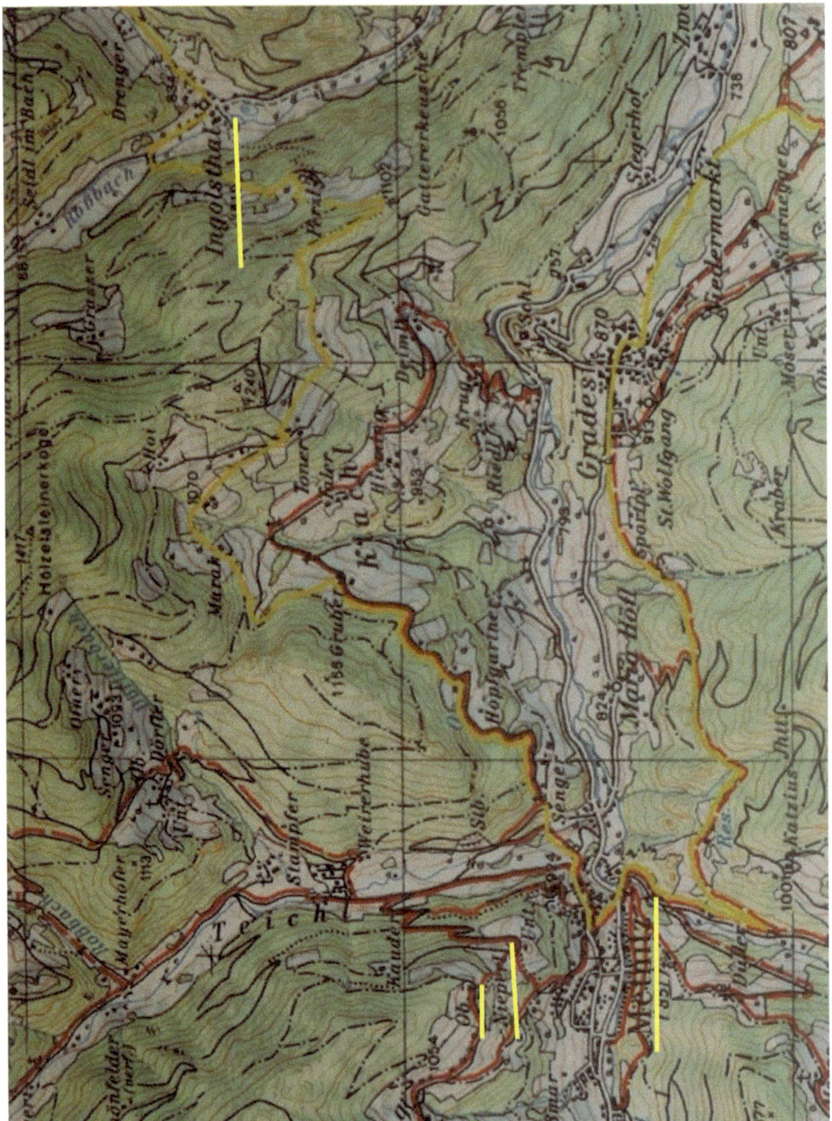

Wanderkarte Metnitz, Ausschnitt.
Quelle: LMR, 12.08.2015.

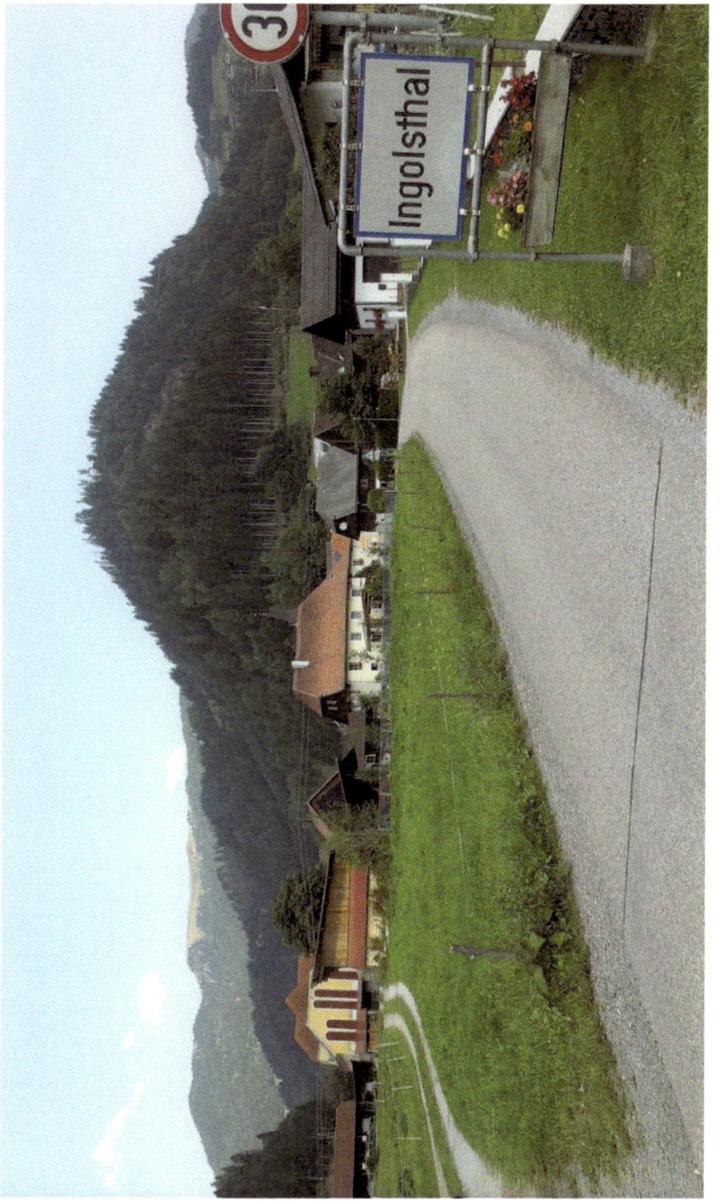

Ingolsthal. Quelle: LMR, 12.08.2015.

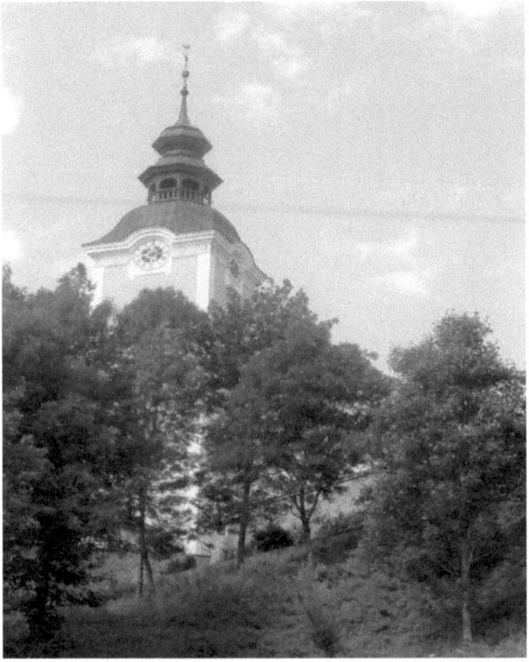

Metnitz, Pfarrkirche von SO.

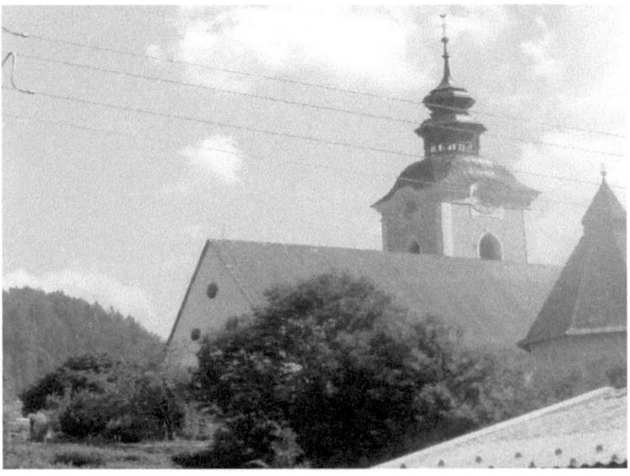

Metnitz, Pfarrkirche von SW.
Beide Fotos LMR, 12.08.2015.

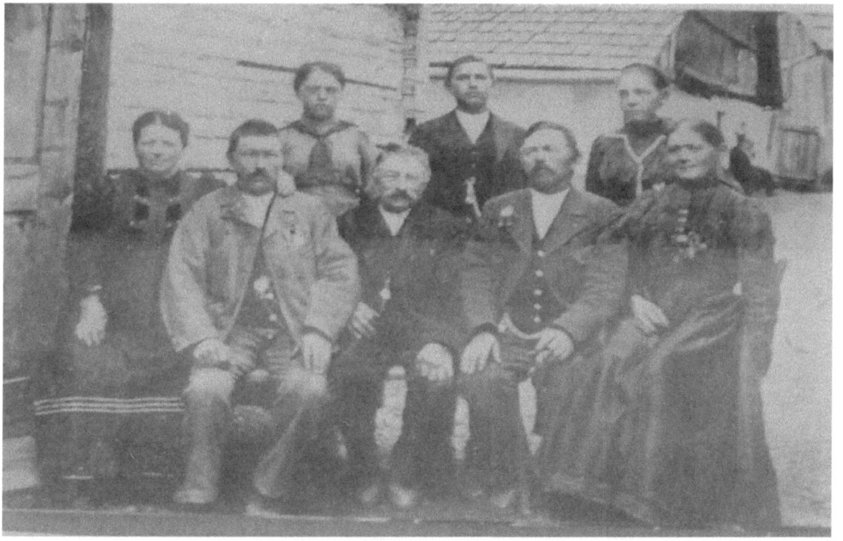

Silvester Wietinger (rechts sitzend) mit Familie.
Foto: LMR, 12.08.2015.
Quelle: Brauchtumsmuseum Metnitz, Wietinger-Raum.

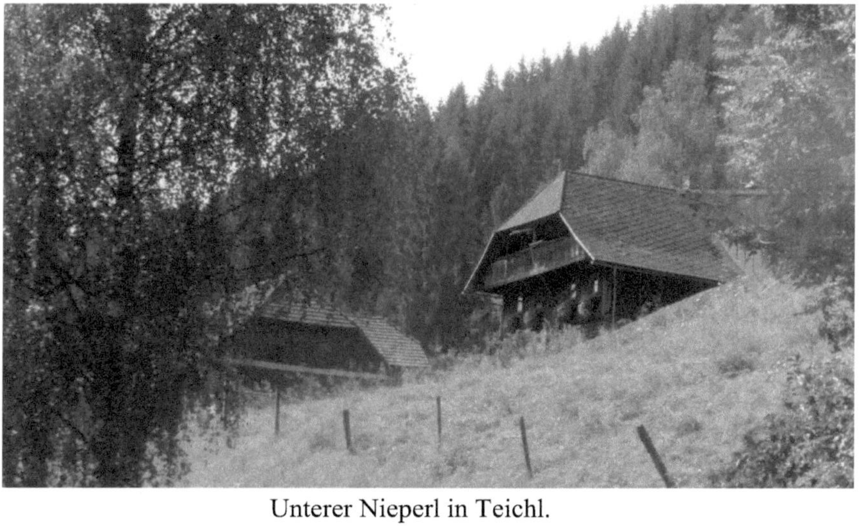

Unterer Nieperl in Teichl.
Quelle: LMR, 12.08.2015.

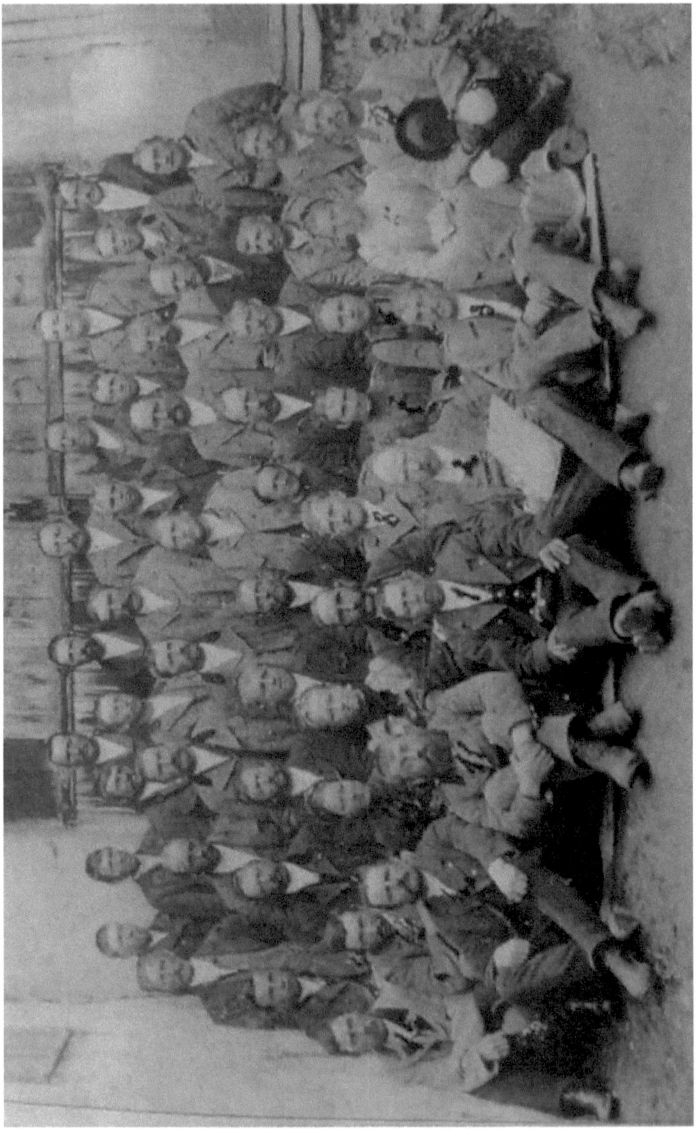

Passionsspieler Metnitz 1902.
Foto: Marlen Smole-Taupe, 30.03.2012.
Quelle: Brauchtumsmuseum Metnitz.

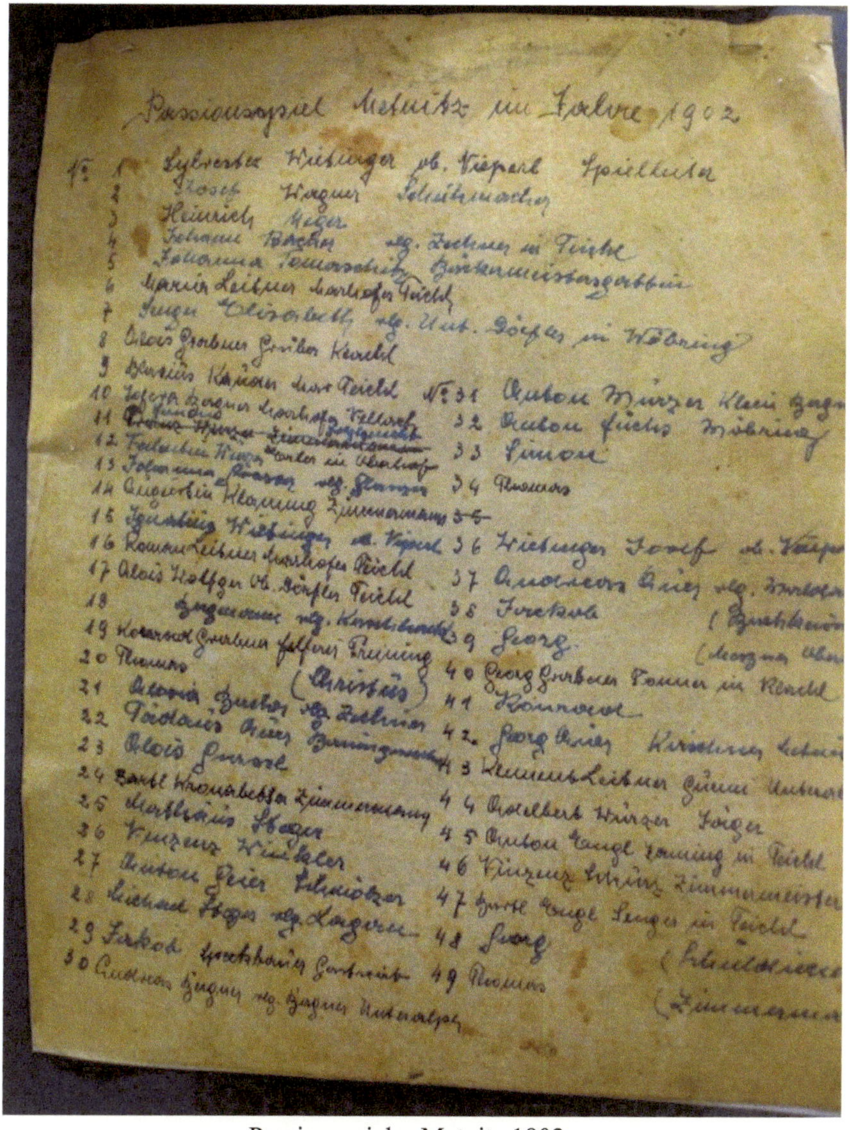

Passionsspiel Metnitz im Jahre 1902

Passionsspieler Metnitz 1902.
Foto: Marlen Smole-Taupe, 30.03.2012.
Quelle: Brauchtumsmuseum Metnitz.

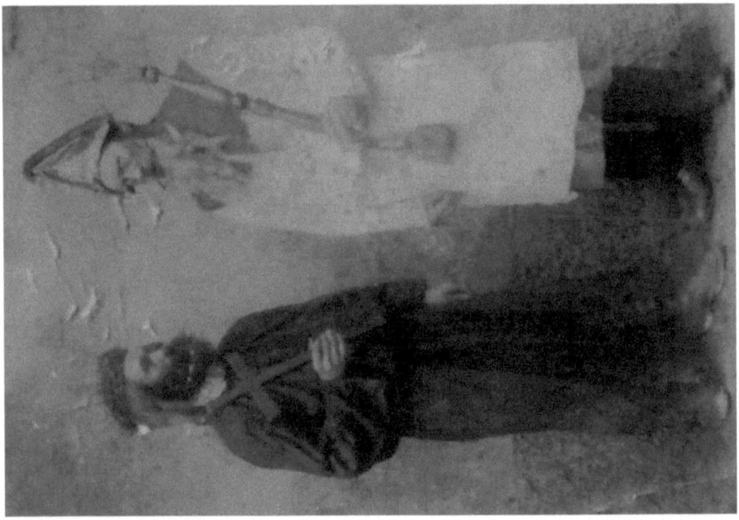

Christus (links) und Gott Vater, Andreas (li.) und Thadäus Auer.

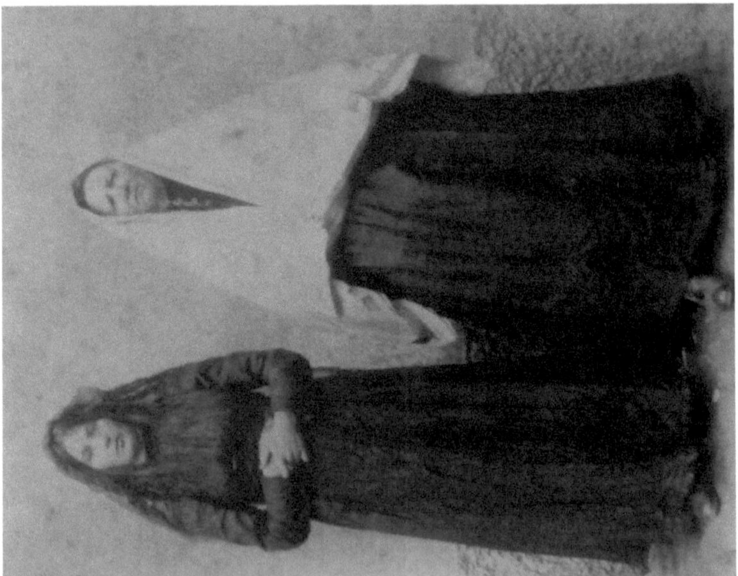

Magdalena (links) und Maria, Johanna Tomaschitz (li) und Aloisia Bacher.
Fotos: Marlen Smole-Taupe, 30.03.2012. – Brauchtumsmuseum Metnitz.

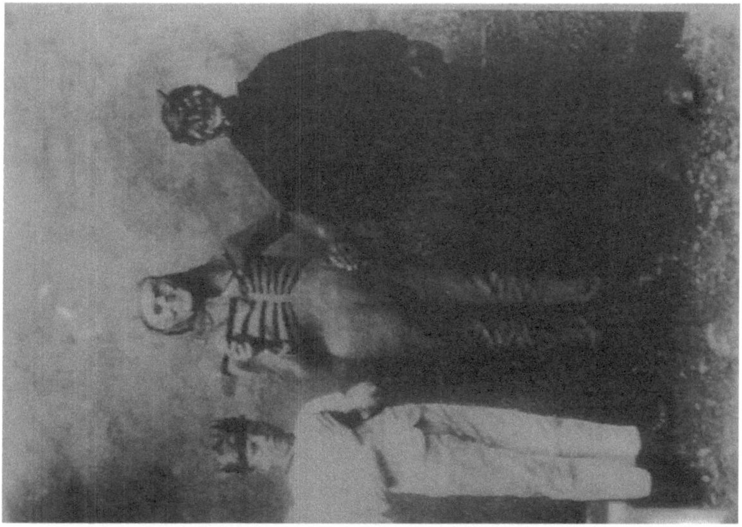

Engel, Tod und Teufel. – Fotos S. 260 f.: Metnitzer Passionspiel 1912.
Foto: LMR, 12.08.2015. – Quelle: Brauchtumsmuseum Metnitz.

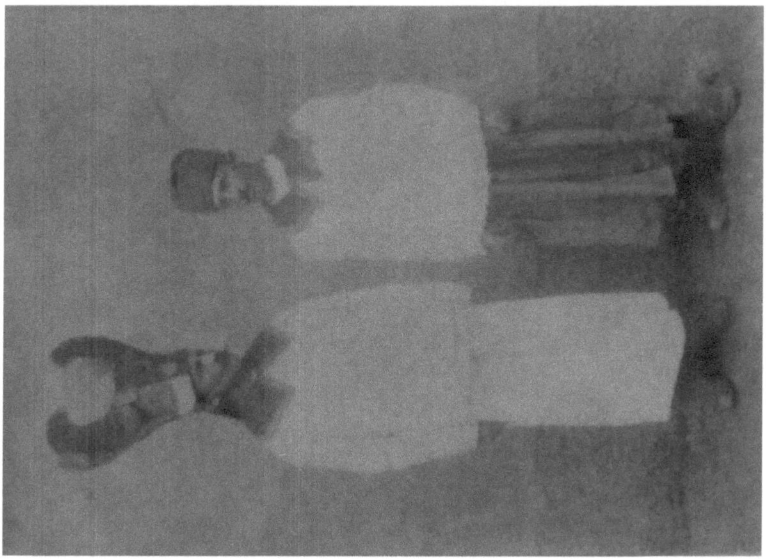

Ratsherr (links) und Pharisäer, Georg Auer (li.) und Anton Wurzer.
Foto: Marlen Smole-Taupe, 30.03.2012. – Brauchtumsmuseum Metnitz.

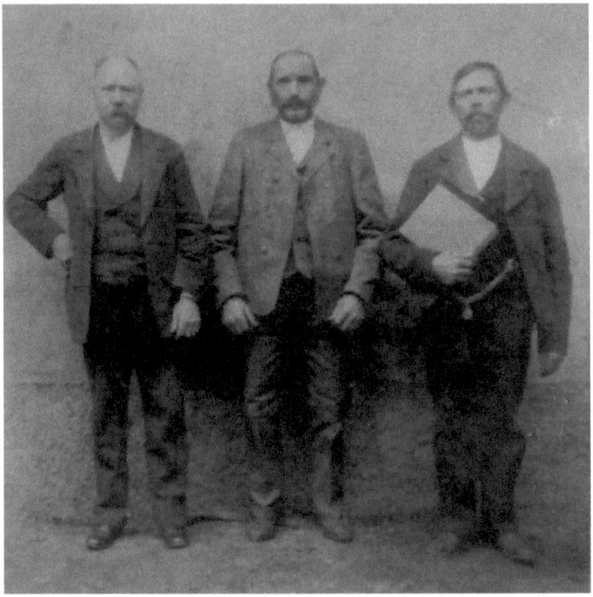

Souffleur (links), Regisseur-Stellvertreter (Mitte) und Regisseur,
Josef Wagner (li.), Blasius Kauder (Mitte) und Sylvester Wietinger.
Foto: Marlen Smole-Taupe, 30.03.2012. – Metnitzer Passionsspiel 1912.
Quelle: Brauchtumsmuseum Metnitz, Leiterin ÖR Inge Auer.

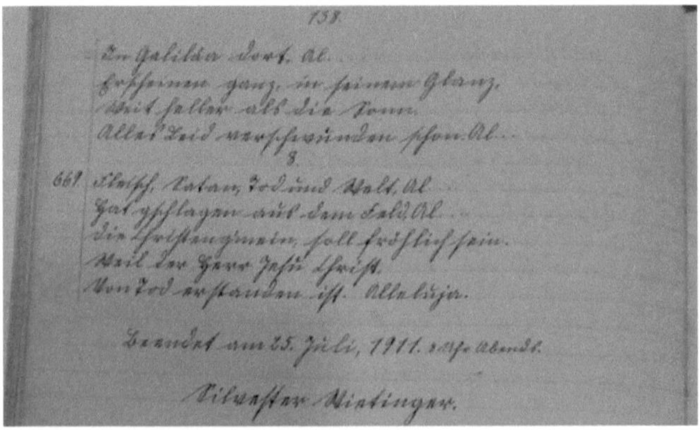

138.

In Galiläa dort. Al.
Erscheinen ganz in seinem Glanz,
Weit heller als die Sonn.
Alles Leid verschwunden schon. Al.
8.
661 Fleisch, Satan, Tod und Welt. Al
Hat geschlagen auf dem Feld. Al.
Die Christengemein, soll fröhlich sein.
Weil der Herr Jesu Christ.
Von Tod erstanden ist. Alleluja.

Beendet am 25. Juli, 1911. [illegible] Abends.

Silvester Wietinger.

Silvester Wietinger, Passionsspiel, HS 1911, S. 138.
Foto: Marlen Smole-Taupe, 30.03.2012.
Quelle: Brauchtumsmuseum Metnitz (Privatarchiv Familie Wietinger).

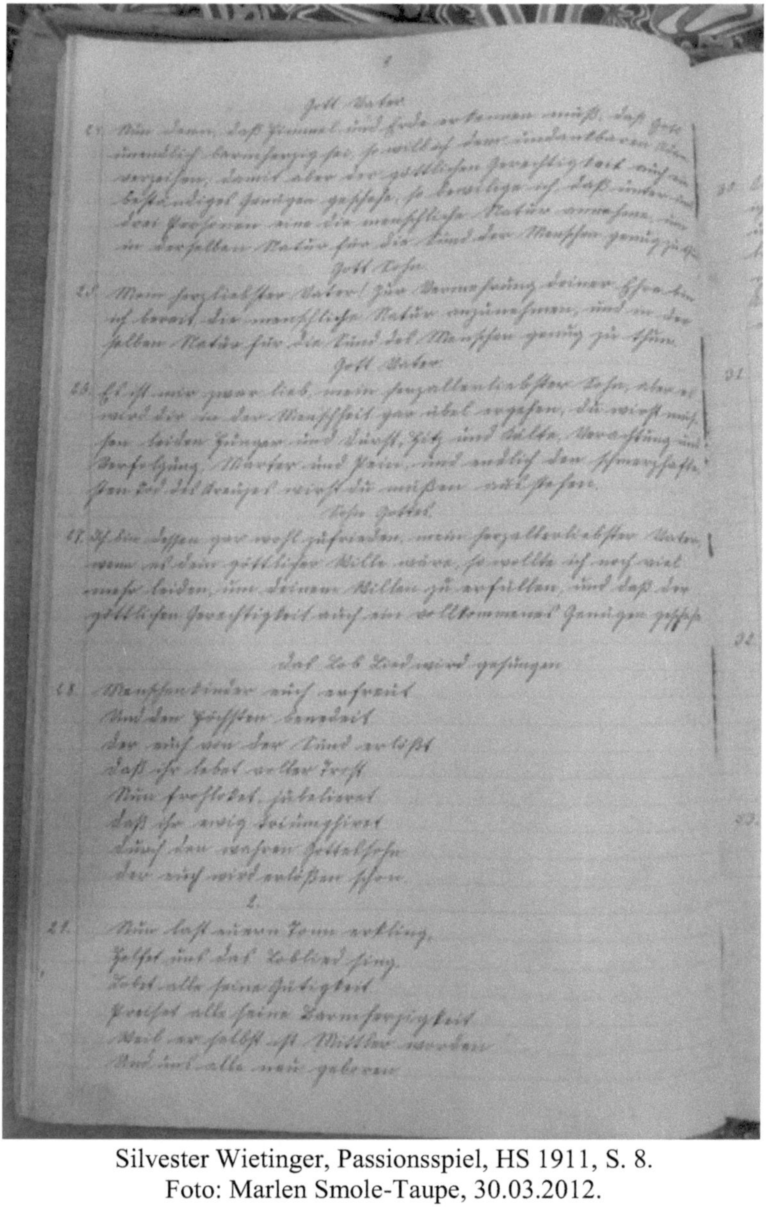
Gott Vater

[illegible] Nun denn, daß Himmel und Erde erkennen muß, daß Gott unendlich barmherzig sei, so will ich dem undankbaren Menschen verzeihen, damit aber der göttlichen Gerechtigkeit auch ein beständiges Genügen geschehe, so bewillige ich, daß eine der drei Personen eine die menschliche Natur annehme, und in derselben Natur für die Sünd der Menschen genug tue.

Gott Sohn

[illegible] Mein herzliebster Vater! Zur Vermehrung deiner Ehre bin ich bereit, die menschliche Natur anzunehmen, und in derselben Natur für die Sünd des Menschen genug zu tun.

Gott Vater

[illegible] Es ist mir zwar lieb, mein herzallerliebster Sohn, aber es wird dir in der Menschheit gar übel ergehen, du wirst müssen leiden Hunger und Durst, Hitz und Kälte, Verachtung und Verfolgung, Marter und Pein, und endlich den schmerzhaften Tod des Kreuzes wirst du müssen ausstehen.

Sohn Gottes

[illegible] Ich bin dessen gar wohl zufrieden, mein herzallerliebster Vater, wenn es dein göttlicher Wille wäre, so wollte ich noch viel mehr leiden, um deinen Willen zu erfüllen, und daß der göttlichen Gerechtigkeit auch ein vollkommenes Genügen geschehe.

Das Lob Lied wird gesungen

[illegible] Menschenkinder auch erfreut
Und den Höchsten benedeit
Der auch von der Sünd erlöst
Daß ihr lebet voller Trost
Nun frohlocket, jubiliert
Daß ihr ewig triumphiert
Durch den wahren Gottessohn
der euch wird erlösen schon.

2.

[illegible] Nun laßt neuen Ton erklingen
Helfet uns das Loblied singen
Lobet alle seine Gütigkeit
Preiset alle seine Barmherzigkeit
Weil er selbst ist Mittler worden
Und uns alle neu geboren

Silvester Wietinger, Passionsspiel, HS 1911, S. 8.
Foto: Marlen Smole-Taupe, 30.03.2012.
Quelle: Brauchtumsmuseum Metnitz (Privatarchiv Familie Wietinger).

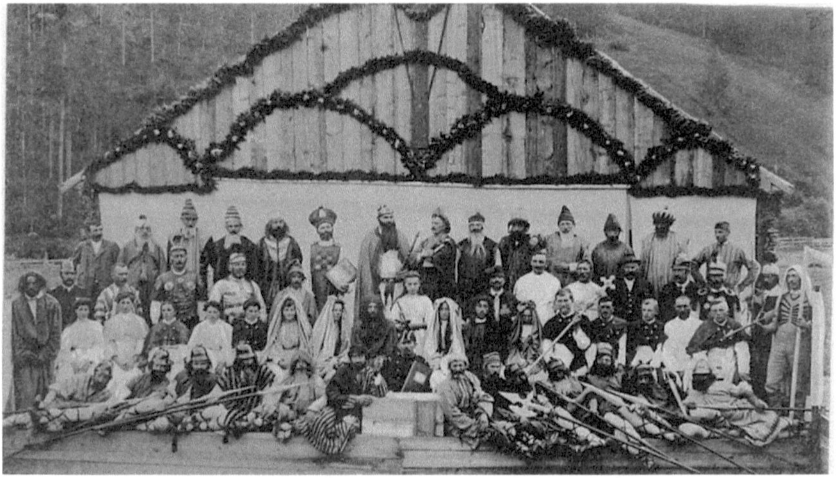

Metnitzer Passionsspieler 1912, kostümiert.
Quelle: P. Romuald Pramberger, HS, Bd. 16, S. 471,
Universalmuseum Joanneum Graz, Volkskundeabteilung.

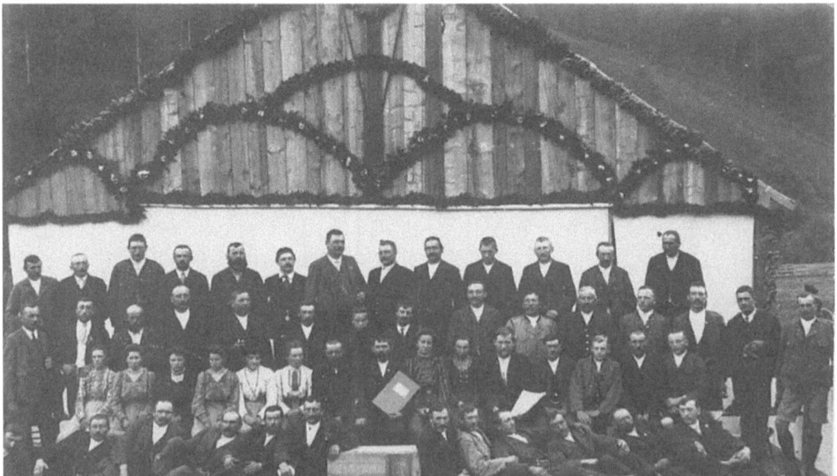

Metnitzer Passionsspieler 1912 in Zivilkleidung.
Quelle: P. Romuald Pramberger, HS, Bd. 16, S. 471, Universalmuseum
Joanneum Graz, Volkskundeabteilung, Leiterin Mag. Martina Edler.

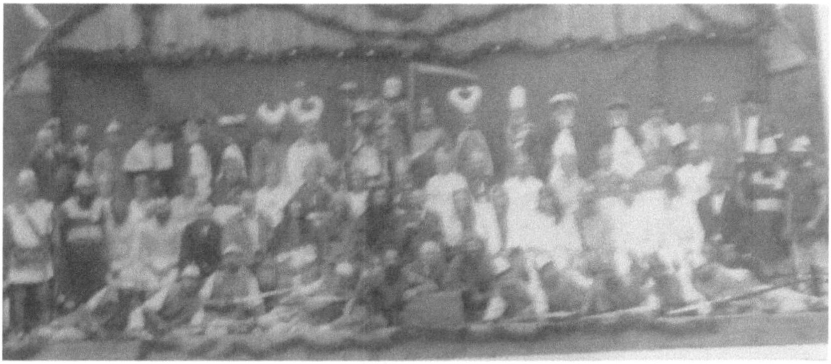

Metnitzer Passionsspieler 1928, kostümiert.
Foto: LMR, 21.05.2012. Quelle: Brauchtumsmuseum Metnitz.

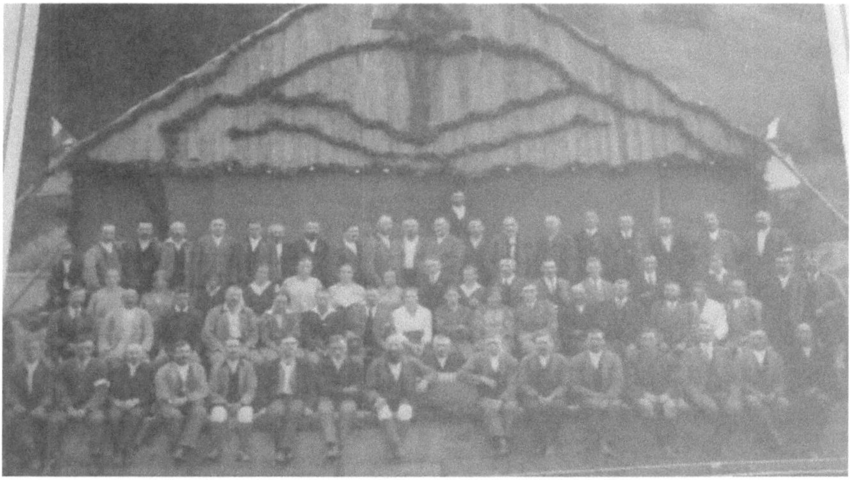

Metnitzer Passionsspieler 1928 in Zivilkleidung.
Foto: LMR, 21.05.2012. Quelle: Brauchtumsmuseum Metnitz.

Fotos LMR, 21.05.2012 > S. 268: Abendmahl, Christus am Ölberg, Gefangennahme Chisti; S. 269: Christus vor Herodes, Abschied von der Mutter, Geißelung Christi; S. 270: Dornenkrönung, Verurteilung Christi; S. 271: Kreuzigung. Quelle: Brauchtumsmuseum Metnitz.
Fotos aus Michael Henker, ...: Hört, sehet, weint und liebt. ..., 1990 > S. 270: Kreuzweg (S. 36); S. 271: Auferstehung Christi (S. 37).
Diese Fotos betreffen das Passionsspiel in Metnitz 1928.

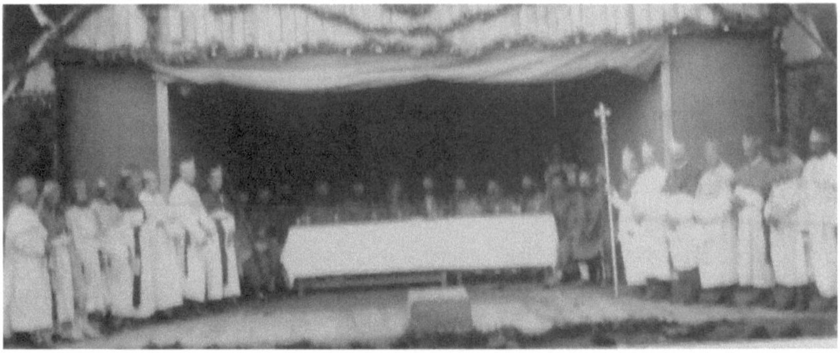

Abendmahl.

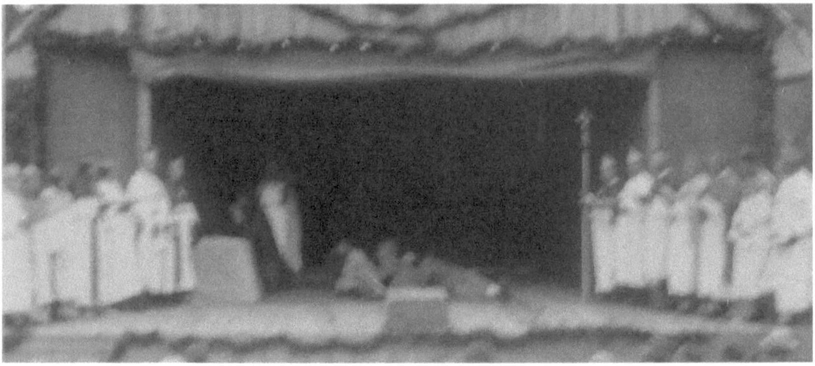

Christus am Ölberg.

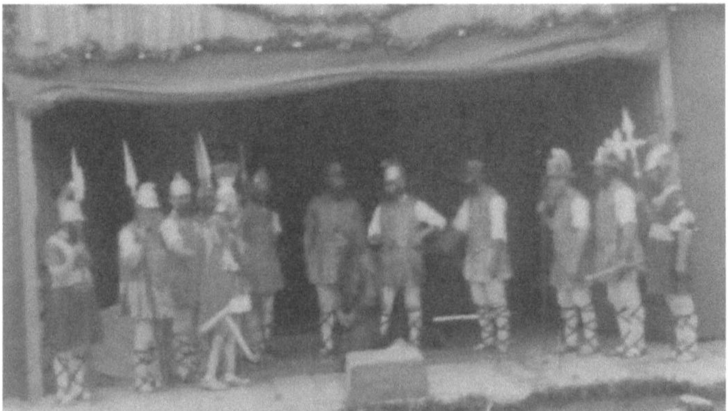

Gefangennahme Christi.

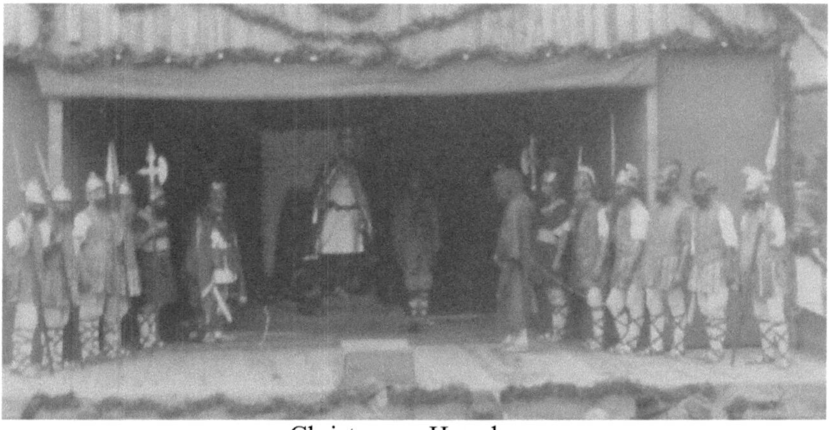

Christus vor Herodes.

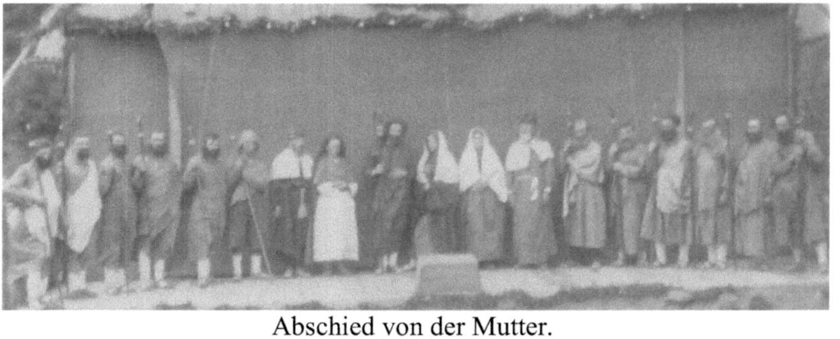

Abschied von der Mutter.

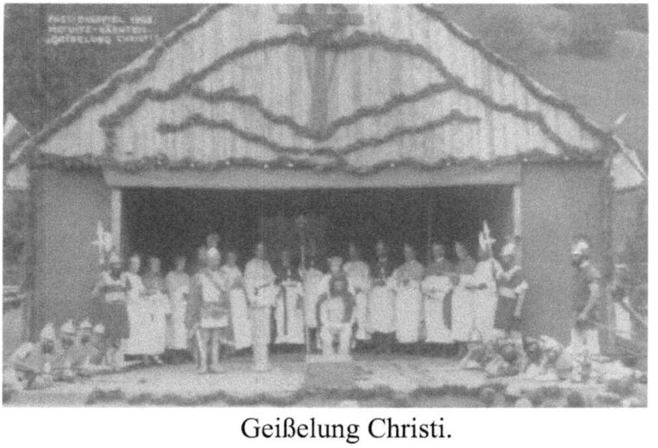

Geißelung Christi.

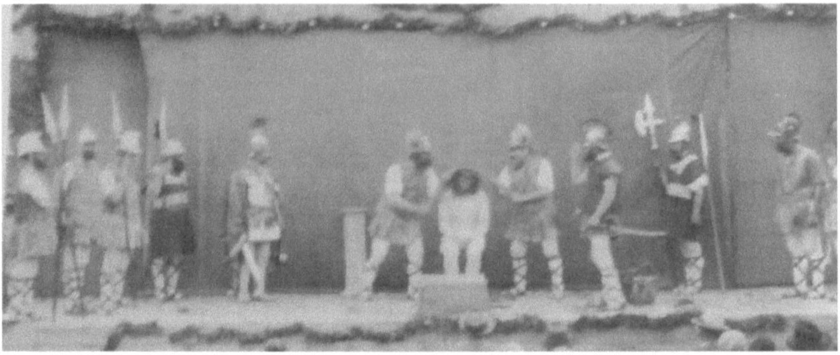

Dornenkrönung Christi.

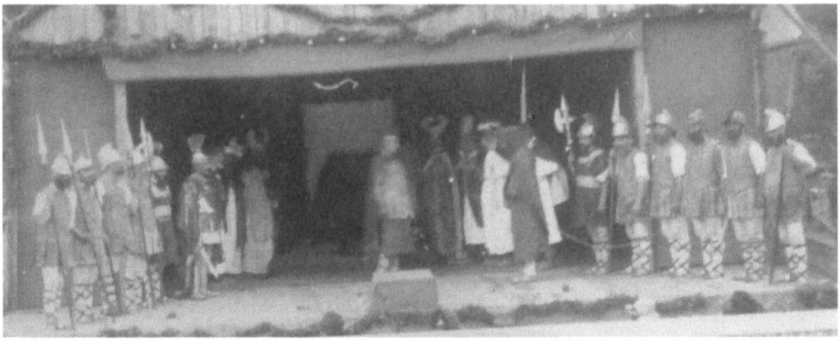

Verurteilung Christi.

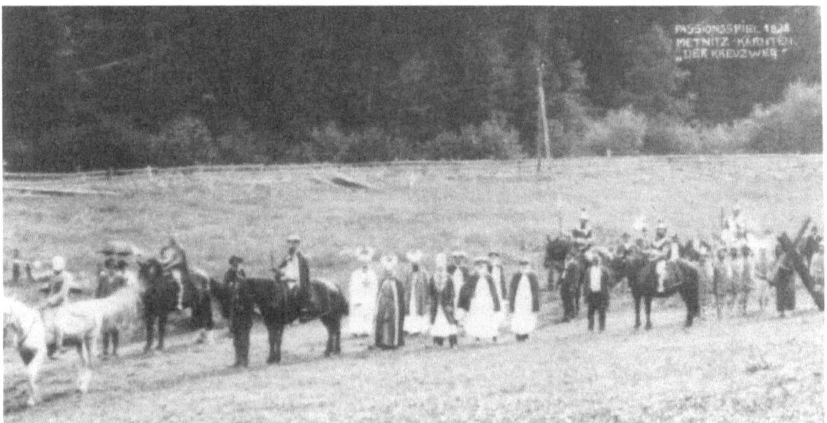

Kreuzweg.

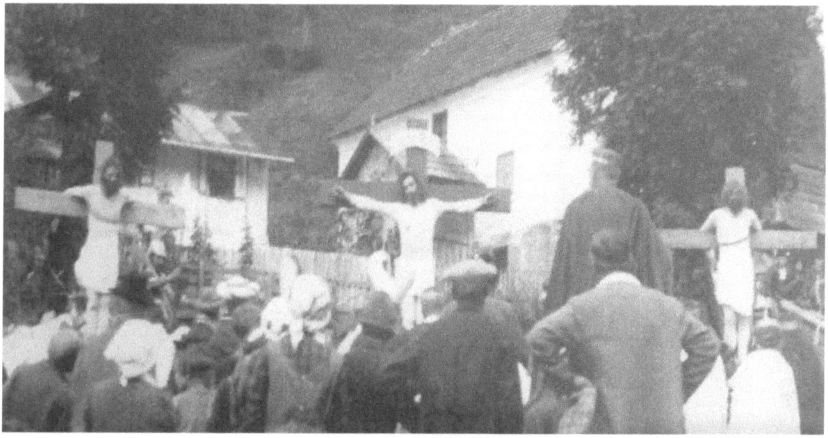

Kreuzigung Christi.

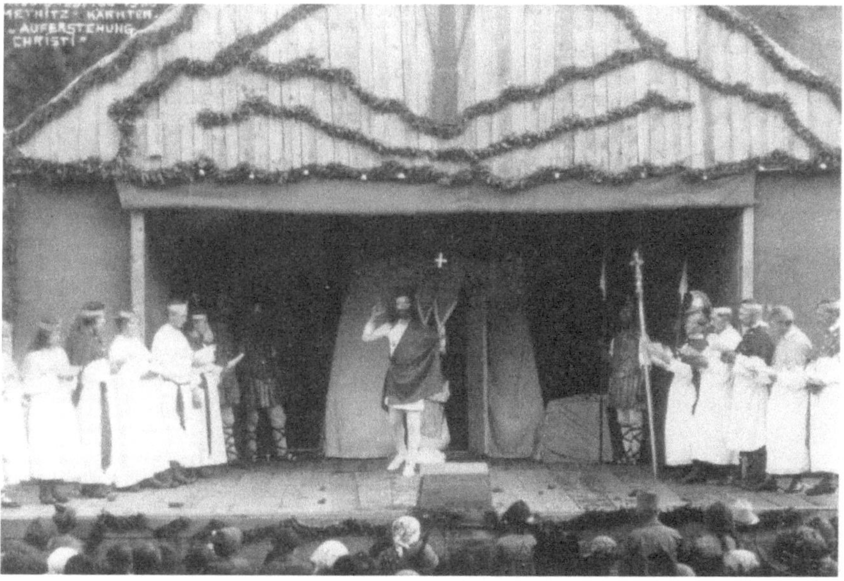

Auferstehung Christi.

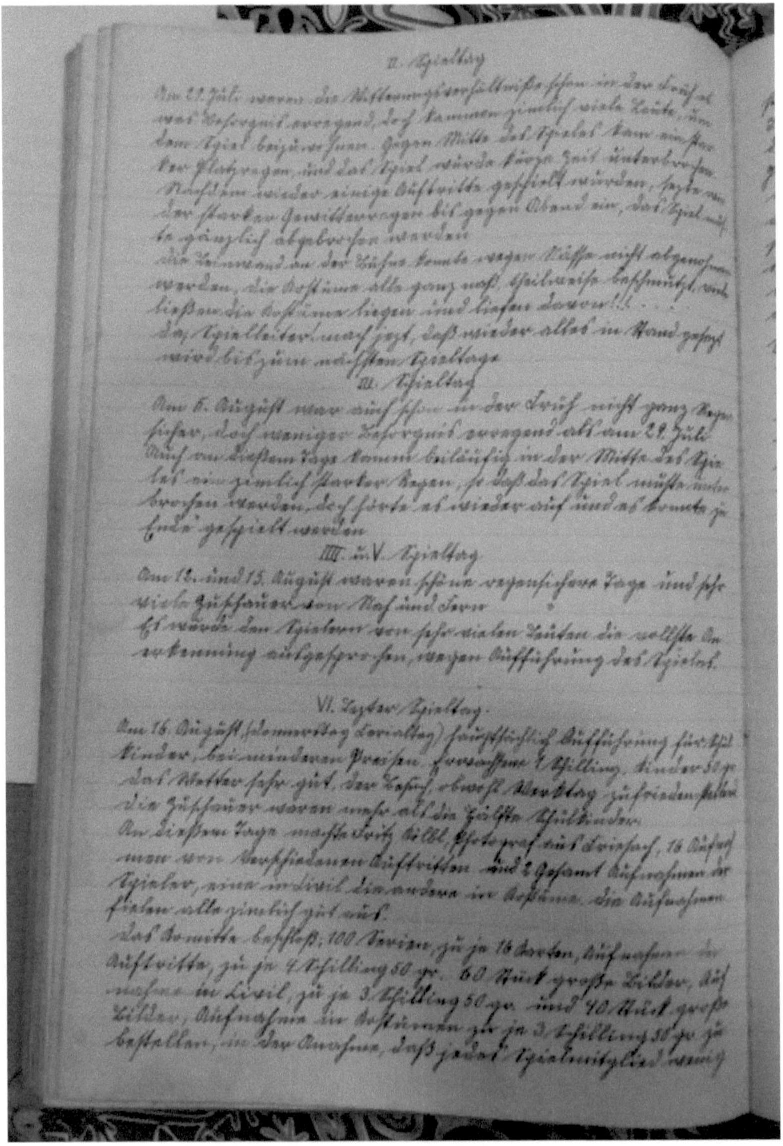

II. Spieltag

Am 21. Juli waren die Witterungsverhältnisse schon in der Früh etwas besorgniserregend, doch kamen ziemlich viele Leute, um dem Spiel beizuwohnen. Gegen Mitte des Spieles kam ein starker Platzregen, und das Spiel wurde kurze Zeit unterbrochen. Nachdem wieder einige Auftritte gespielt wurden, setzte der starke Gewitterregen bis gegen Abend ein, das Spiel mußte gänzlich abgebrochen werden.
Die Leinwand an der Bühne konnte wegen Nässe nicht abgenommen werden, die Kostüme alle ganz naß, teilweise beschmutzt, und ließen die Kostüme liegen und liefen davon!!! . . . !
Der Spielleiter macht jetzt, daß wieder alles in Stand gesetzt wird bis zum nächsten Spieltage.

III. Spieltag

Am 5. August war auch schon in der Früh nicht ganz regensicher, doch weniger besorgniserregend als am 21. Juli. Auch an diesem Tage kam beiläufig in der Mitte des Spieles ein ziemlich starker Regen, so daß das Spiel mußte unterbrochen werden, doch hörte es wieder auf und es konnte zu Ende gespielt werden.

IIII. u. V. Spieltag

Am 12. und 15. August waren schöne regensichere Tage und sehr viele Zuschauer von Nah und Fern.
Es wurde den Spielern von sehr vielen Leuten die vollste Anerkennung ausgesprochen, wegen Aufführung des Spieles.

VI. Letzter Spieltag.

Am 16. August (Donnerstag Werktag) hauptsächlich Aufführung für Schulkinder, bei minderen Preisen, Erwachsene 1 Schilling, Kinder 50 g. Das Wetter sehr gut, der Besuch, obwohl Werktag, zufriedenstellend, die Zuschauer waren mehr als die Hälfte Schulkinder.
An diesem Tage machte Fritz [illegible], Photograph aus Friesach, 16 Aufnahmen von verschiedenen Auftritten und 2 Gesamt Aufnahmen der Spieler, eine in Zivil, die andere in Kostüme. Die Aufnahmen fielen alle ziemlich gut aus.
Das Komitee beschloß, 100 Serien, zu je 16 Karten, Aufnahmen der Auftritte, zu je 4 Schilling 50 g. 60 Stück große Bilder, Aufnahme in Zivil, zu je 3 Schilling 50 g. und 40 Stück große Bilder, Aufnahmen in Kostümen zu je 3 Schilling 50 g. zu bestellen, in der Annahme, daß jedes Spielmitglied wenig[illegible]

Silvester Wietinger, Passionsspiel, HS 1928, Chronik, S. 299.
Foto: Marlen Smole-Taupe, 30.03.2012.
Quelle: Brauchtumsmuseum Metnitz (Privatarchiv Familie Wietinger).

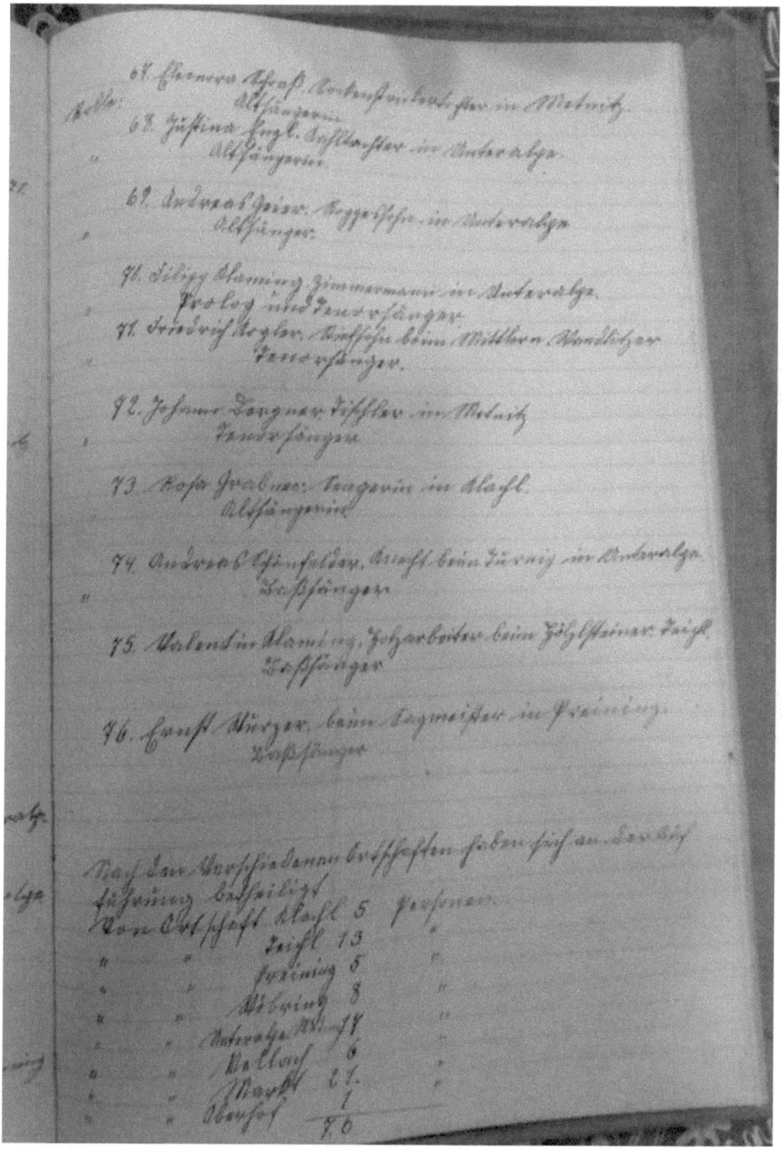

Silvester Wietinger, Passionsspiel, HS 1928, Chronik, S. 286.
Foto: Marlen Smole-Taupe, 30.03.2012.
Quelle: Brauchtumsmuseum Metnitz (Privatarchiv Familie Wietinger).

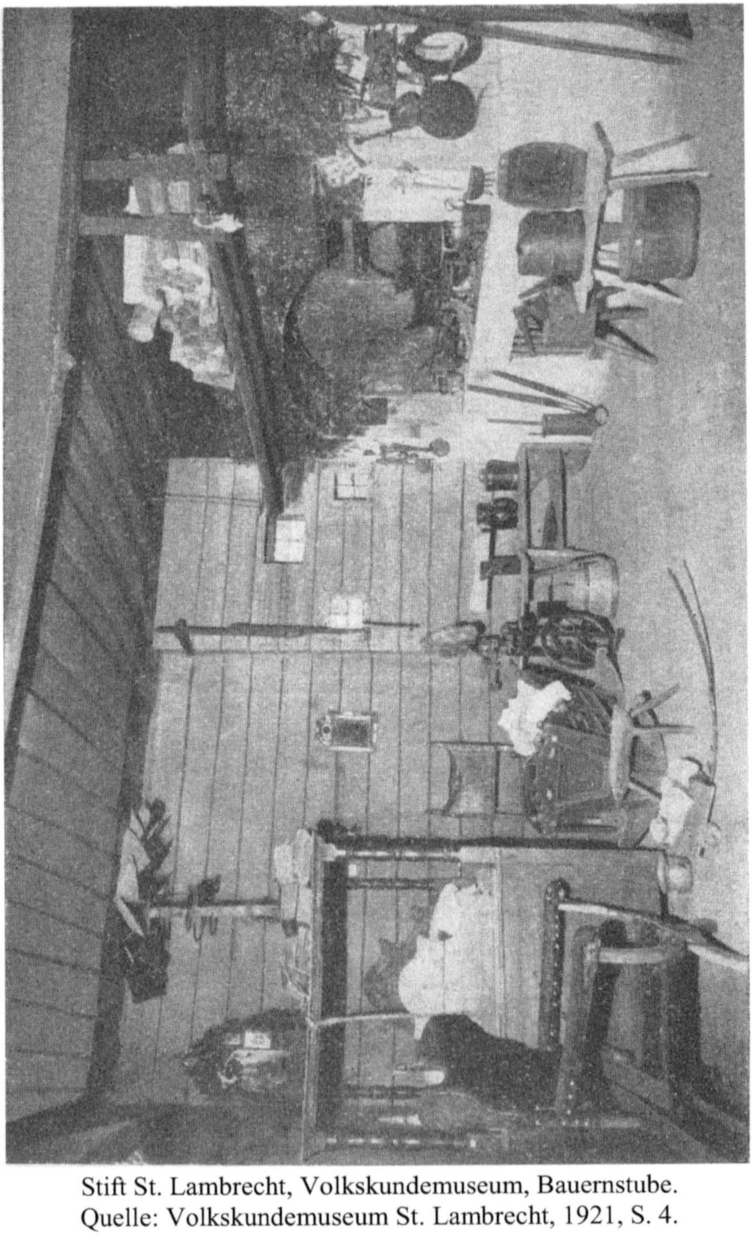

Stift St. Lambrecht, Volkskundemuseum, Bauernstube.
Quelle: Volkskundemuseum St. Lambrecht, 1921, S. 4.

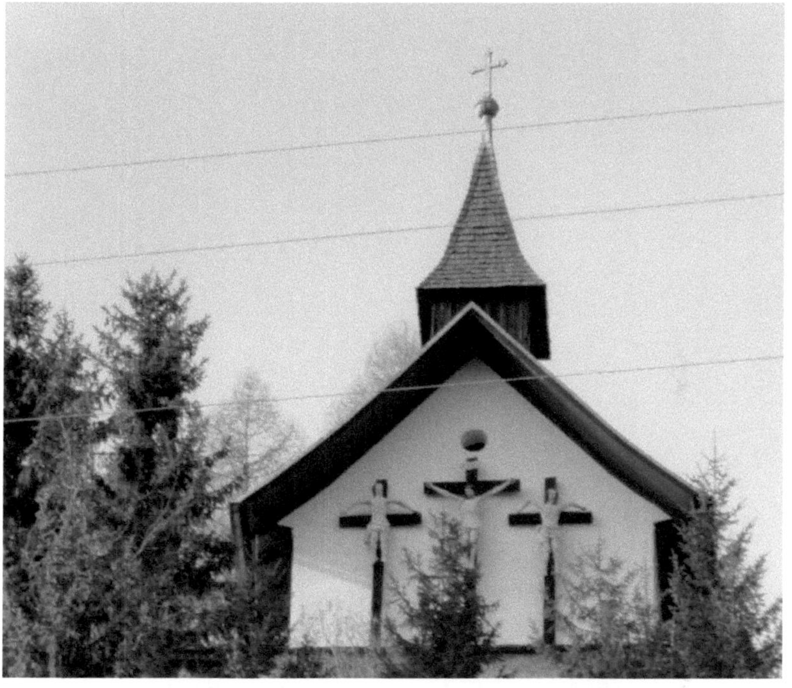

Metnitz, Kalvarienberg. Foto: LMR. 30.03.2012

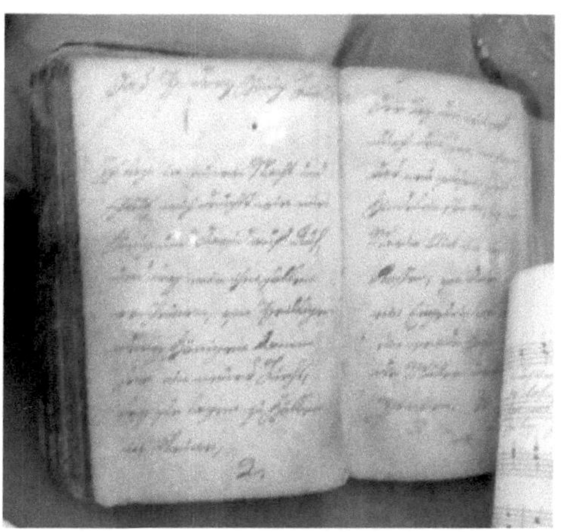

Buch mit Dreikönigslied.
Foto: LMR, 21.05.2012. Quelle: Brauchtumsmuseum Metnitz.

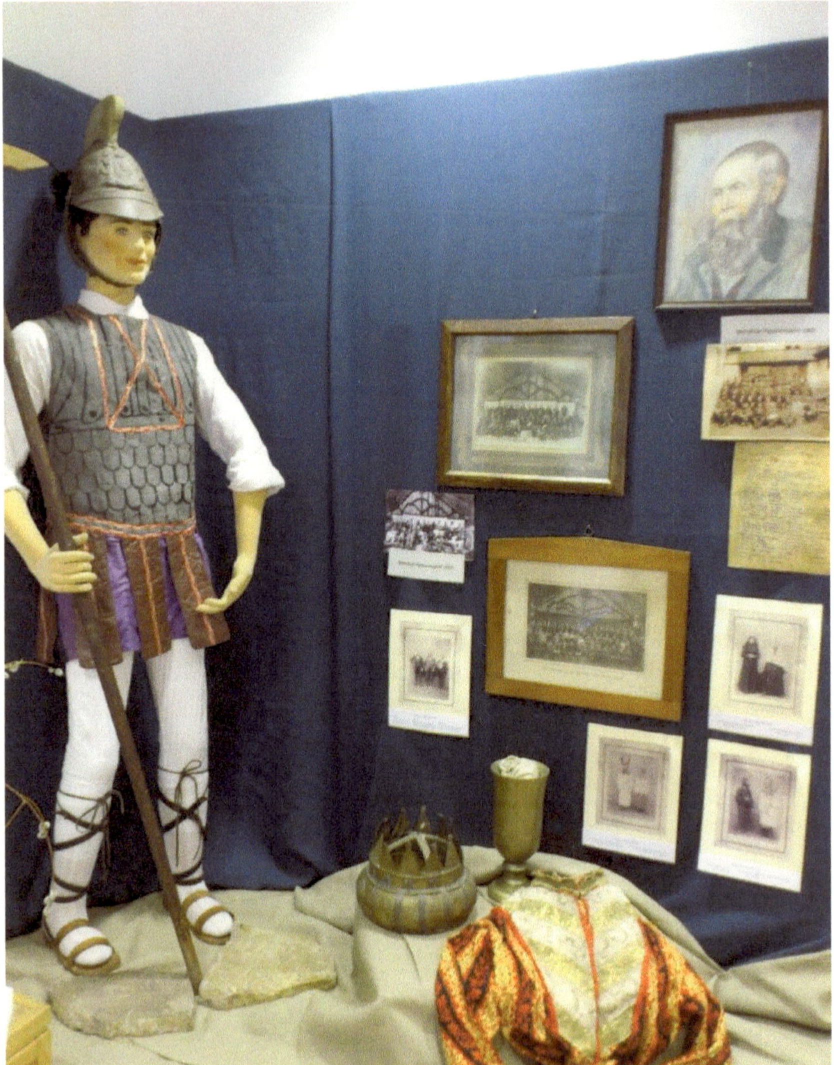

Ausstellungsstücke des Brauchtumsmuseums Metnitz.
Buchpräsentation LMR, Gemeindesaal Metnitz.
Foto: Marlen Smole-Taupe, 30.03.2012.

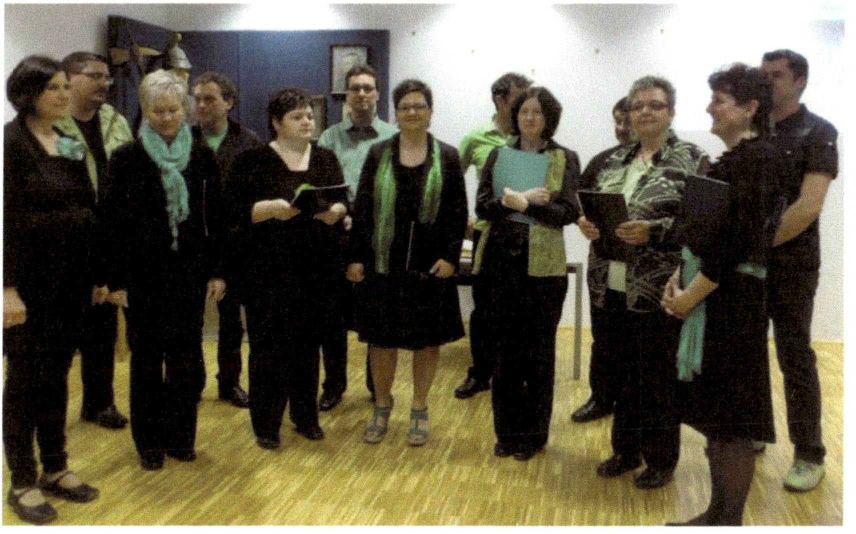

Gemischter Chor skupina akzent aus Ledenitzen.
Buchpräsentation LMR, Gemeindesaal Metnitz.
Foto: Marlen Smole-Taupe, 30.03.2012.

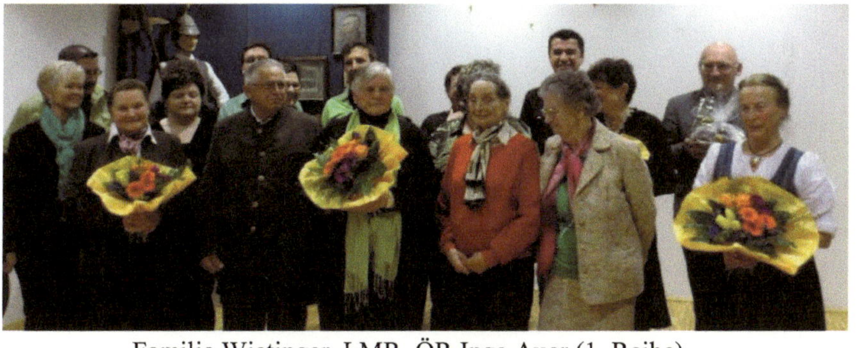

Familie Wietinger, LMR, ÖR Inge Auer (1. Reihe).
Chormitglieder, KLA-Direktor Dr. Wilhelm Wadl (2. Reihe, ganz rechts).
Buchpräsentation LMR, Gemeindesaal Metnitz.
Foto: Marlen Smole-Taupe, 30.03.2012.

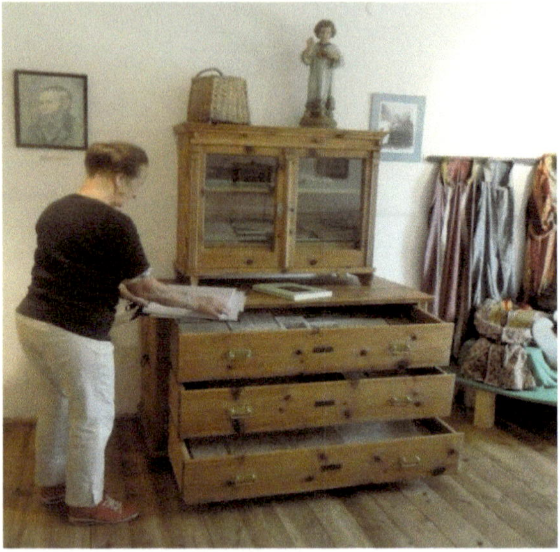

ÖR Inge Auer, Wietinger-Raum, Brauchtumsmuseum Metnitz.
Foto: LMR, 12.08.2015.

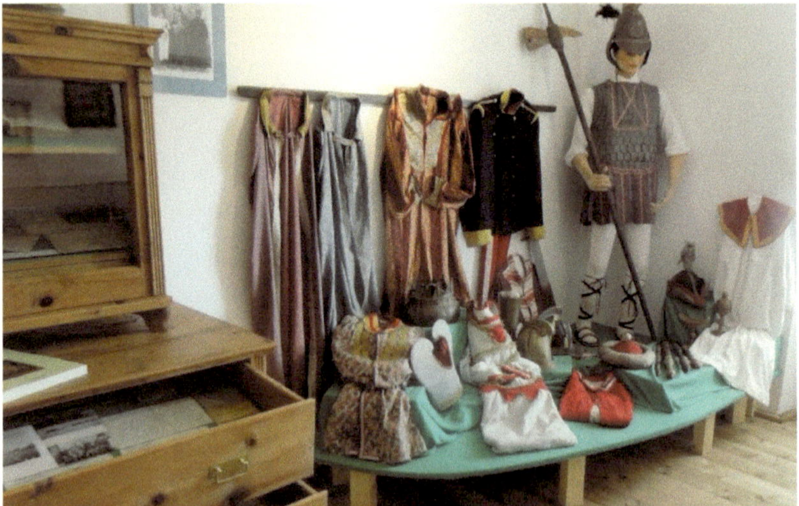

Wietinger-Raum, Brauchtumsmuseum Metnitz.
Foto: LMR, 12.08.2015.

Fotos LMR vom 02.08.2011, S. 279-287: 10 Passionslieder für gemischten Chor von Andreas Schwaiger, Organist an der Pfarrkirche in Metnitz, arrangiert im Jänner 1912, geeignet für das Metnitzer Passionsspiel. Sie sollen alle ziemlich stark gesungen werden, mit Ausnahme des Grabliedes. Quelle: P. Romuald Pramberger, HS, Bd. 16, S. 479 ff. Universalmuseum Graz, Abteilung Volkskunde.

1. O, Erlöser dieser Erden (KLAGE)
2. Menschenkinder euch erfreut (LOBLIED)
3. O Herr, deine Lieb' ist allzu groß (JESUS AUF DEM ÖLBERG)
4. Seht ihr ihn da angebunden (ZUR GEIßELUNG)
5. Ach!, was wird doch einmal werden (CHRISTUS, DER RICHTER)
6. Ihr Meister, läßt mich ein (WÄCHTERLIED)
7. Ihr Sünder kommt gegangen (ZUR KREUZIGUNG)
8. Schlaf, o Jesu, ruh im Grabe (GRABLIED)
9. O, großer Gott, der du doch bist (BEIM ABENDMAHL)
10. Das Grab ist leer, der Gott erwacht (ZUR AUFERSTEHUNG)

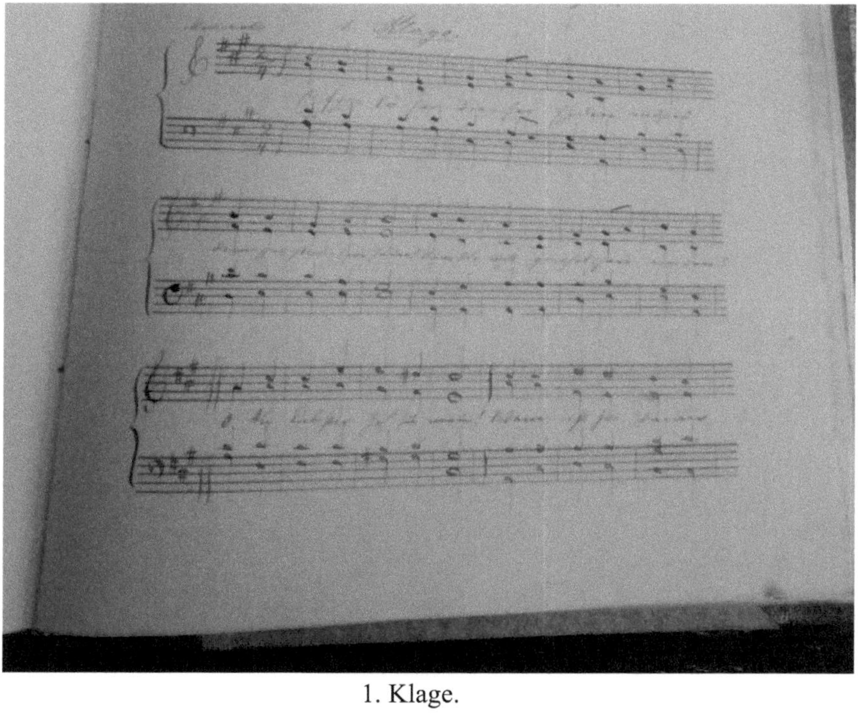

1. Klage.

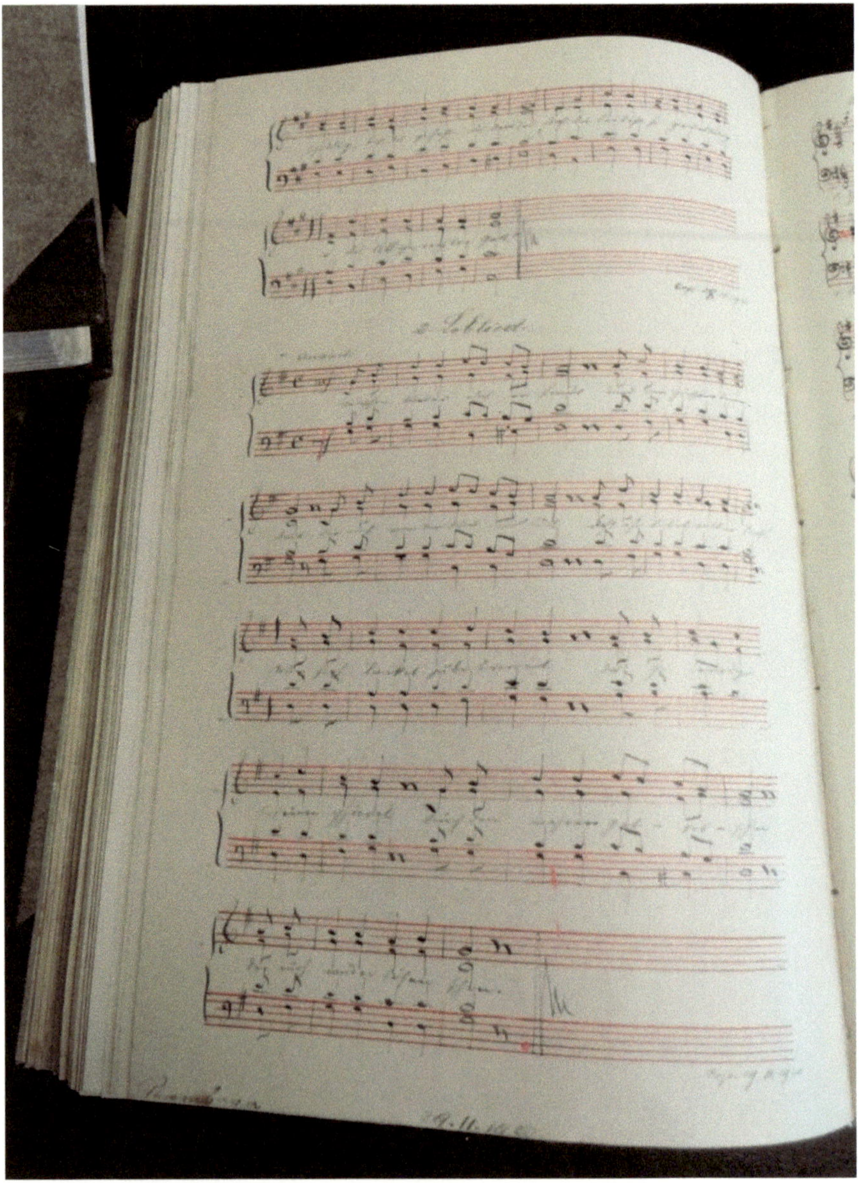

2. Loblied.

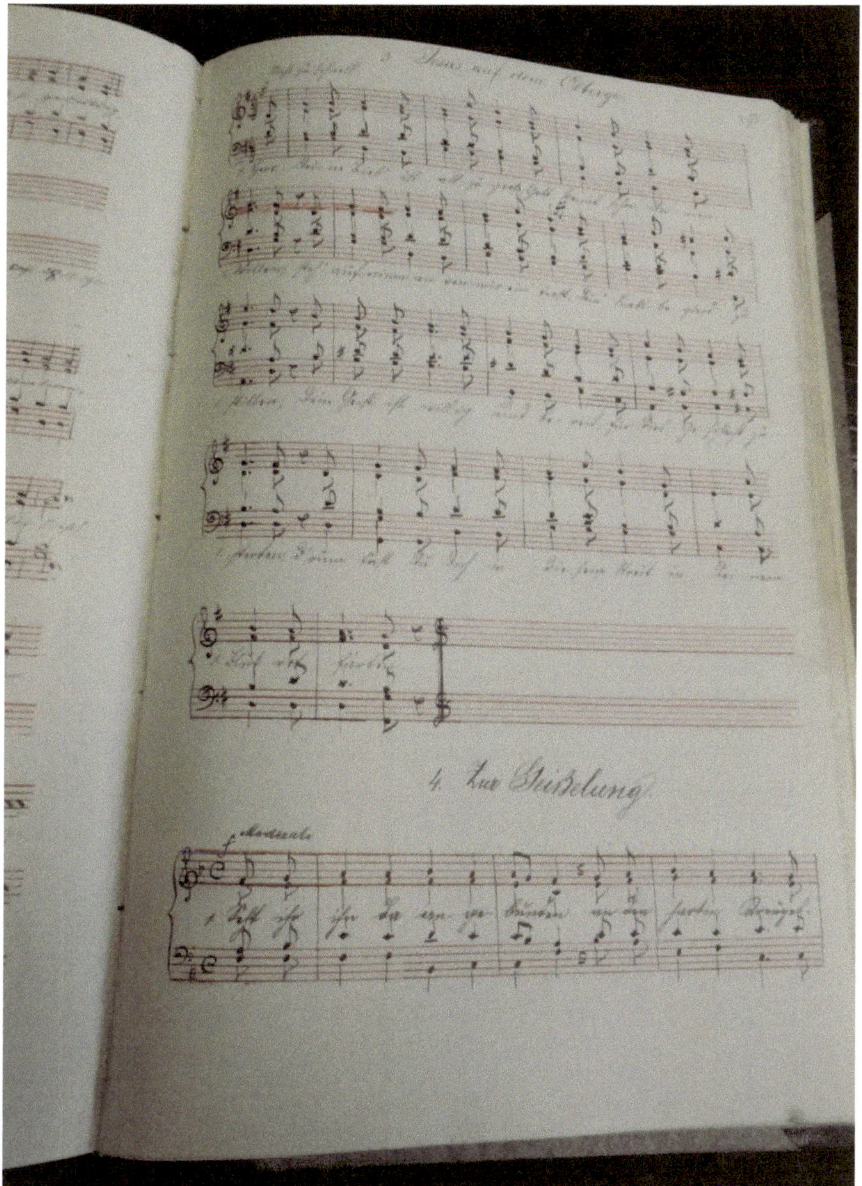

3. Jesus auf dem Ölberg. 4. Zur Geißelung.

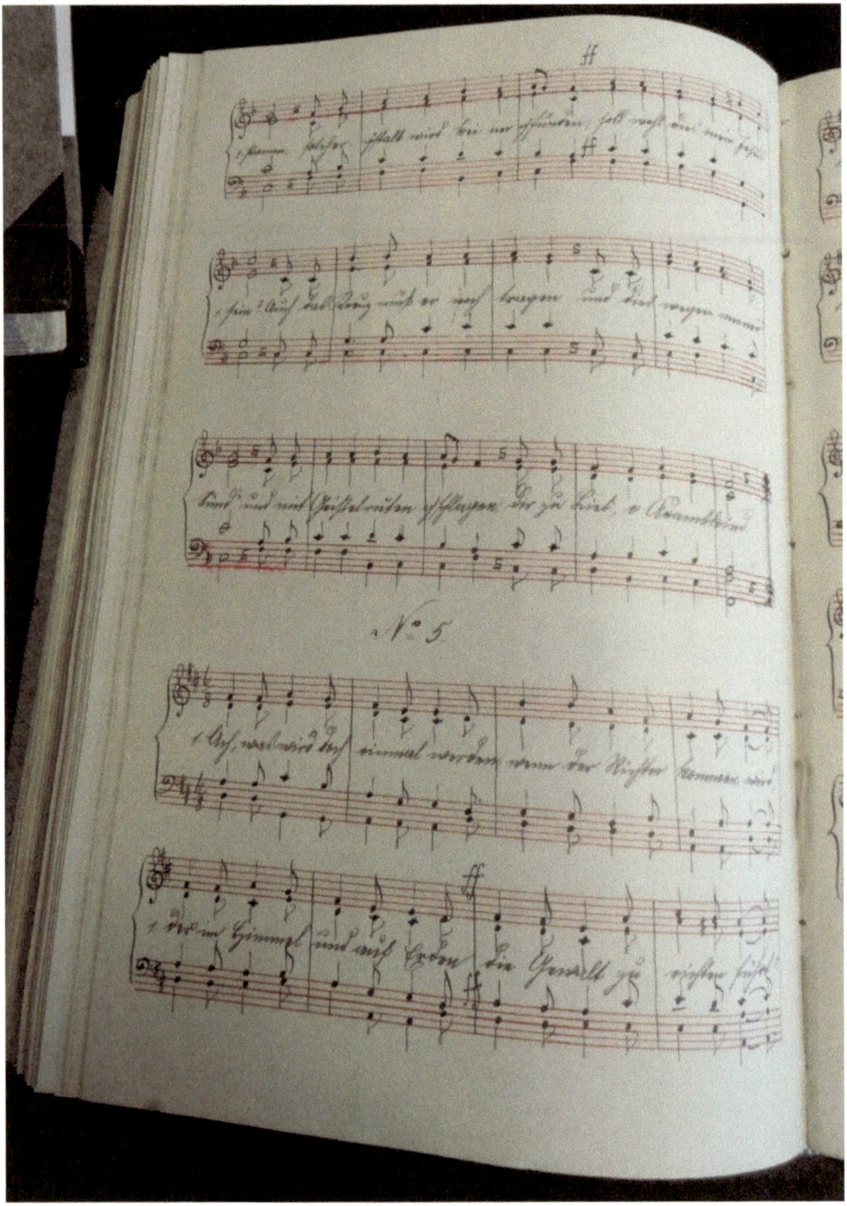

5. Christus, der Richter.

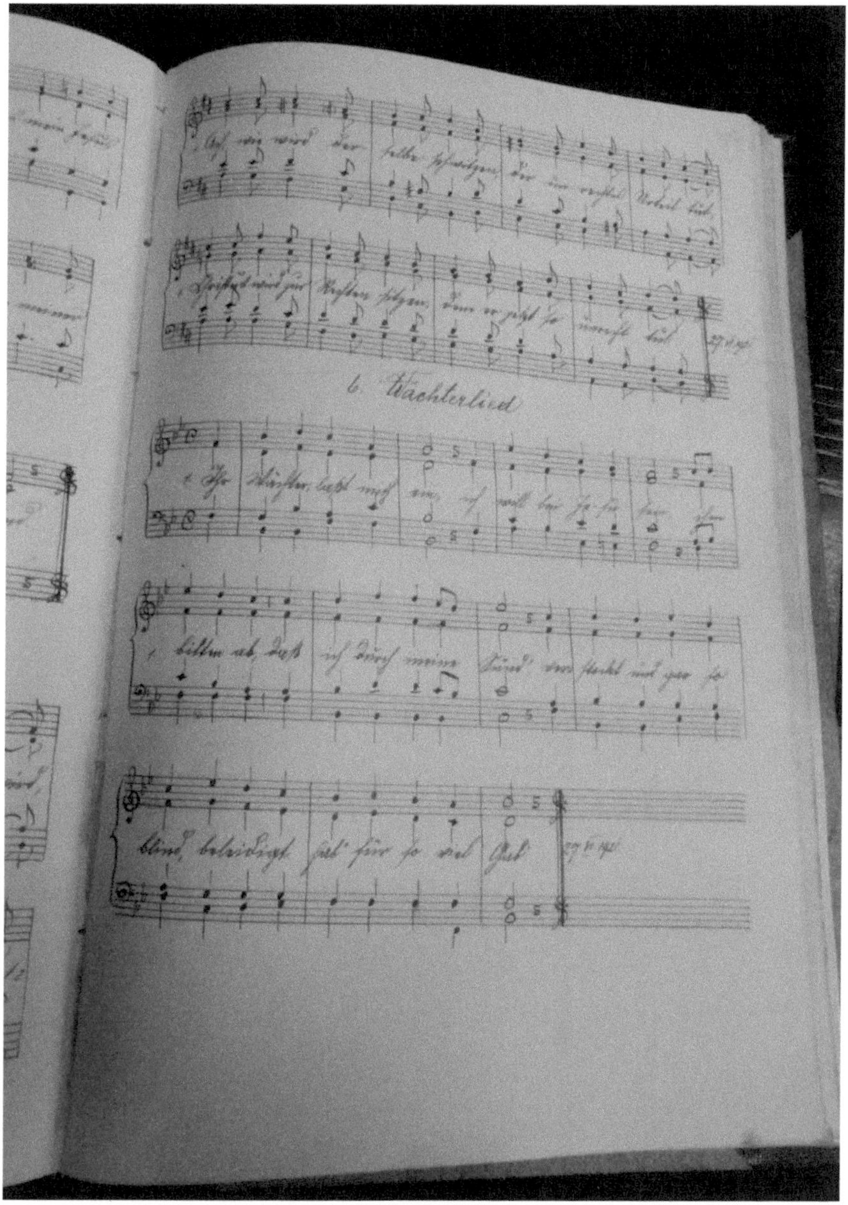

6. Wächterlied.

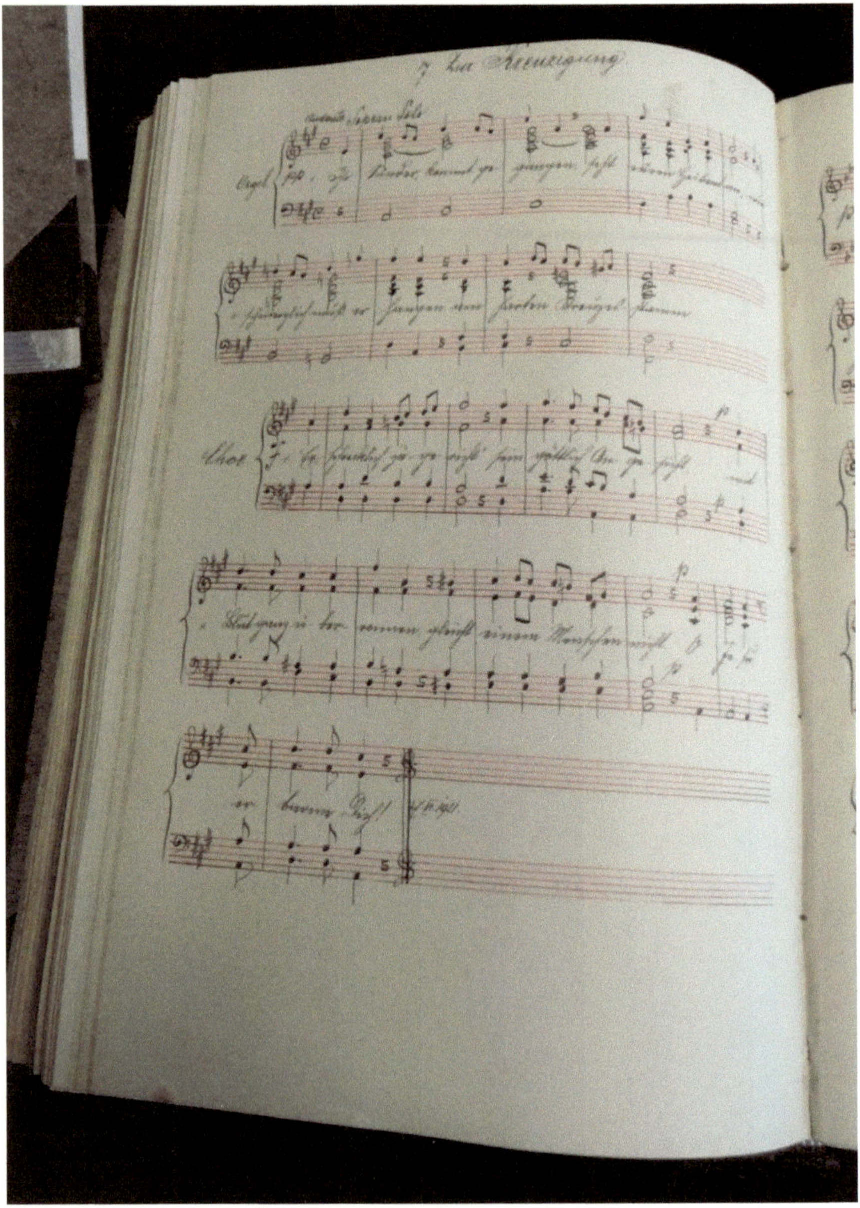

7. Zur Kreuzigung.

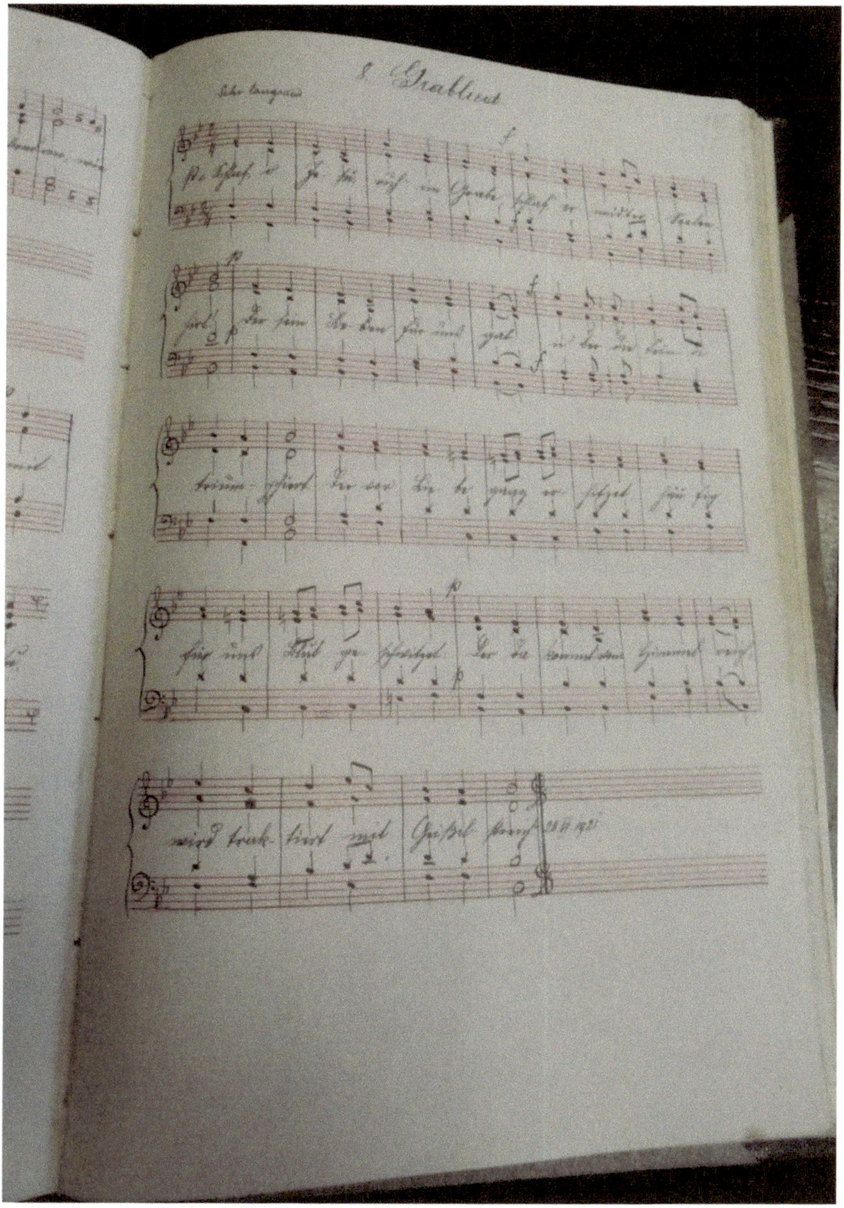

8. Grablied.

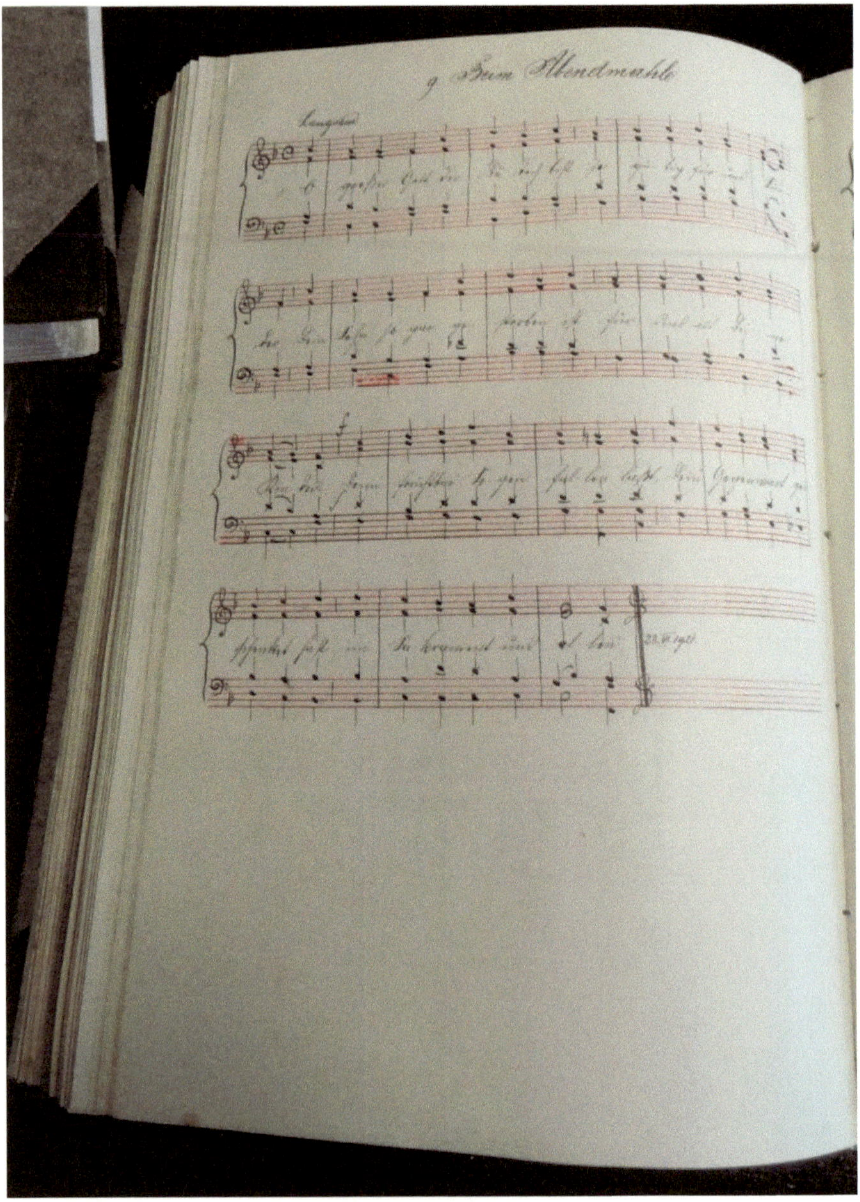

9. Beim Abendmahl.

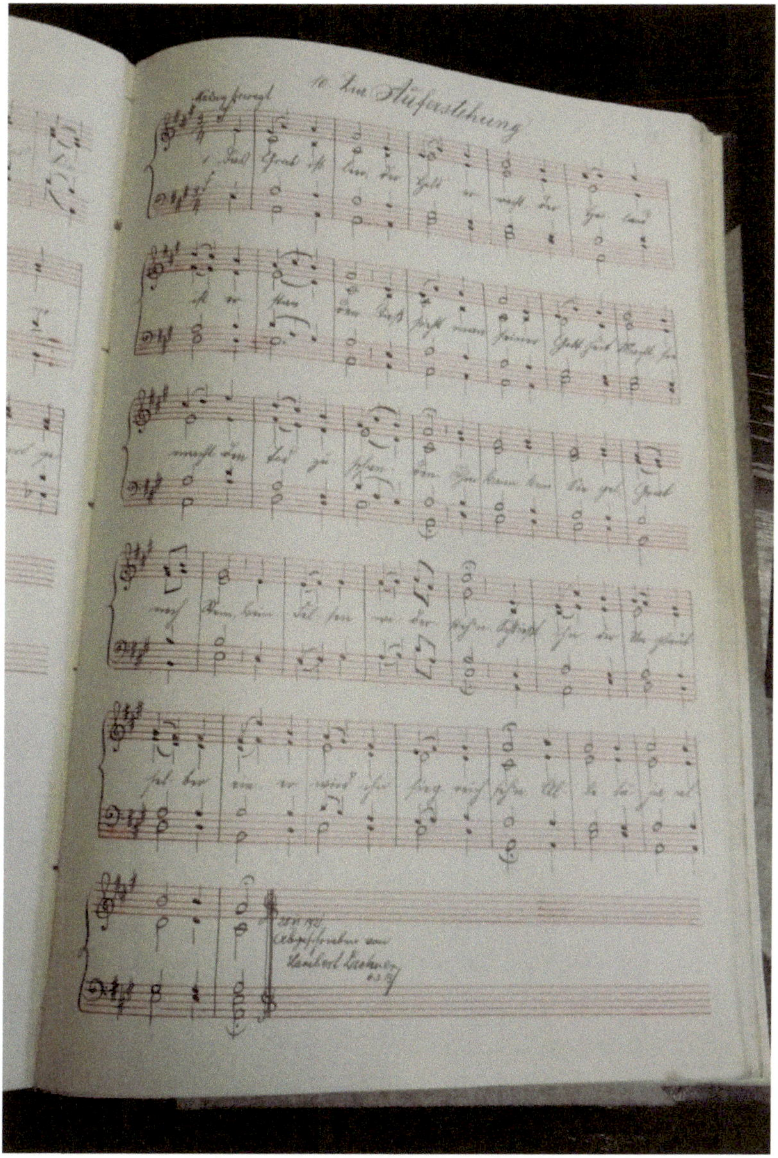

10. Zur Auferstehung.

5 Vergleich von geistlichen Volksschauspielen

Nachdem ich die Dissertation von France Kotnik (1907) im ersten Teil dieses Buches und die von P. Romuald Pramberger in den Bänden 15 und 16 seiner Handschriften-Sammlung dokumentierten Metnitztaler geistlichen Volksschauspiele im zweiten Teil ausführlich besprochen habe, widme ich mich nun einigen Textvergleichen. Zuerst suche ich nach allgemeinen Gemeinsamkeiten in den besprochenen Hirten- und Christi-Leiden-Spielen, dann untersuche ich Wietinger- und Schuster-Texte auf eine mögliche Textverwandtschaft beziehungsweise –verschiedenheit. Und schließlich frage ich noch nach Ähnlichkeiten und Unterschieden zwischen den beiden ältesten veröffentlichten Oberammergauer Passionsspieltexten und alten Christi-Leiden-Spielen in Bayern und Österreich-Ungarn einerseits und der Passionskomödie (1818) von Andreas Schuster-Drabosenig andererseits.

5.1 Metnitztaler und Köstenberger Spiele

Gemeinsam im Alpenland sind viele Kreuzwegdarstellungen, auf denen Jesus in einem hellblauen Gewand zu sehen ist. Manche sind jedoch sehr einzigartig, so zum Beispiel die VIII. Station des Kreuzweges im Dom zu Gurk, auf der neben Frauen auch Kinder abgebildet sind. (Siehe Bildmaterial zu Dr. France Kotnik.) Dort wurde ein Foto von der Südfassade der Kirche des Tanzenberger Gymnasiums als Beispiel für die Darstellung der heiligen Dreifaltigkeit und anderer Heiliger hinzugenommen. Und als Beispiel für die aktive Fortsetzung der Christi-Leiden-Spiele in Kärnten im Jahr 2015 dienen zwei Fotos von der Burgruine Arnoldstein.

Allgemeine Gemeinsamkeiten sind außerdem einige Kostüme, die auf den ersten Blick ins Auge fallen. Da ist zunächst der „pyjamaartige" Anzug im Obermühlbacher Christi-Leiden-Spiel bei der Festnahme Christi sowohl für den Soldaten als auch für Christus aus dem Jahr 1933 beziehungsweise eine ähnlich längsgestreifte Hose, die Simon von Zyrene beim Tresdorfer „Kreuzziachn" trägt. Dabei handelt es sich keinesfalls um einen Pyjama, sondern um einen Anzug oder eine Hose aus Hausleinwand, die aus naturfarbenen und in verschiedenen Grautönen gehaltenen Naturfasern (Flachs) hergestellt wurde und in ärmeren Schichten der Landbevölkerung doch ziemlich verbreitet war. (Siehe Bildmaterial zu Tresdorf und Dr. France Kotnik. Vgl. auch S. 60.)

Dann fallen die Uniformen der Soldaten mit den roten (kurzen) Hosen auf. Jene in Tresdorf, mit blauem Rock, geht auf die Husaren (vgl. S. 23, S. 112, S. 142) zurück. Auch jeweils ein Soldat auf der Kreuzwegdarstellung in Inzing in Tirol, V. und IX. Station, trägt eine rote kurze Hose und einen hellblauen Rock (vgl. S. 23). Uniformen mit roten Hosen und schwarzem Rock tragen im Ingolsthaler Hirtenspiel von 1896 der Platzer oder Page, die Kriegsknechte und der Hauptmann. Diese Uniform stammt aus dem 18. Jahrhundert. (S. 216 f.)

Die erwähnten Tresdorfer Soldaten haben Hellebarden, Lanzen oder säbelähnliche Waffen, in Ingolsthal sind der Platzer oder Page, alle Soldaten, alle 8 Räuber, die Heiligen 3 Könige, Prologus und Kaiser Augustus mit Säbeln ausgestattet. Auch der Page in Drabosenigs Hirtenspiel von 1814 trägt eine rote Reithose und ist mit einem Kavalleriesäbel bewaffnet. (Vgl. S. 214 ff.). Und im Christi-Leiden-Spiel in Emmersdorf (1905) trug der Befehlshaber die gleiche Ausrüstung: rote Hosen und einen Kavalleriesäbel (vgl. S. 142). Während die Räuber im Ingolsthaler Hirtenspiel von 1896 eine getaktete Säbelrassel-Einlage (vgl. S. 223) veranstalteten, trugen oder tragen alle anderen erwähnten Bewaffneten ihre Säbel nur statisch, in der Scheide (slowenisch: nožnica, im Etui/in der Portage) am Gürtel befestigt, mit sich herum. (Siehe Bildmaterial zu Tresdorf.)

Eine weitere Besonderheit ist die Vortragsweise der Hirten und anderer Personen im jeweiligen Hirtenspiel sowohl bei Andreas Schuster (1814) als auch bei Silvester Wietinger (1896). Wie auf S. 112 f. bereits ausgeführt, machten Parolkus und der Engel bei der Vorstellung in Kranzelhofen (1907) 4 Schritte, blieben stehen und rezitierten 4 bis 6 Verse, zum Publikum gewandt, dann drehten sie sich um und wiederholten diesen Vorgang. Die Hirten bildeten ein Dreieck, wenn sie stehend sprachen oder sangen. Beim Hinlegen fielen sie schnurstracks zu Boden. Und Pramberger berichtet über das Ingolsthaler Spiel (S. 215 ff.), dass der Rat und die Schriftgelehrten ihre Verse in Quarten rezitierten, ähnlich der Vortragsweise des katholischen Priesters in der Messe. Die Hirten stützten sich dort auf ihre Ringstecken, bewegten sich jedoch teilweise hüpfend vorwärts oder schritten ganz langsam einher und legten sich zum Schlafen immer ganz vorsichtig nieder.

Zur Rezitierweise führt August Hartmann[123] aus, dass es wichtig ist, dass der Takt der Schritte beim Auf- und Abgehen im Einklang mit den Hebungen im Text steht. In Oberufer sprachen zwei Personen während des Aufeinander-Zuschreitens, während im Bayerischen Wald jedoch beim Stehen zwi-

[123] Vgl. August Hartmann: Volksschauspiele. … Leipzig, 1880, S. 520.

schen dem Gehen deklamiert wurde. Ferner sprachen die Oberuferer Spieler ihren Text in einer bestimmten Tonfolge.

Ein kurzer Textvergleich zwischen dem Metnitzer Christi-Leiden-Spiel des Silvester Wietinger aus dem Jahr 1911 mit jenem aus Sörg (Graber, 1923), Maltschach (Spiess, 1920) und Köstenberg (1936, Graber, in Deutsch) wurde von mir bereits 2007 angestellt. Hier ergibt sich aus dem Text zur Fußwaschung (Christus und die 12 Apostel) die Tatsache, dass Wietingers Text auf eine verlorengegange HS aus 1800 zurückreicht, während die anderen Texte auf ein noch vorhandenes Textbuch aus 1761 zurückgehen.[124]

Ich versuche eine Textgenese zwischen den Köstenberger slowenischen Spielen des Andreas Schuster-Drabosenig und den in Deutsch verfassten des Silvester Wietinger aus Ingolsthal und Metnitz herzustellen.

Vergleich zwischen Schäferspiel im Ingolsthaler Hirtenspiel (1896) mit den beiden Schäferspielen bei Schlossar (1891). Nachdem France Kotnik in seiner Dissertation (1907) Drabosenigs Schäferei bereits mit der Gurker Schäferei verglichen hat (S. 146 ff.), untersuche ich hier Textzusammenhänge zwischen dem Wietinger Schäferspiel und den beiden von Anton Schlossar veröffentlichten Schäferspielen.[125] Das erste stammt aus Mitterndorf im Mürztal, geht auf die 1. Hälfte des 17. Jahrhunderts zurück, wurde in Hitzendorf 1872 aufgeführt und war der zweite Teil zu einem Paradeis-Spiel. Das zweite stammt aus Altenmarkt bei Weitensfeld im Gurktal, bei Kotnik Gurker

[124] Vgl. LMR: Das Passionsspiel … St. Stefan bei Finkenstein, 1931. Klagenfurt: Hermagoras Verlag, 2007, S. 58 f.

[125] Vgl. Anton Schlossar: Deutsche Volksschauspiele. … Halle: Verlag Max Niemeyer, 1891, I. Bd., S. 37 ff. und S. S. 316 ff. sowie II. Bd., S. 371 ff. und S. 404.

Schäferei genannt, wurde Schlossar 1889 von Simon Steinbühler zur Verfügung gestellt, als Nachspiel zum dortigen Passionsspiel abgedruckt und 1889 in Glanhofen in der Scheune des Bauern Jusner in Höfling bei Feldkirchen als Zwischenspiel zum Passionsspiel aufgeführt.

Mitterndorf (1872)	**Altenmarkt (1889)**	**Ingolsthal (1896)**
Prolog: Der Prophet	---	---
1. Szene: Schäfer und Schäferin, Teufel	1. Szene: Schäfer sucht verlorenes Schäflein →	1. Szene: Schäfer sucht verlorenes Schäflein
2. Szene: Jäger, Schäferin, Engel	2. Szene: 1., 2. Räuber (ohne Zwiegespräch) →	2. Szene: Räuber Malweiß und Wanus
3. Szene: der gute Hirte, Schäferin	3. Szene: Der Schäfer →	3. Szene: Der Schäfer
4. Szene: der Teufel	4. Szene: Die Schäferin (Daphnis und Chlorinda)	---
5. Szene: Frage u. Antwort zw. Pilgram und dem guten Hirten über Gott Vater in Prosa →	---	4. Szene: Frage u. Antwort zw. Pilgram und Schäfer über Gott Vater in Prosa
6. Szene: Jäger, Schäferin, Teufel, Engel	---	---
Epilog: der Abkünder	---	---
Personen: der gute Hirte, der Jäger, die Schäferin, der Teufel, der Engel, der Tod	Personen: der Schäfer, die Schäferin, der 1. und der 2. Räuber	Personen: der Schäfer, die Räuber Malweiß und Wanus, Pilgram, keine Schäferin
Schäferlied, Reuelied, Schlusslied	keine Lieder	2 Schäferlieder
909 Verse	106 Verse	207 Verse

Man sieht hier deutlich, dass Silvester Wietingers Schäferspiel (vgl. S. 224 ff.) gleichlautende Szenen mit den beiden von Anton Schlossar veröffentlichten Spielen aufweist (vgl. S. 146 ff.). France Kotnik stellte fest, dass das Zwiegespräch der beiden Räuber im Altenmarkter/Gurker Schäferspiel nicht vorkommt. Das gesamte von Kotnik besprochene slowenische Schäferspiel findet man aber im Christi-Leiden-Spiel des Josef Uran aus Lind ob Velden (1889) als erste Szene (117 Verse) vor dem Monolog der Tödin. Bei Uran treten der gute Hirte als Schäfer, die Schäferin Klarinda und zwei namenlose Räuber auf.[126]

Vergleich zwischen Ingolsthaler Hirtenspiel (1896) und Schuster-Version (1992): Da ich weder das Original noch eine Abschrift oder Kopie von Schusters Hirtenspiel (1814) besitze, verwende ich für den Textvergleich die Ausgabe von Herta Maurer-Lausegger aus dem Jahr 1992. Beide Spiele wurden bereits ausführlich beschrieben, das slowenische aus Köstenberg auf S. 106 ff., jenes aus Ingolsthal auf S. 212 ff. Sowohl der Spielaufbau als auch die Texte sind sehr verschieden, bis auf die Hirtenszenen, die von beiden Verfassern sehr umfangreich gestaltet wurden. Riepel, Hansele und Hauser entsprechen Riepl, Ganzeli und Gavžar. Die Textstellen vom Flicken des Rockes und von der Kälte sind annähernd gleich.

Anton Schlossar dokumentierte in seinem Buch (1891) zwei derartige Spiele: Das Krippelspiel (I. Bd., S. 71 ff. und S. 318 ff.) mit 1231 und Die Geburt Christi (I. Bd., S. 117 ff. und S. 326 ff.) mit 1265 Versen. Die Hirten Riepel/Riepl, Hansele/ Ganzeli, Hauser/Gavžar entsprechen Woferl, Hansel und Simandl beziehungsweise Stichi, Galli und Widak. Im zweiten Spiel gibt es 6 weitere Männerrollen mit lateinischen Vornamen, einen Bauer, 2 Hohepriester und insgesamt 5 Soldaten, jedoch weder Tod noch Teufel.

---

[126] Vgl. LMR: Geboren zum Leiden und Sterben. … Remscheid (D): Verlag Re Di Roma, 2015, S. 74 ff.

Beide Spiele sind anders organisiert als die oben erwähnten zwei. Sie weisen auch keine besonderen Rezitiervorgaben auf, im zweiten fehlten vor der Drucklegung durch Schlossar teilweise sogar die Auf- und Abtritte. Das Krippelspiel wurde 1864 von Vinzenz Schober, vulgo Nothspotel in Alt-Reiteregg, Pfarre Hitzendorf, verfasst. Die Geburt Christi wurde 1719 in ein Folioheft geschrieben, 1862 in Eisenerz aufgeführt und Schlossar 1882 überreicht.

Vergleich zwischen Obdacher Paradeisspiel (1870) und Metnitzer Christi-Leiden-Spiel (1911). Ein Großteil des Obdacher Paradeisspieles (1870, vgl. S. 207 ff.) wurde von Silvester Wietinger fast wortwörtlich in sein Christi-Leiden-Spiel (1911)[127] als Vorspiel übernommen, nur einen Prolog und ein Lied hat er diesem noch vorangestellt. Das Obdacher Spiel umfasst 818, das entsprechende Vorspiel 217 Verse. Adam tritt im Christi-Leiden-Spiel zwar auf, spricht aber nicht.

Auch Anton Schlossar sammelte ein Paradeisspiel[128] mit 927 Versen mit dem Titel „Rapular über das sogenannte Paradeis-Spiel“, in dem Gott Vater, Gott Sohn, der Erzengel Gabriel, ein Engel, Adam, Eva, Die Gerechtigkeit, Die Barmherzigkeit, Luzifer, Belial, Die Schlange und Die Teufel auftreten. Ein Lied mit 42 Strophen durchzieht die Handlung, außerdem gibt es noch ein Jubel- und ein Schlusslied und davor je einen Monolog von Tod und Teufel, 52 und 90 Verse lang. Dieses Spiel stammt aus Mitterndorf im Mürztal, wurde um 1820 oder 1830 geschrieben und bezieht sich auf eine ältere Fassung.

---

[127] Vgl. LMR: Verurteilt zum Tod am Kreuz. … Klagenfurt: Verlag des Kärntner Landesarchivs, 2011/12, S. 88 ff. Paradeisspiel vgl. S. 90 ff.

[128] Vgl. Anton Schlossar: Deutsche Volksschauspiele. … Halle: Verlag Max Niemeyer, 1891, I. Bd., S. 1 ff. und S. 311 ff.

Vergleich zwischen Christi-Leiden-Spiel Metnitz (1911) und Köstenberg (1841): Vom Schuster Passionsspiel besitze ich eine Kopie von der Schöfmann-Abschrift (1841), die ich hier für den Vergleich heranziehe. Das Köstenberger Christi-Leiden-Spiel wurde hier ab S. 128 und der Inhalt desselben ab S. 161 nach Kotnik besprochen. Während die Abendmahlszene bei Wietinger ganz kurz ausfällt und die Fußwaschung erst danach, auch sehr kurz gehalten, stattfindet, begegnet man bei Drabosenig der ausladenden Darstellung, wonach Christus zuerst den Segen ausspricht, dann seinen 12 Aposteln nacheinander die Füße wäscht, und diese auch jeweils ein sehr kurzes Zwiegespräch mit Christus führen. Sehr gelungen finde ich bei Wietinger zum Beispiel das Urteil des Pilatus.

> Das Todesurteil Jesu.
> Ich, Pontius Pilatus, Bann- und Blutrichter zu Jerusalem, unter dem mächtigen regierenden Oberhaupt, Kaiser Tiberius.
> Der hier gegenwärtige Jesus Christus, geborn zu Bethlehem, zuständig nach Nazareth in Galiläa, ist angeklagt von der hohen Priesterschaft, von den ältesten des Volkes sowie von der ganzen Judenschaft, dass er, obwohl von geringen Eltern geboren, sich zu einem König der Juden aufgeworfen hat und sich zu dem wahren Messias machen wollte sowie auch das gemeine Volk zum Aufruhr erweckt hat sowie auch dem Kaiser Zins zu geben verboten und sich dergleichen Laster mehr schuldig gemacht hat. Wir haben in den beiliegenden Schriften eifrig geforscht und mit Wahrheit zu Recht befunden, den gegenwärtigen angeklagten Jesus Christus in Erwägung solch schwerer, begangener Missetaten ohne einziger Gnad und Barmherzig-

keit lebendig mit drei eisernen Nägeln an das Kreuz genagelt und zwischen zwei [ebenfalls] zum Tode verurteilten Mördern aufhängen und kreuzigen lassen wollen. Und dieses soll geschehen zu einem abschreckenden Beispiel für solche Landrebellen und Aufwiegler des Volkes.
Dieses Urteil ist auf öffentlichen Plätzen verkünden zu lassen und ist mit unwiderruflichen und niemals zurückgenommenen Worten geschehen.
(Er wendet sich zu Christus.)
Laut der hier vorgebrachten Verbrechen
Tun wir das Urteil über dich sprechen,
Denn du musst sterben an dem Kreuzesstamm,
Wozu ich dich jetzt hier verdamm.
Und ich zerbrich hier in aller Gegenwart deinen Lebensstab,
Weil ich nämlich die Gewalt, dich zu richten, hab.
Gegeben zu Jerusalem, am 11. April 33.
Pontius Pilatus, Landpfleger.
(Alle gehen ab.)
(P. Romuald Pramberger, HS, Bd. 16, S. 172 f., 11.10. 1920, Verse 2549-2586.)

Im Gurktaler Spiel bei Schlossar (vgl. II. Bd., S. 269 ff. und S. 399 ff.) tritt an Stelle des Apostels Matthäus der Apostel Paulus auf und die Fußwaschung findet nach dem Abendmahl statt. Unterschiede gibt es auch beim Datum des Urteils von Pilatus. Das Gurker Spiel nennt „März Anno 4028“, während Schuster den 13. April als Hinrichtungsdatum anführt. Weitere Unterschiede gibt es bei den letzten 7 Worten Jesu am Kreuz, auf die aber hier nicht näher eingegangen wird, weil das mit den Sprachkenntnissen des jeweiligen Verfassers zusammenhängt. Während Schlossar im Gurktaler Spiel 54 Rollen verzeichnet, gibt es in seinem Christi-Leiden-Spiel aus Gaishorn im Paltental (vgl. I. Bd., S. 169 ff. und S. 330 ff.) nur 50 Spieler. Dabei fällt auf, dass nur 11 Apostel teilnehmen, weil Matthäus (oder Paulus) fehlt. Einige Besonderheiten in der Gurktaler Passion bei Schlossar sind: Judas verzweifelt erst nach Pilatus‘ Urteil, Barabbas sagt nichts und läuft auch nicht davon und nur zwei Vierzeiler weisen am Schluss auf die Grablegung beziehungsweise Erlösung oder Auferstehung hin. Weiteres wurde dazu nicht untersucht, weil das zu umfangreich wäre.

Abschließend muss ich sagen, dass auch ich die deutschen Textvorlagen zu den slowenischen Übersetzungen von Andreas Schuster-Drabosenig in den zahlreichen Texten aus Kärnten und der Steiermark nicht gefunden habe, zumal ja auch Schusters Version meistens die älteste Textvorlage bildet. Die Textverwandtschaft zwischen den Schäferspielen von Ingolsthal (1896) und Köstenberg hat schon France Kotnik nachgewiesen. (Vgl. S. 146 ff.)

5.2 Oberammergauer und Köstenberger Passionsspiel

Nun gehe ich im Textvergleich noch weiter zurück, und zwar zu den beiden ältesten, veröffentlichten Oberammergauer oder Augsburger Passionstexten, die aus dem Jahr 1566 beziehungsweise aus dem 15. Jahrhundert stammen[129], zumal die älteste Textvorlage der Neuzeit gerade Augsburger Knappen um 1600 mit nach St. Veit an der Glan brachten, von wo sie sich in die einzelnen Kärntner Täler ausbreitete, demnach auch ins Glantal und über die Ossiacher Tauern nach Köstenberg. Im Erler Passionsspiel brauche ich nicht zu suchen, weil dieses auch aus Augsburg beziehungsweise Oberammergau stammt.

Zwischen dem Spiel des Meistersingers Sebastian Wild (1566) und Andreas Schuster-Drabosenig (1841, Schöfmann-Abschrift) bestehen nur sehr wenige Gemeinsamkeiten.

Im Passionsspiel von 1566 (Hartmann, S. 101 ff.) treten unter Anderem folgende Personen auf: der Herold als Ankünder, Jesus, Mahias und Abulon, die Juden Dores und Roboam, die Apostel Petrus, Judas Iscariot, Andreas, Bartholomeus, Mattheus, Philippus, Jacobus und Johannes, die 3 Teufel Satan, Aschareth und Belial, die 3 Marien Maria Jacobin, Maria Salome und Maria Magdalena, der Verbrecher Barnabas [sic!], die 4 Kriegsknechte Romox, Marcurinux, Troma und Prunax, 2 Mägde am Feuer, der Hauptmann Centurius, der Jude Simeon, die Emmaus-Jünger Cleophas und Lucas, der ungläubige Apostel Thoma [Thomas], der Herold mit einem Epilog (Verse 2096-2170). Es gibt weder Abendmahl noch Fußwaschung,

[129] Vgl. August Hartmann: Das Oberammergauer Passionsspiel in seiner ältesten Gestalt. Leipzig: Verlag Breitkopf und Härtel, 1880. Reprint 2017. Sebastian Wild's Passionsspiel, 1566, S. 101 ff. Augsburger Passionsspiel aus Sanct Ulrich und Afra, 15. Jahrhundert, S. 1 ff.

Jesus wird weder sichtbar gegeißelt noch mit Dornen gekrönt, das geschieht nur im Verborgenen. Es erfolgt keine öffentliche Urteilsverkündung durch Pilatus, dieser lässt aber eine Inschrift anbringen, beharrt auf ihr und bewilligt das Begräbnis. Es gibt ferner keine Szeneneinteilung, diese ist nur durch die Regieanweisungen ersichtlich.

Der I. Akt reicht vom Prolog des Herold und der 1. Ratsversammlung der Juden bis zur Reue des Judas, der II. beginnt mit dem Verhör vor Pilatus und reicht über die Kreuzigung hinaus bis zum Besuch der 3 Marien am Grab und zur Auferstehung Jesu. Der Kreuzweg wird vom Hauptmann im Nachhinein erzählt. Die gesamte Handlung findet auf einer Bühne ohne Vorhang und Kulisse statt. Es gibt keinerlei Kostümbeschreibung.

Die Szenenfolge am offenen Grab und danach: die 3 Marien kommen mit Salben, sie erzählen Petrus und Johannes vom Geschehen, zwei Engel kommen zum Grab, Jesus erscheint als Gärtner, Petrus und Johannes erzählen Andreas und Jacobus davon, Cayphas und Annas erfahren von der Auferstehung, die Wachen erzählen dem Hauptmann davon, Hannas will die Wachen bei Pilatus verklagen, die Wachen würfeln wieder, Cleophas und Lucas gehen nach Emauß, Jesus stößt zu ihnen, sie kehren bei den Jüngern ein, der Menschensohn als Erlöser oder Guter Hirte (Verse 1933-1988), der Apostel Thoma kann nicht glauben (Verse 1996-2052), Pfingsten (Verse 2053-2095), insgesamt 2170 Verse.

Ähnliche Szenen zwischen 1566 und 1818:

1. die Ratsversammlung über Jesus (Verse 42-80) : Christus
2. Judas' Angebot (81-150) : Judas will Christus verraten
3. die 3 Teufel triumphieren (151-183) : der Teufel triumphiert

4. Jesus kündigt sein Ende an, Verleugnung durch Petrus (184-222) : Abendmahl, Fußwaschung, Weihe von Brot und Wein, Christus gibt den Jüngern zu essen und zu trinken
5. Engel tröstet Jesus am Ölberg (280-323)
6. Judas verrät Jesus durch einen Kuss, Petrus haut Malchus das rechte Ohr ab (337-401)
7. Jesus vor Cayphas (402-415)
8. zwei Mägde am Feuer, Petrus verleugnet Jesus (426-445) : eine Magd am Feuer, Petrus veleugnet den Herrn
9. Petrus' Reue (446-451)
10. Judas' Reue (514-551)
11. Jesus vor Pilatus (552-617)
12. Jesus vor Herodes, weißes Kleid (642-731) : weißes Gewand
13. Pilatus gibt Barnabas frei (756) : Volk will Barabbas frei sehen
14. Ecce homo (787-791), die Juden wollen Jesu Kreuzigung
15. Pilatus wäscht seine Hände in Unschuld (845-850)
16. Pilatus' Auftrag zur Kreuzigung (852-857) : Todesurteil des Pilatus

Besonders interessant ist die retrospektive Erzählung des Hauptmannes über den Kreuzestod Christi.

> „Mein Got! mein Got! wie hast du mich
> Verlassen" vnd thet den durst klagen.
> Da wir jn solches hœrten sagen,
> Fülten wir mit Essig ein Schwam
> Mit Gallen vermischet; den nam
> Einer, reichts jm dar an eim sper.
> Als solliches versuchet er,
> Sprach er: „nun ist es alls vollbracht"

Neigt sein haupt, verschied mit andacht.
Da erhub sich ein solchs Erdbieden,
Das sich das Erdtrich thet erschütten
Die härdten Felsen sich zerrissen.
(August Hartmann: Oberammergauer Passion..., 1880, S. 139, Verse 928-939.)

Sehr viele Übereinstimmungen mit Schusters Passion (1841, Schöfmann-Abschrift) weist der Text des Augsburger Passionsspieles aus dem 15. Jahrhundert aus Sanct Ulrich und Afra (Hartmann, 1880, S. 1 ff.) auf.

Personen[130]: der Judenrat: Cayphas, Annas, Amon, Achilleus, Jacob, Nathan, Rabbi, Salomon, Abraham, noch 3 Juden; Saluator/Ihesus [Erlöser/Christus]; die Frauen: Maria Magdalena, Martha, (Mutter) Maria, Maria cleophe, Maria Salome, Veronica; Proclamator; Das volck; Wirt Architriclinus; [die 12 Jünger:] Symon, Judas (scarioth), Petrus, Johannes, Andreas, Jacobus der merrer [der Ältere], Bartholomeus, Thomas, Thatheus, Phylippus, Matheus, Jacobus der minder [der Jüngere], alle Jünger; Angelus/der Engel; die Schergen des Cayphas: Malchus, Lemlin/der ander schœrg cayphe, der 3., der 4./vierd schœrg; die Schergen des Annas: der erst, der ander, der dritt, der viert scherg; Die erst torwartin, Die ander dienerin; Ratsknecht jm haws Cayphe; Der tewfel; Pylatus; Centurio; Herodes; Barabbas; die Schergen des Pilatus: Der erst schœrg, Der ander schœrg/ritter, Der dritt/drit schœrg, Der viert/vierd schœrg pylati; Der bott [Bote], Der schreiber, Der bittel [Büttel/Gerichtsdiener]; Symon cyreneus; Der glingk schaucher, Der gerecht schächer am creitz; Longinus, sein knecht Solan;

[130] Hier werden die Originalnamen wiedergegeben.

Joseph von Aromathia; Nicodemus. Das ergibt 64 Einzelrollen, davon 6 für Frauen. Der Proclamator fasst das Geschehen für das Publikum immer wieder zusammen. Dem eigentlichen Christi-Leiden-Spiel (2174 Verse) folgt die Historie von der Erlösung der Väter aus der Vorhölle (430 Verse).

In diesem Passionsspiel gibt es folgende Szenen:

I. Akt[131]: Judenrat. Jesus in Betanien. Judas erhält das Geld.

Die Juden beraten. Jesus kündigt sein Leiden an. Er kehrt bei Symon ein. Judas Iscarioth ist zum Verrat bereit. Juden gehen zu Lazarus. Rabbi zählt Judas das Geld einzeln vor. (Verse 1-250, Proclamator Verse 251-264.)

II. Akt: Abendmahl, Fußwaschung und Ölberg.

Johannes und Petrus verdingen den Wirt. Maria will für Jesus leiden. Abendmahl mit Fußwaschung. Jesus wacht im Garten Getsemani, die Jünger schlafen. Ein Engel erscheint. Judas kommt mit den Schergen des Cayphas, sie nehmen Jesus gefangen. Petrus haut dem Malchus ein Ohr ab. Jesus vor Annas und Cayphas. Petrus verleugnet Jesus. Die Juden verspotten Jesus. (Verse 265-848, Proclamator Verse 849-872.)

III. Akt: Jesus wird verhört.

Johannes und Maria gehen nach Jerusalem. Magdalena, die Vorigen und andere Frauen treffen Jesus in Cayphas‘ Haus. Annas kommt zu Cayphas. Judas bereut. Jesus vor Pilatus, vor Herodes und vor Pilatus. Pilatus lässt Barabbas frei, er läuft davon. (Verse 873-1323, Proclamator Verse 1324-1345.)

IV. Akt: Geißelung, Dornenkrönung und Verurteilung.

Pilatus befiehlt Jesus zu geißeln und er lässt ihn mit Dornen krönen. Ecce homo. Pilatus verhört Jesus noch einmal. Ein Bo-

[131] Einteilung in Akte und Szenen von LMR vorgenommen.

te bringt Pilatus einen Brief von seiner Frau. Pilatus wäscht seine Hände in Unschuld. Die Juden verspotten Jesus. Pilatus bricht den Stab über Jesus und verfügt die Verurteilung, ein Büttel verliest das Urteil. Maria verzagt, und Magdalena tröstet sie. (Verse 1346-1539, Proclamator Verse 1540-1575.)

V. Akt: Kreuzweg, Kreuzigung, die 7 Worte Jesu am Kreuz.

Die Juden ziehen Jesus das Gewand aus, legen ihm einen Rock an. Jesus nimmt das Kreuz auf seine Schultern. Symon von Cyrene hilft ihm beim Tragen. Jesus begegnet seiner Mutter, Veronica, den anderen Frauen. Die Inschrift wird angebracht. Das Kreuz wird aufgerichtet. Pilatus beharrt auf der Inschrift. Die Schergen würfeln um Jesu Rock. Jesus spricht seine letzten 7 Worte am Kreuz. Der Centurio erkennt in Jesus Gottes Sohn. (Verse 1576-1800, Proclamator 1801-1816.)

VI. Akt: Abnahme vom Kreuz, Grablegung, Auferstehung.

Die Schergen brechen den Schächern die Gebeine. Longinus ist blind und wird geheilt, als er Jesus in die Seite sticht. Wehklagen der drei Marien. Joseph von Arimathia, Nicodemus und Centurio nehmen Jesu Leichnam vom Kreuz ab und legen ihn Maria in den Schoß. Johannes spricht zu Maria als Sohn. Jesus wird ins Grab getragen. Das Grab wird bewacht und von Pilatus versiegelt. Ein Engel erscheint. Auferstehung des Saluators. (Verse 1817-2156, Proclamator 2157-2174.)

Der Wortlaut dieses Christi-Leiden-Spieles aus dem 15. Jahrhundert wurde mit jenem von Andreas Schuster-Drabosenig (1818) verglichen. Auf Grund der vielen vorgefundenen Übereinstimmungen im Text scheint mir **dieses deutsche Spiel aus dem 15. Jahrhundert so was wie ein Urtext für Schusters slowenische Übersetzung** gewesen zu sein. Die Apostel geben hier die gleichen Antworten wie bei Drabosenig.

Saluator
Nempt hin vnd nießt den leichnam mein,
vnd laßt euch das ain daechtnus sein,
Das ich in tod für euch werd geben,
damit ich euch bring ewigs leben! ...
Das ist mein blůt des newen gesetzt;
damit sey ich von euch geletzt!
Das trinckend all vnd denckend mein,
das ir ewig bey mir muegt sein!
Doch sag ich: ewer ainer ist,
der hat gen mir vil arger list;
In den tod will er mich geben,
darvmb verlieren ewigs leben.
(August Hartmann: Oberammergauer Passion..., 1880,
S. 16, Verse 387-398.)

Andreas Schuster-Drabosenig borgte sich von den Arnoldsteiner Protestanten Schriften zum Studium aus. So konnte er auch zu Augsburger Passionsspielen und zum Roman „Die schoen Magelona, vnnd Ritter Peter“[132] (vgl. S. 105) gelangt sein.

Da auf der Homepage der Oberammergauer Passionsspiele keine vollständige Textversion[133] veröffentlicht ist, durchsuchte ich auch die Sammlung von Volksschauspielen von August Hartmann[134], wo ich auf 608 Seiten jedoch kein Spiel mit einer ausgeprägten Textverwandtschaft zu Drabosenigs Passionskomödie gefunden habe.

---

[132] Vgl. August Hartmann: Oberammergauer Passionsspiel, 1880, S. 184 f.
[133] Vgl. https://www.passionsspiele-oberammergau.de/, Zugriff: 10.08.2018, 11:25 Uhr.
[134] Vgl. August Hartmann: Volksschauspiele. … Leipzig: Breitkopf und Härtel, 1880.

6 Verzeichnis geographischer Namen

Adria, Jadran, Adria
Aflenz
Afritz
Agram, Zagreb, Zagrabia
Ägypten, Egipt, Egitto
Alpen, Alpe, Alpi
Altenmarkt (bei Weitensfeld)
Alt-Reiteregg
Anif (bei Salzburg)
Arimathäa, Arimateja/Arimathia/Aromathia, Arimatea
Arndorf, Varpovče (na Teholici)
Arnoldstein, Podklošter
Arriach
Auen/Au (bei Velden), Log ob Vrbskem jezeru
Augsburg
Augsdorf (bei Velden), Loga vas (pri Vrbi)
Aussee

(Bad) Bleiberg
(Bad) Eisenkappel/Kappel, (Železna) Kapla/Kappla
Bayerischer Wald
Bayern, Bavarska, Bavaria
Belgrad, Beograd, Beograd
Berchtesgaden
Betanien, Betanija, Betania
Bethlehem, Betlehem, Betlemme
Bischofslak, Škofja Loka

Cochem/Cohem, Kohem

Damtschach, Domačale
Dardanellen
Deutschland, Nemčija, Germania
Dittersdorf (bei Lößnitz/Lössnitz)
Dobriach, Dobrije
Dobrova bei Kropp, Dobrova pri Kropi
Drabosenig, Drabosinje/Drabósnje
Dörfl (bei Metnitz)
Drautal, Dravska dolina/dolina reke Drave
Dröschitz, Trešče/Trežče
Duel/Duhl, Dóle (pri Vrbi)

Ebriach, Obirsko
Eibistal
Eisenerz
Eisentratten
Emaus/Emauß, Emavs, Emmaus
Emmersdorf (bei Lind ob Velden), Tmara vas (pri Lipi ...)
Emmersdorf (bei Rosegg), Tmara vas (pri Rožeku/Rožeci)
Erl (in Tirol)

Faak (am See), Bače (ob jezeru)
Faaker See, Baško/Blaško jezero
Fahrendorf (bei Velden), Borovniče (pri Vrbi)
Feistritz (an der Gail), Bistrica (na Zilji)
Feistritz (im Rosental), Bistrica (v Rožu)
Feldkirchen, Trg
Ferlach, Borovlje
Finkenstein, Bekštanj
Flattach (im Mölltal)

Frankfurt am Main, Frankfurt na Majni
Friesach, Breže
Frojach (bei Rosegg), Brója (pri Rožeku)
Frojach (in der Steiermark)

Gailtal, Ziljska dolina/dolina reke Zilje
Gaishorn (im Paltental)
Galiläa, Galileja, Galilea
Geiersberg (in Friesach)
Genua, Genava, Genova
Getsemani, Getsemani, Getsèmani
Glanhofen
Glantal, dolina reke Gline
Gmünd
Gödersdorf, Vodiča/Diča vas
Görtschach (bei Ferlach), Goriče (pri Borovljah)
Görz, (Nova) Gorica, Gorizia
Göttingen
Golg
Golgotha, Golgota, Golgota
Gonobitz, Konjice
Gottestal, Skočidol (pri Beljaku)
Graben (bei Metnitz)
Grades
Grafenstein, Grabštanj
Graz, Gradec
Greifenburg
Groß Lobming
Gugl Ursel/Gulle Ursl (Almhütte)
Gurk, Krka
Gurktal, Krška dolina/dolina reke Krke
Gurnitz/Grnetz, Podkrnos
Gutenhag, Hrastovec
Gutenstein (im Mießtal), Ravne na Koroškem

Halle
Heidelberg
Heiligenblut
Hermagor, Šmohor
Hitzendorf
Höflein (bei Keutschach), Dvorec (pri Hodišah)
Höflein bei Krainburg), Preddvor (pri Kranju)
Höfling (bei Feldkirchen)
Höfling (Finkenstein), Dvorec
Hohe Tauern, Visoke Ture

Illyrien, Ilirija
Ingolsthal
Innernöring (bei Eisentratten)
Innerösterreich, Notranja Avstrija
Innsbruck, Innsbruck/Inomost
Inzing (in Tirol)
Italien, Italija, Italia

Jauntal, Podjuna
Jerusalem, Jeruzalem, Gerusalemme
Jeserz/Jeßerz, Jezerce
Jugoslawien, Jugoslavija, Jugoslavia

Kärnten, Koroška, Carinzia
Kainbach (bei Graz)
Kalvarienberg, Kalvarija/Kalvaria, Monte Calvario

Kanaltal, Kanalska dolina, Val Canale
Kanzianiberg, Škocjan/Škocijan
Kappel (an der Drau), Kapla (ob Dravi)
Karantanien, Karantanija/Koratan/Korantan
Karchau
Kerschdorf (bei Köstenberg), Črešnje (pri Kostanjah)
Keutschach, Hodiše
Klachel/Klachl (bei Metnitz)
Klagenfurt, Celovec/Zilovez
Klein St. Veit, Mali Št. Vid
Köflach
Köln (am Rhein), Köln/Kelmorajn, Colonia
Köstenberg/Koestenberg, Kostanje/Gozdanje
Köttelach, Kotlje
Krainburg/Krain, Kranj
Kranzlhofen/Kranzelhofen (bei Velden), Dvor (pri Vrbi)
Kratschach/Gratschach (bei Ma. Gail), Hrašče (pri Mariji na Zilji)
Krems (in Kärnten)

Laibach, Ljubljana, Lubiana
Lassnitz/(Steirisch) Laßnitz
Latschach, Loče
Lavamünd, Labot
Lavant, Labot
Lavanttal, Labotska dolina/dolina reke Labota
Ledenitzen, Ledince
Leifling (bei Lavamünd), Libeliče (pri Labotu)
Leipzig
Lemberg
Lesachtal, Lesna dolina
Lessiach
Liesing (im Lesachtal)
Lind (ob/bei Velden), Lipa (ob/pri Vrbi/nad Vrbo)
Linz
Löschach (bei Prävali), Leše (pri Prevalju)
London, London, London
Luxemburg/Linzburg/Luetzenburg, Luksemburg, Lussemburgo

Makaron/„Μακαρων" (Land der Saligen, Makedonien)
Mallestig, Malošče
Maltschach (bei Feldkirchen)
Marburg, Maribor
Ma./Maria Gail, Marija na Zilji
Ma./Maria Höfl
Maria Rast (bei Marburg), Ruše (pri Mariboru)
Ma./Maria Wörth, Otok
Mautern (in der Steiermark)
Mauterndorf
Melk
Metnitz/Markt, Motnica
Metnitztal, Motniška dolina/dolina reke Motnice
Mießtal, Mežiška dolina
Mittagskogel, Jepa/Kepa
Mittelkärnten, Srednja Koroška
Mittelsteiermark, Srednja Štajerska
Mitterndorf (im Mürztal)
Mödring (bei Metnitz)

Mölltal/Moelltal, Melska dolina/ dolina reke Mele/Molne
Moosburg, Možberk
Moskau, Moskva, Mosca
München, München, Monaco di Baviera
Nazareth (in Galiläa), Nazaret (v Galileji), Nazaret (in Galilea)
Neudorf (bei Gottestal), Nova vas (pri Skočidolu)
Neuhaus (an der Gail/bei Arnoldstein), Pod Túrjo (na Zilji/pri Podkloštru)

Obdach
Oberammergau
Obere Steiermark, Zgornja Štajerska
Oberes Murtal/Obermurtal, Zgornja Murska dolina/zgornja dolina reke Mure
Oberes Rosental, Zgornji Rož
Oberhof (bei Metnitz)
Oberjeserz (bei Velden), Zgornje Drabosinje (pri Vrbi)
Oberkärnten, Zgornja Koroška
Oberkrain/Krain, Gorenjska/ Kranj
Obermetnitztal, Zgornja Motniška dolina/ zgornja dolina reke Motnice
Obermühlbach (bei St. Veit/Glan)
Oberösterreich, Višja Avstrija
Oberufer (bei Pressburg)
Obervellach
Ölberg, Oljska gora, Monte degli Ulivi
Ossiach, Osoje
Ossiacher Tauern, Osojske Ture
Österreich, Avstrija, Austria
Österreich ob der Enns, Avstrija nad reko Enns
Österreich unter der Enns, Avstrija pod reko Enns
Österreich-Ungarn, Avstro-Ogrska, Austria-Ungheria
Osteuropa, Vzhodna Evropa
Oststeiermark, Vzhodna Štajerska

Pettau, Ptuj
Pfalz
Pfannberg (bei Fronleiten)
Pöchlarn
Podgorje (bei Windischgrätz/ Windischgraz), Podgorje (pri Slovenj Gradcu)
Poggersdorf (bei Grafenstein), Pokrče (pri Grabštanju)
Pörtschach (am Wörther See), Poreče (ob Vrbskem jezeru)
Prag, Praga, Praga
Praßberg, Mozirsko
Prävali, Prevalje
Predal
Preining (bei Metnitz)
Pressburg, Bratislava, Bratislava
Preußen, Prusija, Prussia
Provence, Provence/(Provansa), Provence

Rangersdorf
Reifnitz (am Wörther See), Ribnica (ob Vrbskem jezeru)
Remscheid
Rohitsch, Rogatec
Rom, Rim, Roma

Rosegg/Rossegg, Rožek
Rosental, Rož
Rudolfswert/Neustadtl, Novo mesto

Saak (bei Nötsch), Čače (pod Dobračem/pri Čajni)
Saifnitz, Žabnice, Camporosso
Salzburg, Salzburška/Solnograd
Sand/Sant, Prod (pri Grabštanju)
St. Blasen
St. Georgen (am/zu Sternberg), Šentjur/Št. Jur/Jurij (na Strmcu)
St. Georgen (am Wörther See), Šentjur/Št. Jurij (nad Vrbskim jezerom)
St. Georgen im Lavanttal, Šentjurij/Št. Jurij v Labotski dolini
St. Georgen (ob Murau)
St. Jakob (im Rosental), Šentjakob/Št. Jakob (v Rožu)
St. Lambrecht
St. Marein (im Mürztal)
St. Martin (am Techelsberg), Šmartin (na Teholici/Dholici)
St. Martin (im Granitztal)
St. Niklas an der Drau, Na/Ob Dravi/Šmiklavž (na/ob Dravi)
St. Paul (im Lavanttal), Šentpavel/Št. Pavel/ (v Labotski dolini)
St. Peter (ob Judenburg)
St. Ruprecht (bei Klagenfurt), Šentrupert/Št. Rupert/St. Ruprat (pri Celovcu/Zelovzi)
St. Salvator
St. Stefan (bei Finkenstein), Šteben (pri Bekštanju)
St. Stefan (bei Dürnstein, Friesach)
St. Veit (an der Glan), Šentvid/Št. Vid/ na Glini
Save, Sava
Save-Tal, Posavje
Savinja, Savinja
Savinja-Tal, Savinjska dolina
Schiefling (am See/bei Velden), Škofiče
Schlesien, Šlezija, Slesia
Schweiz, Švica/Švajc, Svizzera
Schwersberg
Selpritsch (bei Velden), Žoprače (pri Vrbi)
Serbien, Srbija, Serbia
Serbien-Kroatien-Slowenien, Srbija-Hrvaška-Slovenija, Serbia-Croazia-Slovenia
Serpenitza, Srpenica/Serpenica, Serpenizza
Slowenien, Slovenija, Slovenia
Sörg (bei Feldkirchen)
Spittal (an der Drau)/Spittal/Drau, Špital ob Dravi
Stall (im Mölltal)
Steiermark, Štajerska, Stiria
Stein
Sternberg (bei Velden), Strmec (nad Vrbo)
Stickautz, Stikavec (* S. 311.)
Stocklitz
Straschische (bei Gutenstein), Strašišče (pri Ravnah na Koroškem)
Straßfried
Stuttgart
Süddeutschland, Južna Nemčija

Südkärnten, Južna Koroška
Südost-Alpen, Jugovzhodne Alpe
Südsteiermark, Južna Štajerska
Suetschach, Sveče

Tanzenberg, Plešivec
Techelsberg, Teholica/Dholica
Teichl/Teichel/Teuchl/Teuchel (bei Metnitz)
Terlach (bei Sternberg), Trnovlje (pod Strmcem)
Thörl (im Gailtal), Vrata (v Ziljski dolini)
Tigring (bei Klagenfurt), Tigrče (pri Celovcu)
Tirol, Tirolska, Tirolo
Trabenig/Trebenigg/Trabenigg (bei Wernberg), Trabenče (pri Vernberku)
Töpriach/Toplach, Toporje (pri Šmartnu ...)
Treffen, Trebnje/Trebinja
Tresdorf/Treßdorf/Tressdorf

Umberg/Umberk (bei Damtschach), Umbar (pri Domačalah)
Ungarn, Madžarska, Ungheria
Unteralpe/Unteralm (bei Metnitz)
Unteramlach (bei Spittal/Drau)
Unteres Rosental, Spodnji Rož
Unteritalien, Spodnja Italija
Unterkärnten, Spodnja Koroška
Untersteiermark/Untersteier/Untersteyer, Spodnja Štajerska

Velden, Vrba
Veldes, Bled
Vellach (bei Gallizien), Bela (pri Galiciji)
Vellach (bei Metnitz)
Viktring, Vetrinj
Villach, Beljak, Villaco
Völkermarkt, Velikovec

Wandlitz (bei Metnitz)
Warbeck
Weimar
Weitensfeld (im Gurktal)
Weithwörth in Nußdorf (bei Haunsberg)
Wernberg, Vernberk/Vernberg
Westerzgebirge, Zahodno češko rudogorje
Wien, Dunaj, Vienna
Windisch/Slowenisch-Feistritz, Slovenska Bistrica
Windischgrätz/-gratz/-graz, Slovenj/Slovenji Gradec
Wöbring/Webring/Webering (bei Metnitz)
Wolfsberg, Volšperk
Wörther See/Wörthersee, Vrbsko jezero
Würzburg
Wurzen (bei Köstenberg), Koren/Korenine (pri Kostanjah)
Wurzen (bei Metnitz)

Zell, Sele
Zienitzen (bei St. Salvator)
Zilli/Cilli, Celje/Cell, Cilli
Zyrene/Cyrene, Cirene, Cirene

* (Zu S. 309.) Stickautz, Stikavec könnte eine Dialektversion von Stiška vas, Sittichdorf, bei Cerklje na Gorenjskem, Zirklach in Oberkrain, sein, wo es das Schloss Strmol, Stermol, gibt.

Aufgelistet wurden die geographischen Namen in der heute offiziell verwendeten Schreibweise in Deutsch, Slowenisch und fallweise Italienisch. Die von France Kotnik verwendete Form und andere Varietäten wurden unter Schrägstrich an die jeweilige schriftsprachliche Form angefügt.

Es wurden geographische Namen aus der österreichisch-ungarischen Monarchie, aus dem heute geltenden gemischtsprachigen Gebiet Kärntens und mir in beiden Landessprachen bekannte Namen in Deutsch und Slowenisch angegeben.

Zusätze befinden sich in runden Klammern.

Literatur zu Ortsnamen: Franz Kattnig (und andere): „Zweisprachiges Kärnten. Zweisprachiges Ortsnamenverzeichnis von Südkärnten." 2. vollständig überarbeitete und vervollständigte Ausgabe. Klagenfurt: Hermagoras Verlag, 2004/05. – Aus http://sl.wikipedia.org/wiki, „Seznam nemških imen slovenskih krajev" [Liste deutscher Namen slowenischer Orte], Zugriff: 11.08.2018, 17:15 Uhr. – Heinz Dieter Pohl: „Kärnten … deutsche und slowenische Namen. / Koroška ... slovenska in nemška imena. Kommentiertes zweisprachiges Verzeichnis der Siedlungs-, Berg- und Gewässernamen." Wien: Edition Praesens, und Klagenfurt: Hermagoras Verlag, 2000. – Aus http://de.wikipedia.org/wiki, „Liste deutscher Bezeichnungen slowenischer Orte", Zugriff: 11.08.2018, 17:25 Uhr.

7 Abkürzungsverzeichnis

Abb. – Abbildung
Aufl. – Auflage
Aug. – August
Bd. – Band
ca. – circa/ungefähr
COBISS – Slowenischer Bibliothekenverbund
D – Deutschland
Dez. – Dezember
Din A-4/A-5 – Papierformat
Diss. – Dissertation
Dr. – Doktor
e.h. – eigenhändig
etc. – et cetera
€ – Euro
Feb. – Feber/Februar
f./ff. – folgende
fl. – Gulden
geb. – geboren(e)
hl. – heilig(e/er)
Hrsg. – Herausgeber
HS – Handschrift
ISBN – Buchnummer
Jan. – Jänner/Januar
KLA – Kärntner Landesarchiv
kr. – Kreuzer
li – linke Spalte
LMR – Luise Maria Ruhdorfer
Mag. – Magister/Magistra
Nov. – November
Nr. – Nummer
OBAC – ABC/Alphabet
Okt. – Oktober
OSB – Benediktinerorden
P. – Pater
p. d. – po domače/vulgo
Pf. – Pfarrer
Prof. – Professor
re – rechte Spalte
SAZU – Slowenische Akademie der Wissenschaften und Künste
S. – Seite
sen. – senior
Sept. – September
SHS – Serbien-Kroatien-Slowenien
St. – Sankt
sv. – sveti/Heiliger
Übs. – Übersetzung
Ütr. – Übertragung
u. – und
usw. – und so weiter
V. – Verse
Vgl./vgl. – Vergleiche/vergleiche
z. B. – zum Beispiel
ZRC – Slowenisches wissenschaftliches Forschungszentrum
4° – Quartformat
8° – Oktavformat
8ten – am achten
* geboren
∞ geheiratet
† gestorben
+ Kreuzerl als Unterschrift

8 Literaturverzeichnis

http://data.matricula-online.eu/oesterreich/gurk > Matriken der Diözese Gurk aus den Pfarren: Damtschach, Klein St. Veit, Koestenberg/Kostanje, Lind ob Velden/Lipa ob Vrbi, Metnitz, St. Martin am Techelsberg, St. Stefan-Finkenstein/Šteben-Bekštanj, Stall [im Mölltal], Sternberg/Strmec.

http://volkskundemuseum.at/jart/prj3/volkskundemuseum/data/uploads/downloads/OeZV_Volltexte/OEZV_1948.pdf, Zugriff: 17.06.2018, 23:45 Uhr. Anton Dörrer und Viktor Geramb in der Österreichischen Zeitschrift für Volkskunde, Band 51. Wien: Österreichischer Bundesverlag für Unterricht, Wissenschaft und Kunst, 1948, S. 50-75 und S. 76 ff. > „Paradeisspiele aus der Bürgerrenaissance“ und „Ein Passionsspiel aus dem frühen 18. Jahrhundert aus der Steiermark“.

http://www.revija.ognjišče.si/revija-ognjišče/.../2506-france-kotnik, Zugriff: 25.02.2018, 01.35 Uhr, Lebenslauf.

http://www.volkskultur.steiermark.at/cms/beitrag/12458233/35312904/, Zugriff: 16.06.2018, 07:45 Uhr.

https://de.wikipedia.org/Husaren, Zugriff: 28.06.2018, 08:40 Uhr.

https://de.wikipedia.org/wiki/Josef_Speckbacher, Zugriff: 23.08.2018, 10:50 Uhr.

https://de.wikipedia.org/wiki/Xerxes_I, Zugriff: 07.06.2018, 11:25 Uhr, Xerxes I., ägyptischer Pharao.

https://kleinezeitung.at/kaertnerdestages/4012194/, vom 27. 12.2012, Vom Engel zum Soldaten, Zugriff: 17.06.2018, 23:15 Uhr.

https://sl.wikipedia.org/France_Kotnik, Zugriff: 24.02.2018, 23:45 Uhr, Lebenslauf.

https://www.orgelsammlung.de/orgelsammlung/223/, Gabriel Isenberg, 2004, Zugriff: 23.04.2018, 18:50 Uhr.

https://www.passionsspiele-oberammergau.de/, Zugriff: 10. 08.2018, 11:25 Uhr.

https://www.unesco.at/kultur/immaterielles_kulturerbe/oesterreichisches_verzeichnis/detail/article/lassnitzer_volksschauspiele/, Zugriff: 16.06.2018, 07:50 Uhr.

Helga Drusowitsch: Romuald Pramberger. Leben und Wirken. Universität Graz: Inaugurationsdissertation, 1978.

August Hartmann: Das Oberammergauer Passionsspiel in seiner ältesten Gestalt. Leipzig: Verlag Breitkopf und Härtel, 1880. Reprint FB&c Ltd., Dalton House, London, 2017.

August Hartmann: Volksschauspiele. In Bayern und Österreich-Ungarn gesammelt. Mit vielen Melodien, nach dem Volksmund aufgezeichnet von Hyacinth Abele. Leipzig: Verlag Breitkopf und Härtel, 1880.

Michael Henker, Eberhard Dünninger, Evamaria Brockhoff (Hrsg.): Hört, sehet, weint und liebt. Passionsspiele im alpenländischen Raum. München: Süddeutscher Verlag, 1990.

Magdalena Kokot: Andrej Šuster-Drabosnjak: Pasijon. Klagenfurt: Drava Verlag, 1983. Faksimile-Druck.

France Kotnik: Andreas Schuster Drabosnjak. Sein Leben und Wirken. Universität Graz, Dissertation, Mai 1907.

„Kreuzziachn“ in Tresdorf, Erzählungen eines Mannes, am Karfreitag, 30.03.2018.

Herta Lausegger: Andrej Šuster Drabosnjak, Marijin pasijon 1811. Klagenfurt: Hermagoras Verlag, 1990.

Herta Lausegger: Andrej Šuster, Pasijon. Klagenfurt: Hermagoras Verlag, 1989.

Herta Maurer-Lausegger: Andrej Šuster-Drabosnjak: Pastirska igra in Izgubljeni sin. Klagenfurt: Hermagoras Verlag, 1992.

Erika Moser, geb. Moser, Information zum Krippenspiel aus dem Westerzgebirge, vom 23.06.2018.

Benedikt Plank OSB: P. Romuald Pramberger. Mönch und Original. In: Kulturtechnik Aberglaube. Zwischen Aufklärung und Spiritualität. Strategien zur Rationalisierung des Zufalls. Hrsg. Eva Kreissl. Bielefeld: Verlag transcript, 2013, S. 507-518.

P. Romuald Pramberger: Das Volkskundemuseuim in St. Lambrecht. Graz: Verlag der Benediktinerabtei St. Lambrecht, 1921.

P. Romuald Pramberger, Handschriften-Sammlung, Bände 15 und 16 mit Hirten- und Passionsspielen, aufgeschrieben 1920-1922. Universalmuseum Graz, Abteilung Volkskunde.

Edith Maria Prieler: Volksschauspiel in Lassnitz. Textdokumentation und liturgie-theologischer Kommentar. Erweiterte Form der Diplomarbeit an der Univ. Graz, 1994. Anif-Salzburg: Verlag Müller-Speiser, 1996.

Luise Maria Ruhdorfer: Das Passionsspiel „Terplenje in smrt Jezusa Kristusa“, St. Stefan bei Finkenstein, 1931. Klagenfurt: Hermagoras Verlag, 2007.

Luise Maria Ruhdorfer: Geboren zum Leiden und Sterben. Kärntner geistliche Volksschauspiele. Remscheid (D): Verlag Re Di Roma, 2015.

Luise Maria Ruhdorfer: Kärntner Passionsspiele. Remscheid (D): Rediroma Verlag, 2018.

Luise Maria Ruhdorfer: Verurteilt zum Tod am Kreuz. Kärntner Christi-Leiden-Spiele. Klagenfurt: Verlag des Kärntner Landesarchivs, 2012 (2011).

Stefan Singer: Kultur- und Kirchengeschichte des oberen Rosentales. Dekanat Rosegg mit Einschluß des Wörther-See-Gebietes. Kappel: Selbstverlag, 1935.

Simona Vončina, Simona Šuler Pandev: „Shtoria od enih starih bukovnikov ino visharjev", bukovniki in vižarji iz zbirk Koroške knjižnice. Ravne na Koroškem: Koroška osrednja knjižnica dr. Franca Sušnika, 2011.

Gero von Wilpert: Sachwörterbuch der Literatur. Stuttgart: Alfred Kröner Verlag, 7., verbesserte und erweiterte Auflage, 1989.

Pavle Zablatnik: Čar letnih časov v ljudskih šegah. Stare vere in navade na Koroškem. Celovec: Mohorjeva založba, 1984.

9 Bio-Bibliographie der Autorin

Luise Maria Ruhdorfer wurde 1944 in St. Stefan bei Finkenstein als Aloisia Maria Hasenbichler geboren. Sie besuchte die erste Klasse der Volksschule in Mallestig und dann die weiteren Klassen in St. Georgen im Lavanttal sowie die Hauptschule in Wolfsberg. Sie maturierte 1963 an der Handelsakademie Villach. Sie war bis zum siebenten Lebensjahr zweisprachig.

Sie arbeitete als Sekretärin bei einem Notar und als Postbeamte. Sie heiratete 1967 und gebar vier Kinder. 1975 beendete sie ihre berufliche Tätigkeit. Sie ist seit Ende 2006 Witwe.

Im Alter von fünfzig Jahren begann sie an der Alpen-Adria-Universität in Klagenfurt das Slowenisch-Studium, das sie 2002 mit einer Diplomarbeit über das slowenische St. Stefaner Passionsspiel des Edmund Müller aus dem Jahre 1931 abgeschlossen hat. 2007 reichte sie ihre Dissertation über Lipušs Romanhelden an der AAU Klagenfurt ein. Seither schreibt sie literarische und wissenschaftliche Bücher und Artikel.

Gedichte, Erzählungen, Geschichten

klagen-fragen-plagen. NACHDENK-REIME ÜBER VORDENKER-TRÄUME. [Gedichte.] Remscheid (D): Re Di Roma Verlag, 2010; book on demand, ISBN 978-3-86870-196-8. Format Din A-5, 166 S., 15,50 €. (e-Buch 2014.)

Gedichte in der „Nedelja“ (6. 1. 2010), in den „Wörterspuren“ (2011, 2012) und in der Anthologie „Rastje“ (2013, 2014).

Gott im Verstand, das Herz in der Hand. Erzählungen über ein geglücktes Leben. Remscheid (D): Re Di Roma Verlag, 2011; book on demand, ISBN 978-3-86870-382-5. Format Din A-5, 163 S., 16,95 €. (e-Buch 2013.) Siehe Dokumentation der Univ. Wien in http://www.MenschenSchreibenGeschichte.at.

Artikel zur Familiengeschichte in der „Finkensteiner Chronik“ (2005), im Hermagoras-Kalender (2010, 2012), in der Anthologie „Rastje“ (2013, 2014), in der „Nedelja“ (24. 1.2014), unter http://kaerntenerzaehltsichselbst.aau.at (25. 12. 2013), in der „Jepa“ (Zeitschrift des slowenischen Kulturvereins Mittagskogel-Faaker See, II/2015, III/2015, I/2016).

„Veliki požar v Štebnu leta 1764“ [Der Großbrand in St. Stefan im Jahr 1764] in der Anthologie „Rastje“ 2017, S. 116-119. [Ausgeschmückte Geschichte.]

„Der Scherenschleifer Jože“ in der Anthologie „Sternspritzer. Das etwas andere Weihnachtsbuch. Texte von Kärntner Autorinnen und Autoren.“ Hrsg. IG Autorinnen Autoren Kärnten. Klagenfurt: Hermagoras Verlag, 2017, S. 156-173. [Erzählung.]

Kärntner Volkskultur

Die slowenische Sprache und Kultur in Kärnten. *Erster Band der Reihe Slowenisch als Fremdsprache im Alltag, in der Kirche und in der Literatur*. Remscheid (D): Verlag Rediroma, 2016, book on demand, ISBN 978-3-86870-961-2. Format Din A-4, 185 S., 22,95 €. [Die Zweisprachigkeit in Kärnten; Florjan Lipuš als Kulturkritiker; Slowenische Gebete, Messtexte und Kirchenlieder mit deutscher Übersetzung; Prosa zur Familiengeschichte.]

Die Finkensteiner Vulgonamen und der Barbara-Zyklus in St. Martin am Techelsberg. *Zweiter Band der Reihe Slowenisch als Fremdsprache im Alltag, in der Kirche und in der Literatur.* Remscheid (D): Verlag Rediroma, 2016, book on demand, ISBN 978-3-96103-006-4. Format Din A-4, 160 S., 24,95 €.

Slowenische Wortformen mit Anwendungsbeispielen. *Vierter Band der Reihe Slowenisch als Fremdsprache im Alltag, in der Kirche und in der Literatur*. Remscheid (D): Rediroma Verlag, 2017/18, book on demand, ISBN 978-3-96103-329-4. Format Din A-4, 200 S., 28,95 €.

Geistliche Volksschauspiele, Passion(sspiele)

Das Passionsspiel „Terplenje in smrt Jezusa Kristusa“, St. Stefan bei Finkenstein, 1931. [Diplomarbeit.] Klagenfurt: Hermagoras Verlag, 2007. ISBN 978-3-7086-0247-9. Format Din A-5, 223 S., 22,00 €, vergriffen. Sponsor: Bundesministerium für Unterricht, Kunst und Kultur, Wien.

Verurteilt zum Tod am Kreuz. Kärntner Christi-Leiden-Spiele. Klagenfurt: Verlag des Kärntner Landesarchivs, 2012 (2011). ISBN 978-3-900531-83-6. Format Din A-4, 340 S., 19,50 €, vergriffen. Sponsoren: Kärnten Kultur, Kärnten Kultur Volkskultur, Die Kärntner Sparkasse.

Geboren zum Leiden und Sterben. Kärntner geistliche Volksschauspiele. Remscheid (D): Verlag Re Di Roma, 2015, book on demand. ISBN 978-3-86870-810-3. Format Din A-4, 337 S., 23,95 €.

Sponsor: LAND KÄRNTEN Kultur

Artikel zu Passionsspielen im Hermagoras-Kalender 2008 und 2015 und in der Anthologie „Rastje“ 2015.

Kärntner Passionsspiele. Remscheid (D): Rediroma Verlag, 2018, book on demand. ISBN 978-3-96103-380-5. Format Din A-5, 40 S., 12,95 €.

Florjan Lipušs Prosa

Lipušs Identitätenkarussell. Eine Untersuchung über den Umgang mit Eros, Pathos und Thanatos. [Doktorarbeit.] Remscheid (D): Verlag Re Di Roma, 2010, book on demand, ISBN 978-3-86870-173-9. Format Din A-5, 196 S., 15,50 €. (e-Buch 2016.)

Elitarnost po Florjanu Lipušu. Slovenske literarne kritike iz periodičnega tiska. Remscheid (D): Verlag Rediroma, 2016, book on demand, ISBN 978-3-96103-173-3. Format Din A-5, 256 S., 19,95 €. [Elite nach Florjan Lipuš. Slowenische Literaturkritiken in Originalzitaten aus Periodika.]

Elite-Kanon nach Florjan Lipuš. Slowenische Literaturkritiken [in Originalzitaten] aus Periodika in deutscher Übersetzung. Remscheid (D): Verlag Rediroma, 2016, book on demand, ISBN 978-3-96103-201-3. Format Din A-5, 272 S., 19,95 €.

„Ena zgodba in nebroj izjemnih odtenkov." [Eine einzige Geschichte und unzählige außergewöhnliche Nuancen.] Rede zu Florjan Lipušs 80. Geburtstag auf der Tagung des DSPA (Verein der slowenischen Schriftsteller in Österreich) beim vulgo Kovač in Ebriach am 30. September 2017 im Koroški koledar 2018, S. 23-27.

Dr. phil. Luise Maria Ruhdorfer
Höflinger Straße 15
A-9584 Finkenstein, Österreich
Handy: 0043-664-1202852
e-Mail: luise.ruhdorfer@gmx.at